Gottes Lachen
im Leichenzug der «Kirche»

Gottes Lachen
im Leichenzug der «Kirche»

Die Bekehrung Gottes
und die Heitere Wendung der Kirche

Gerhard Blocher

Meier Verlag Schaffhausen

©1998 by Meier Verlag, Schaffhausen
ISBN-Nr. 3-85801-142-8
Umschlag: Armin Russenberger
Produktion: Meier Schaffhausen
Druck: Meier Schaffhausen

«Ich will eine so zarte, schöne Sache, wie das Christentum ist, auch mit Liebe behandelt wissen, und wenn es zehnmal auch ein Irrtum wäre; nicht der Pfaffen und Vorrechtler, sondern des armen Volkes wegen, dessen fast einziger Reichtum, wenn auch durch die heillosen Volksblutegel freilich mehr zu seinem Schaden, das Christentum bis dato noch ist.»

GOTTFRIED KELLER

Inhaltsverzeichnis

1
17 **Zum Anfang ein Klagelied** (Dann haben wir das hinter uns!)

2
19 **Eine «Heitere Wendung»?**
20 Gibt es eine «Lustigkeit Gottes»?
21 – Der Traum von der Entlarvung der Scheinkirche
23 «Gott hat mir ein Lachen bereitet!» (1. Mose 21, 6)
25 Der ergreifende Ernst der Heiterkeit Gottes
26 – Die Bekehrung Gottes zur Heiterkeit:
   der entscheidende Anfang der Bibel

3
30 **Die Spuren der heiteren Bekehrung Gottes –
   von Adam bis Noah**
33 Der «Absturz» des Menschen führt nicht in die Tiefe
   (1. Mose 2, 16.17; 3, 1–24)
36 Die zärtliche Fürsorge des bekehrten Gottes für den
   Brudermörder (1. Mose 4)
37 Die Lebenslänge der Todverfallenen (1. Mose 5)
39 Das seltsame Aufatmen des bekehrten Gottes:
   die Sintflut (1. Mose 6–8)
43 Die Stellvertretung der ganzen Schöpfung:
   das Zeichen der Rettung *aller!*

46 Die Verpflichtung Gottes zur ewigen Gültigkeit seiner
    Bekehrung: der Bund – und sein «Bogen in den Wolken»

4
48 Das seltsame Aufatmen des Schöpfers –
    auch für die Sprache: Hoffnung für die «tote» Kirche!
50 Die Geschichte vom Aufatmen der Wörter
52 Gnade finden in den Augen des Herrn!
55 Noah – «gerecht» und «beständig»
58 Die Aufrichtung des Bundes mit Noah
60 Und das alles:
    Stellvertretend für alle Welt – und für die «tote» Kirche

5
62 Das Wort befreit die Kirche!
63 Die Offenbarung der *«ekklesía»*:
    Ein unreligiöses Wort befreit die Kirche
67 Das deutsche Wort «Kirche»: ohne biblische Grundlage!

6
69 Die Weltlichkeit der *«ekklesía»*-Kirche
72 Die Schönheit des «Stellvertretenden Aufgebotes»

7
74 Die Gemeinde – die «Gemeinsame»
77 Die Schönheit der «Gemeinen»
78 Die Last des «Stellvertretenden Aufgebotes»
79 Der Terror im «Dienst am Nächsten»

8
82 Die Berufung: der erste Atemzug der Kirche
83 Die Geschichte von der Berufung der Jünger
    (Markus 1, 16–20)

9
87 Die «ekklesía»: berufen durch den *Herrn* – in urtümlicher Lebenskraft
88 Der «*kýrios*» – mit der «Urkraft einer Schwangeren»
91 *Jahwe*: «Ich bin, der ich bin» – der «*kýrios*»
93 *Jesus* ist «*kýrios*»
95 Christus ist überall – «Herr»lichkeit ist überall

10
99 Der Auftrag des «treibenden» Herrn
102 Die Erfüllung des Auftrages ist die Liebe
105 Der Auftrag der Kirche – das Geheimnis der Liebe
105 Von der Weltlichkeit des Auftrages

11
107 Das Ende des Machbarkeitswahnes
107 Die bedrohliche Gefährdung des menschlichen Selbstbewusstseins
110 Die Geschichte vom «Sündenfall» (1. Mose 3, 1–24)
111 – Die Geschichte von der Täuschung des Menschen – und von der Begnadigung des getäuschten Menschen
114 Die Wurzel des Machbarkeitswahnes: die Täuschung des Menschen (1. Mose 3, 1–7)
114 – Die Täuschung des Menschen stammt aus Gottes Schöpfung
115 – Die Bestreitung der freien Güte Gottes
116 – Der Traum von der «Göttlichkeit» des Menschen
117 – Das peinliche Ergebnis der «Täuschung»
119 Gottes Schnippchen zugunsten des getäuschten Menschen (1. Mose 3, 8–24)
119 – Das erste Schnippchen: «Die Göttlichkeiten» – und der *ewig freie Gott* in der Begegnung mit dem «Erden-Kerl»

121 – Das zweite Schnippchen: Die Trennung von der täuschenden Lüge
122 – Das dritte Schnippchen: Die Erfüllung des Frauenlebens
125 – Das vierte Schnippchen: Heimkehr statt «Sterben»: Heimkehr zu Erde und Staub!
126 – Der Erdboden – gebannt zur Lebenserhaltung
127 – Das fünfte Schnippchen: Die Todgeweihte hat den Lebensnamen!
127 – Das sechste Schnippchen: Bekleidung statt Bloss-Stellung!
128 – Das siebte Schnippchen: Keine ewige Verlorenheit!

12

132 Das Ende des Bekehrungzwanges
132 Die «kirchliche» Sonderform des Machbarkeitswahnes: der Terror des Bekehrungszwanges
133 Der Terror der Bedingungen in der Kirchensprache: das Hilfsverb und der Konjunktiv
135 Bekehrung ist Gottes Sache!
136 – Der Wortsinn von «Bekehrung»
140 Gerettete «Frömmigkeit»
141 Das *Wort* befreit aus dem Terror der Kirchensprache
143 Die Würde der unbekehrten Kirche
143 Petrus, der Erstberufene: «Fels der Kirche» – «Satan»!
143 – Die Geschichte vom Christusbekenner Petrus – und von seiner Machenschaft als «Satan»
145 – Der Erstberufene: Offenbarungsträger ohne eigenes Verdienst
146 – Die «satanische» Machenschaft: «Jesus annehmen»
150 – Die Begnadigung des «Satans»
151 Petrus: Kleingläubiger, Unverständiger, Verleugner

153	– Das Versagen in der Passion Christi
154	Wie der Primus – so die Pares
157	Petrus, der Heuchler
158	«Das Gute, das ich will, das tue ich nicht»
159	Im Neuen Testament nichts Neues!
161	Übersicht über die 12 Petrus-Perikopen im Matthäusevangelium

13

163	**Die Zwölf und der Dreizehnte**
171	Israel, das Zwölf-Stämme-Volk: die alttestamentliche «ekklesía» für die Heiden: «qahál»
173	– Das Wunder der Stellvertretung im Aufgebot für die andern
174	Das Geheimnis der Erwählung
179	Die Zwölf: Gesandte des erwählten Verworfenen
195	Der Schritt über das «volle Dutzend» hinaus: Der Dreizehnte für die Heiden

14

201	**Die Kirche: «heilig» – «alles umfassend» – «apostolisch»**
203	Die Kirche ist «heilig»
203	– Was heisst «heilig?
204	– Gott ist heilig
205	– Die Heiligkeit des Volkes Israel
206	– Die Heiligkeit der ganzen Welt
207	– Die Heiligkeit der Kirche
209	Die Kirche ist «alles umfassend»
212	Die Kirche ist «apostolisch»

15
215 «Predigen»? *Predigen!*
217 Die Missgestalt der Popanz-Predigt
225 « ... triffst du nur das Zauberwort!»
226 Die Predigt im «heidnischen» Griechentum
227 Die Predigt im jüdischen Griechisch
228 – 1. Seltsamer Gleichklang der Wortstämme
228 – 2. Die «Erfreulichkeit» des alttestamentlichen *keryssein*
229 – 3. Die Häufung von «Predigt» im «Allversöhnungsbuch» Jona
230 – 4. Der Anfang wie das Ende – und so das Ganze: Die seltsame «Umrahmung» aller «*keryssein*»-Stellen
232 Joseph – Daniel – Christus

16
237 Was soll denn gepredigt werden?
238 Die «erste» Predigt in der Wüste (Markus 1, 1–4)
240 «Untertauchen wie zum Ertränken»
241 *Gepredigt* wird der «Untergang zur Aufatmung»!
243 Der endgültig aufatmende Gott
247 Die Aufhebung des Untergangs im endgültigen Aufatmen Gottes
248 Die Verständlichkeit der «ersten» Predigt
249 Die «zweite» Predigt: Die Ausrufung des kommenden Herrn und seines lebendigmachenden Geistes (Markus 1, 7.8)
250 Der Heilige Geist: der leibhaftige Atem Gottes
258 Die Predigt Jesu
260 Der Jesuspredigt 1. Satz: «Erfüllt ist die Entscheidungszeit!»
263 Der Jesuspredigt 2. Satz: «... und zuhanden gekommen ist die Königsherrschaft Gottes»

265 Das Elend des «moralisch-religiösen Idealismus» und seine Überwindung in der Jesuspredigt
269 «Die Königsherrschaft Gottes»
271 Der Jesuspredigt 3. Satz: «Atmet endgültig auf!»
273 Die Fröhlichkeit des biblischen Imperativs
277 Der Jesuspredigt 4. Satz: «… und seid gegründet in der Guten Meldung»
278 «Evangelium» heisst «Gute Meldung»
280 «Glaube» heisst «Grundlage»
283 Wie der Meister – so die Jünger
284 Anhang zu Kapitel 16: Der Glaubensmissbrauch der Popanz-Kirche

17
288 Die Lüge wird hinausgeworfen!
Von der «Vollmacht, die Dämonen auszutreiben»

18
298 Belebung statt Belehrung
299 Die Erste Sendung (Markus 6, 7–11)
299 Erstens: Einfachheit! Kein Geld!
300 Zweitens: Gelassenheit im Blick auf den Erfolg
301 Der erste Vollzug des Auftrags:
Predigt – und Zeichen für die Durchsetzung des Lebens
304 Die Zweite Sendung (Markus 16, 14 ff.)
305 Keine Erweiterung des Auftrags, aber eine Fülle von Verheissungen

19
310 Das Fest der Ernte –
Vom rechten Tun des Menschen
310 «Frucht» statt «Werk»: die «Fülle aller Fülle»!
312 Was aber heisst «Frucht»?

314 Der Schöpfer Geist – «Der Geist aber ist der Herr»
314 … und alles kommt aus gutem Grund!
315 Das Fest des guten Gewissens
317 Rechtes Tun als Fest der Kindlichkeit

20
318 Das Amt der Kirche: die Behütung kindlicher Freiheit!
319 Die Namensänderung von Berufenen
320 Die Behaftung der ersten Zeugen
321 Das erste Zeugenamt:
Bezeugung der Totenauferweckung (Markus 5, 21–43)
321 Das zweite Zeugenamt:
Bezeugung der «ewigen Verherrlichung» Jesu (Markus 9, 2–10)
322 Das dritte Zeugenamt:
Bezeugung der Verwerfung Jesu – und des kirchlichen Versagens (Markus 14, 26–42)
323 Petrus: der «Fels», der zu tragen hat
325 Nicht mehr «Simon»
oder: Der Abschied von der «fetten Pfründe»
325 Die «Donnerssöhne»
326 Die Zwölf als Minister
328 Die Liebe des Amtes

21
331 «… wohin du nicht willst»
Das tägliche Sterben und die allmorgendliche Auferweckung der wahren Kirche
335 Der Kirche Verderb und *Gedeih!*

Vorwort

Dieses Buch – ein Buch der Kirche – ist herausgewachsen aus schwerem Leiden am *Schaden* dieser Kirche: dass sie als «Kirche des *Wortes*» zwar immerzu redet, aber eigentlich nichts sagt. Ihre hektische Emsigkeit in *Taten* vermag nicht darüber hinwegzutäuschen, dass die Kirche nichts (mehr) zu sagen weiss.

Schon vor Jahrzehnten hat dieser Schaden uns blutjungen Theologen den Eintritt in den Dienst der Kirche schwergemacht: Die Welt der Nachkriegszeit war in vielerlei Hinsicht ohne Zukunftsglaube und darum ohne Lebensorientierung. Die Kirche aber hatte sich in «menschenfreundliche» Vielgeschäftigkeit verstiegen, die – um ihrer Sprachlosigkeit willen – im Blick auf das Ziel keine Klarsicht schaffte und darum keine Wegweisung gab. Auf dem mühsamen Marsch zum Ende des Jahrtausends aber hat die Düsternis dann von Jahrzehnt zu Jahrzehnt zugenommen.

Wir haben ausgehalten, bis wir genug hatten. Dann hat sich die Erkenntnis durchgesetzt: In der «Kirche des Wortes» *musste* doch die *verlorene Sprache* wieder gefunden werden: Das Wort *redete* doch! Wenn es gelänge, wieder auf die *Sprache* des *Wortes* – und wohl auch der *Wörter!* – zu hören, dann müsste die Kirche bald einmal wieder etwas zu *sagen* haben!

Aus dieser Überzeugung erwuchs eine Arbeitsgruppe («Drachenburger Arbeitskreis»), in der dann 27 Jahre lang Pfarrer und theologisch nicht geschulte Leute in allmonatlichen ganztägigen Arbeitssitzungen eben dieses Hören auf die *Sprache* des Wortes vorangetrieben haben. Dabei ist etwas völlig Unerwartetes zum Vorschein gekommen: Die *Sprache* der Heiligen Schrift bringt die *Heiterkeit Gottes* an den Tag – und im Lichte dieser Heiterkeit erscheinen die *Helligkeit der Zukunft* und ein *sichtbarer Weg*.

Von Mal zu Mal sind der Lichtstrahlen und der beleuchteten Wege mehr geworden. Schliesslich hat es sich aufgedrängt, das *Herausgehörte* im Zusammenhang darzustellen, den Vorgang dieses Hörens zu erzählen und die *Spur* eines von der *Heiterkeit Gottes* beleuchteten *Weges* nachzuzeichnen: Die jahrzehntelange Arbeit des «Abhörens» hat sie zutage gefördert: die *zielsichere, lebensstarke* und ausgesprochen *menschenfreundliche* Spur eines *Weges* von solider Haltbarkeit und Begehbarkeit.

«*Der Weg*» – das aber ist das neutestamentliche Fachwort für das sogenannte «Christentum» und zugleich die Selbstbezeichnung dessen, der Anfang, Mitte und Ziel dieses Weges ist: des Herrn der Kirche! (Johannes 14, 6) Und *ER ist* so: zielsicher, lebensstark und ausgesprochen menschenfreundlich!

So wird auch diese heitere Wegspur ihre Richtigkeit haben.

Gerhard Blocher

Hallau, Ende Januar 1998

1
Zum Anfang ein Klagelied
(Dann haben wir das hinter uns!)

Die *Kirche* – ein Wort für eine Sache, an der nicht mehr viel Gutes zu sein scheint. Die «Kirche» ist verkommen. Nicht nur ihr Ansehen schrumpft zusehends in weiten Teilen des Volkes dahin. Auch ihr Gehalt ist mager geworden. (Nur ihre Gehälter sind noch von Gewicht.) Ihre geistige Kraft liegt im Sterben, hat wohl gar ihre Seele schon ausgehaucht. So sagt man, so hört man, so liest man es überall. Das Volk laufe der Kirche davon. Es ist nicht nur ein Gerücht. Wer zur «Kirche» gehört und gar mit ihr gleichgesetzt wird, erlebt es täglich: Die Kirchenräte, Kirchgemeinden und Pfarrer haben eine Einrichtung zu vertreten, die nur noch da ist wie eine Leiche zwischen Tod und Begräbnis. Als Todesursache wird Verschiedenes – Gegensätzliches – genannt, wie es bei manchen Sterbefällen getan wird. Die Kirche sei gleichsam an Arteriosklerose gestorben: an Altersstarrsinn, lebensuntüchtiger Unmodernität; sie habe mit der Zeit nicht mehr Schritt halten können. So hört man. Nein, sie sei gestorben, weil sie ihre altbewährten Grundsätze und Traditionen aufgegeben habe, kopflos modernistisch, progressiv geworden sei und allen Zeitströmungen charakterlos willfahre. Das hört man auch.

Allen Toten bringt man zwischen Sterbestunde und Beerdigungstag viel Respekt entgegen. Ganz ehrlich ist dieser Respekt nicht immer. Es fliesst mitunter auch viel Geld für den Toten: Aufwendungen für Sarg, Reden, Musik, Blumen und Leichenmahl; Spenden für den Grabunterhalt, bevor es ein Grab gibt. Pietät muss sein und darf auch Geld kosten. Deshalb sind die Finanzen der «Kirche» immer noch gesichert – auch wenn sie stets über finanzielle Bedrängnisse klagt. Man wird dieses Klagelied nicht sehr ernst zu nehmen haben. Es könnte raffiniertem Zweckpessimismus dienen – sozusagen als vorbeugende Massnahme, damit das Geld ja nicht ausgehe. Schliesslich muss das Beerdigungspersonal recht entlöhnt sein. Sonst bricht die Zeremonie zusammen, was als peinlich empfunden wird. Im Bereich der Funktionärsbesoldungen darf kein Modergeruch herrschen. Dort macht sich denn auch unentwegte Geschäftigkeit breit, die fast so etwas wie Lebendigkeit vortäuscht.

Sonst ist von Leben nicht viel zu spüren – wie es sich ja für Beerdigungszeremonien gehört. Alles geht vor sich in gemessenem Benehmen, erzwungener Freundlichkeit nach allen Seiten, schonenden Worten und viel, viel Verlegenheit. Gelacht wird nicht.

Das wirkliche Leben könnte erst wieder beginnen, wenn man die Trauerfeier hinter sich hätte. Doch diese schleppt sich endlos dahin. Immer neue Umzüge werden aufgezogen und endlose Reden gehalten. Es scheint schwierig, die Leiche endlich zu bestatten. Und ob man das wirklich will, ist fraglich. Mit der vollzogenen Bestattung würde die Verdienstquelle versiegen.

In der Tat kennt die «Kirche» diesen Zusammenhang zwischen Beerdigung und Einkommen gut. Sie nützt die Sorgen des Menschen im Blick auf das eigene Ableben und die gewünschte «würdige Bestattung» geschickt aus und macht ihre «kirchliche» Mitwirkung bei diesem traurigen Anlass von lebenslänglichen Steuerzahlungen abhängig. Das hält manchen davon ab, dem längst durchschauten Leichenzugszeremoniell der «Kirche» – was er eigentlich möchte – davonzulaufen.

So fährt man eben fort mit dem gemessenen Benehmen, der erzwungenen Freundlichkeit nach allen Seiten, den schonenden Worten und viel, viel Verlegenheit. Die Leiche wird dabei immer älter.

Etwas makaber ist das schon.

2
Eine «Heitere Wendung»?

Dem Vernehmen nach soll es schon öfter vorgekommen sein, dass totgesagte Personen nur angeblich zur Bestattung getragen wurden, in Wahrheit aber weder im Sarge lagen noch überhaupt tot waren. Da ist ein vom Tode Bedrohter seinen Verfolgern bei Nacht und Nebel entronnen oder entzogen – und nach einiger Zeit von seinen Freunden als «Leiche» zurückgebracht worden. Aber was im Sarge lag, war nicht der Körper des Totgesagten, sondern eine mit dessen Kleidern und Maske kostümierte Puppe, mit der nun eine feierliche Leichenzeremonie durchgeführt wurde. Auch das soll es gegeben haben, dass ein zum Tode Verurteilter kurz vor der Hinrichtung heimlich «ausgewechselt» wurde, so dass an seiner Stelle und unter seinem Namen ein stellvertretender Märtyrer den Tod erlitt. Erst recht heiter wurde die Sache, wenn der dem Tode Geweihte, aber Entronnene heimlich in die feierliche Versammlung der «Trauergäste» schlich, als ein richtiger Spitzbube seiner eigenen Abdankung beiwohnte und sich vergnügt ins Fäustchen lachte …

Ob sich solches je wirklich ereignet hat, ist nicht mit Sicherheit festzustellen. Das Gerücht hält sich indessen hartnäckig. Vielleicht hat es im Lauf der Menschengeschichte tatsächlich einmal oder gar immer wieder – womöglich gar an den entscheidenden Stellen? – solche «Auswechslungen» und Stellvertretungen gegeben. Im einzelnen mögen sie sich zwar ganz anders, im wesentlichen aber genau so zugetragen haben, wie man es in den zahllosen Geschichten erzählt.

Neuere Geschichtsforscher wollen herausgefunden haben, dass selbst an einer so berühmten Gestalt wie der Jungfrau von Orléans gleich zwei solcher «Auswechslungen» vollzogen worden sind – die eine nach ihrer Geburt und die andere anlässlich ihres «Todes». So wäre Jeanne d'Arc – geboren am 10. November 1407 als uneheliche Tochter Herzog Ludwigs von Orléans und Touraine und seiner Schwägerin Isabella von Bayern – am 6. Januar 1408 von Jacques d'Arc und seiner Frau Isabelle Romée als Pflegetochter angenommen worden. Den Flammentod habe später nicht sie selbst erlitten; vielmehr sei an ihrer Stelle eine Unbekannte verbrannt worden. Jeanne d'Arc habe 1439 Robert des Armoises, Seigneur de Fléville, geheiratet und sei 1450 eines natürlichen Todes gestorben ...[1]

Es sei jetzt allen Ernstes die heitere Frage gestellt: Könnte es sich bei dem allseits beklagten «Tod der Kirche» allenfalls um eine solche Verwechslung handeln? Dass also hier im Sarge jemand anderes liegt – ein «Popanz»[2] der Kirche – aber beileibe nicht die wahre Kirche selbst?

Gibt es eine «Lustigkeit Gottes»?

Damit man eine solch heitere Frage überhaupt an sich herankommen lassen kann, muss freilich ein alter «Kirchen»-Grundsatz in Frage gestellt werden. Seit Jahrhunderten sind wir wie mit eisernem Zaum in die starre Vorstellung hineingezwängt worden, dass alles «Kirchliche» grundsätzlich nicht für «lustig» zu halten sei. Dass es vor Gott, dem Herrn, nun einmal «nichts zu lachen» gebe, ist der allen Glaubensartikeln übergeordnete Grundsatz der «Kirche». Ob er richtig ist? Die Frage zu stellen bedeutet nicht, gleich die Ernsthaf-

---

[1] Vgl. Heinz F. Friedrich «Die Jungfrau von Orléans im Lichte neuer Forschungen» in: Genealogisches Jahrbuch, Bd 11, Neustadt an der Aisch 1971 (zitiert aus Theodor Fontane, München, S. 1238, Anm. zu S. 543).

[2] «Popanz» bedeutet soviel wie «Schreckgestalt; Vogelscheuche, Strohpuppe» (Duden, Bd. 7).

tigkeit Gottes in Zweifel zu ziehen. Aber der Meinung darf widersprochen werden, das «Lustige» sei nichts Ernsthaftes und einer «Komödie» fehle der Gehalt von Tiefe und Ernst. Warum sollte es also in der Geschichte Gottes – deren Ernsthaftigkeit ja kaum jemand wird antasten wollen – keine «Heiteren Wendungen» geben, die nicht etwa trotz, sondern gerade wegen ihrer Heiterkeit tiefsten Ernstes sind?

Die Frage weckt Hoffnung. Nehmen wir einmal an, es gäbe wirklich so etwas wie eine «Heiterkeit Gottes»; dann darf wohl folgende – vorläufig noch gänzlich unbewiesene – Annahme wenigstens einmal ausgedacht werden:

Der Traum von der Entlarvung der Scheinkirche

Das Gerücht vom «Tod der Kirche» beruht auf einer Verwechslung. Was da in unsern Tagen mit gemessenem Benehmen, erzwungener Freundlichkeit nach allen Seiten, schonenden Worten und viel, viel Verlegenheit zu Grabe getragen wird, ist in Wahrheit gar nicht die Kirche selbst, sondern ein Popanz der Kirche. Dieser Popanz scheint nur «Kirche». Die «Leiche» ist also eine «Scheinkirche», die gar nie gelebt hat. Die wirkliche Kirche aber ist lebendig – (und kann übrigens auch nicht sterben!). So ist sie weder schon gestorben noch am Sterben. Sie ist nur klammheimlich weggegangen, als ihre Vertreter sie zu verdrehen und sich als ihre Nutzniesser und Schmarotzer aufzuführen begannen. Weit entfernt hat sie sich allerdings nicht. Denn sie ist ebenso witzig und kühn wie der oben erwähnte Spitzbube, der an seine eigene Beerdigung geht.

Aber sie ist kein Spitzbube. Vielmehr trägt sie eine tiefe Liebe in sich – und zwar gerade zu ihren eigenen Leuten, die am übelsten mit ihr umgehen. Darum ist sie nur weggegangen, aber niemals davongelaufen. Sie mag für einige Zeit geflohen sein; aber sie hat sich nicht verflüchtigt. Wenn der «Tod der Kirche» beklagt und gleichzeitig die «tote Kirche» genüsslich ausgekostet wird, dann folgt sie der ganzen

– unehrlichen – Zeremonie von ferne und duckt sich in die hinterste Ecke des Beerdigungsraums. Weil sie indessen kein Spitzbube ist, lacht sie sich dort nicht etwa schadenfreudig ins eigensüchtige Fäustchen. Sie wartet, bis ihre Zeit kommt. Dann tritt sie auf und verkündet in aller Fröhlichkeit:

«Die Kirche ist nicht tot:
Im Sarge liegt nur ihr Popanz!
Und um den ist es nicht schade!
Darum: Ende der unehrlichen Zeremonie!
Die wahre Kirche trete auf den Plan!»

***   ***   ***

Es wäre schön, wenn die Annahme der Entlarvung der Scheinkirche richtig wäre. Ein Wunschtraum ginge in Erfüllung – für die vielen, welche die Kirche lieben und von ihr etwas Gutes erwarten, aber nichts Gutes bekommen und darum – von dem unehrlichen Kirchenzeremoniell enttäuscht und angewidert – an ihr nicht mehr teilnehmen mögen.

«Träume» sind allerdings in dieser Sache gar nicht gut. «Geträumt» wird in der Umgebung des Popanz-Sarges ohnehin schon mehr als genug. Auch «Wünsche» sind nicht anzubringen. Es muss der «Tatbeweis» erbracht werden. Das heisst: Es muss feststehen, dass eine solche «Heitere Wendung» im Wesen der Kirche liegt. Das aber heisst: dass es im Wesen Gottes eine Neigung zur Lustigkeit gibt. Wenn es das gibt, muss es in der irdischen Geschichte des auf diesen Weltboden gekommenen Gottes klar zum Vorschein kommen!

«Gott hat mir ein Lachen bereitet!»
(1. Mose 21, 6)

An entscheidender Stelle der biblischen Offenbarungsgeschichte Gottes kommt es in der Tat zum Vorschein – und zwar in eindeutiger Weise. Diese Geschichte hat ihren eigentlichen Sinn in der Offenbarung der Heiterkeit Gottes. Sie ist von Anfang an eine Geschichte des Lachens.

Das biblische Zeugnis stellt das in einer Unzahl von immer neuen Erzählungen aller Art dar – in Märchen, Sagen, historischen Novellen und Romanen, Chroniken, poetischen und prophetischen Bildern und «Gesichtern». Dazu gehört in erster Linie die Beschreibung einer Volksgeschichte. Das ganze Alte Testament gilt der umfassenden Darstellung und Durchleuchtung der Tatsache, dass es auf dieser Welt ein Volk Israel, das Volk der Juden, gibt. Und diesem Volk wird ein im wörtlichen Sinn «eigentümlicher» Auftrag und Lebenssinn zugeschrieben:

Es hat in seiner ganzen merkwürdigen Existenz auf diesem Erdboden Gottes ebenso merkwürdiges Wesen, Wollen und Verhalten gegenüber seiner ganzen Schöpfung darzustellen. Die Darstellung Gottes in diesem Volk aber beginnt auf bezeichnende Weise so, dass sich bereits in den Umständen seiner «Geburtsstunde» Gottes Heiterkeit ankündigt und durchsetzt. Israel entspringt förmlich – und dann gleich auch «buchstäblich» – einer ganzen Reihe von Gelächtern. Das sieht so aus (1. Mose 18, 1 – 16; 21, 1 – 7):

Sara, eine «hochbetagte» und zeitlebens unfruchtbare Beduinenfrau, hört eines Tages – am Eingang ihres Zeltes lauschend – von geheimnisvollen Besuchern ihres «fast hundertjährigen» Mannes Abraham, sie werde übers Jahr einen Sohn haben. Diese Ankündigung – Gottes? – kann sie angesichts ihres in Alter und Unfruchtbarkeit «erstorbenen Leibes»[3] nur für eine lächerliche Torheit halten:

---
[3] Römer 4,19

«Darum lachte Sara bei sich selbst und dachte: ‹Nun ich welk bin, soll mich noch Liebeslust ankommen? Und auch mein Herr ist alt...›»

Dann aber nimmt die Geschichte einen fast unheimlich ernsten Verlauf:

«Da sprach der Herr zu Abraham: ‹Warum lacht Sara und denkt: Sollte ich wirklich noch Mutter werden können, da ich doch alt bin? – Ist denn irgend etwas unmöglich für den Herrn? Übers Jahr um diese Zeit werde ich wieder zu dir kommen; dann hat Sara einen Sohn.›
Sara leugnete und sprach: ‹Ich habe nicht gelacht.› Denn sie fürchtete sich. Aber er sprach: ‹Doch, du hast gelacht.›»

Nach diesem «Gelächterstreit» vergeht ein Jahr. Und dann hat Sara ihren Sohn! Der «Gelächterstreit» ist beigelegt: Sara muss erkennen, dass sie es mit einem «Gott» zu tun hat, der nicht nur ihrem Lächeln über eine «lächerliche Torheit», sondern erst recht dem traurigen Geschick ihrer Kinderlosigkeit ein «*Schnippchen*» schlägt[4] – zu ihren Gunsten – und als Zeichen zugunsten der ganzen «erstorbenen Welt». Gott erweist sich damit als der, welcher den grausamen Anschein der «Verlorenheit» und der Unmöglichkeit, gerettet zu werden, «gering schätzt» und – aller scheinbar «lächerlichen Torheit» zum Trotz – «die Toten lebendig macht und das, was nicht ist, ins Dasein ruft».[5]

Sara anerkennt das «Schnippchen». Angesichts der «unmöglichen» Geburt ihres Sohnes spricht sie:

«Ein Lachen hat mir Gott bereitet! Wer davon hört, wird ob mir lachen!» –

und gibt diesem Sohn, dem Anfänger des Volkes Israel und ersten Erfüller der Verheissung Gottes, den entsprechenden Namen: «Isaak» – das «Gelächter»! (der «Gelächterbub»).

---

[4] Das Wort «meint eigentlich die schnellende Bewegung des Mittelfingers zum Daumenballen als Ausdruck der Geringschätzung» (Duden, Bd. 7).
[5] Römer 4, 17

Mit diesem Namen wird das «Lachen» förmlich zum «Grundstein» des Gottesvolkes und so der ganzen Gotteswelt: Der Gott Abrahams und Isaaks und dessen Sohnes Jakob ist und bleibt ein Gott der Heiterkeit.

So ist es keine Frage mehr, ob in der Geschichte Gottes mit den Menschen im Ernst mit «Heiteren Wendungen» zu rechnen sei – auch für den «Tod» und den «Leichengang» der «Kirche». «Gelächter» liegt nicht mehr nur «in der Luft». Es hat sich vielmehr schon von allem Anfang an in Gottes Volk auf Erden festgesetzt.

Der ergreifende Ernst der Heiterkeit Gottes

Eine sprachliche Besinnung über das Wort «Heiterkeit» eröffnet einen geradezu unheimlichen, aber tief beglückenden Blick in die Urgründe dieser Neigung Gottes zur Heiterkeit.

Das Wort «heiter» entspringt einer Sprachwurzel, aus der zwei Bedeutungen herausgewachsen sind: das indogermanische Wort «kai-» – «scheinen(d)», «leuchten(d)» – hat das deutsche Wort «heiter» hervorgebracht, und das heisst «klar», hell, wolkenlos». Daraus hat sich die Bedeutung «fröhlich» entwickelt. Der innere Zusammenhang der beiden Bedeutungen ist leicht zu erkennen: die klare, helle Luft eines wolkenlosen Himmels «erheitert» das Gemüt und lässt es fröhlich werden, weil alle Unklarheiten und Düsternisse, die Unsicherheit verbreiten und Ängste hervorrufen, verschwunden sind. Ein fröhlicher Mensch aber leuchtet, weil er selber frei ist von Düsternis und nebelhafter Verschwommenheit und nun seinerseits keine Angst vor verborgener Gefahr hervorruft.

«Heiterkeit» hat es also nicht zuerst mit «Fröhlichkeit», sondern mit Helligkeit – mit Licht – zu tun. Das Wort «Licht» aber zieht uns förmlich hinein in die Offenbarung der Gottesgeschichte nicht nur mit den Menschen, sondern nun gleich mit der ganzen Welt – an einen Ort, der noch weiter zurückliegt als die Entstehung des Gottesvolkes Israel und also noch tiefer in die Urgründe Gottes hineinführt:

Die Bekehrung Gottes zur Heiterkeit:
der entscheidende Anfang der Bibel

Die Bibel beginnt auf ihren ersten Seiten mit der Überlieferung von zwei untereinander recht verschiedenen und auch verschieden alten «Schöpfungsgeschichten». In einem aber sind sie gleich: Beide wollen keinen historisch gültigen – womöglich «wissenschaftlichen» – Bericht über die Entstehung der Welt vorlegen, sondern in der Gestalt einer «Schöpfungssage» das tiefste Geheimnis des Wesens und Verhaltens Gottes kundtun – und gleichzeitig Klarheit – «Heiterkeit»! – schaffen über die Lage der Welt und der Menschheit, die es mit diesem Gott zu tun haben.

In der «Popanz-Kirche» hat man dafür freilich wenig Verständnis. Die beiden Schöpfungssagen werden als «historisch zuverlässige» Beschreibungen eines Naturvorganges ausgegeben, welche als verbindliche Grundlagen eines sogenannten «biblischen» Weltbildes zu «glauben» sind. Das erlaubt ihr zwar den «kirchlichen» (Macht-)Anspruch, auch in Sachen «Naturlehre» im Besitz der allgemein- und alleingültigen «Wahrheit» zu sein, und verschafft ihr das vornehme Gefühl absoluter «Überlegenheit» über alle übrigen «Wahrheiten» dieser Welt. «In Wahrheit» erweist sie lediglich ihre Unfähigkeit, ein Schriftwerk gemäss seiner literarischen Gattung ernst zu nehmen und zu verstehen. Sie verkennt, dass Sagen, Märchen, Mythen in ihrer besondern Gestalt einen Wahrheitsgehalt offenbaren, der tiefer liegt als die nur scheinbar «historische» Oberfläche der Erzählung. Damit verbaut sie sich von vornherein jegliches Verständnis gerade jenes Schriftwerkes, auf das sie sich am meisten beruft: der Bibel, und geht an dem, was die biblischen «Schöpfungssagen» im Tiefsten offenbaren, gänzlich vorbei.

Die ersten fünf Sätze des Ersten Schöpfungsberichtes (1. Mose 1, 1 – 2, 4) – es sind die ersten Sätze der ganzen Bibel! – bringen das innerste Geheimnis Gottes an den Tag. Ihre weltbekannten Worte lauten:

1 «Im Anfang schuf Gott den Himmel und die Erde.
2 Die Erde aber war wüst und öde, und Finsternis lag auf der Urflut, und der Geist Gottes zitterte über den Wassern.
3 Und Gott sprach: ‹Es werde Licht!›
4 Und es ward Licht. Und Gott sah, dass das Licht gut war, und Gott schied das Licht von der Finsternis.
5 Und Gott nannte das Licht ‹Tag›, und die Finsternis nannte er ‹Nacht›. Und es ward Abend und Morgen: ein erster Tag.»

Gott wird zunächst dargestellt als der, welcher «Himmel und Erde» erschafft. Der hebräische Text braucht für diese göttliche Tätigkeit das Wort «*bará*» – ein recht «handgreifliches» Wort, das soviel wie «bauen» heisst und im ganzen Alten Testament immer eine göttliche Tätigkeit bezeichnet. Das Ergebnis dieser Tätigkeit im Blick auf die Erde – den Bereich des Menschen! – wird als eine ausserordentlich unerfreuliche Erscheinung beschrieben: die von Gott «gebaute» Erde, wie sie aus seiner Schöpferhand kommt, ist «wüst und öde»[6]. Über ihr liegt lauter «Finsternis» – das Kennzeichen des Todes! –, die nichts als «Urflut»[7] – einen verderblichen Abgrund! – bedeckt. Hinter dem «*bará*» des göttlichen Schöpfers scheint ein unheimlicher Wille zu Hässlichkeit, Dunkelheit, Tödlichkeit zu stehen.

Daraufhin deutet auch die seltsam unheimliche Stelle aus den prophetischen Büchern des Alten Testamentes:

«Ich bin der Herr, und keiner sonst, der ich das Licht bilde und die Finsternis erschaffe (bará!), der ich das Heil wirke und das Unheil schaffe (bará!).»
(Jesaja 45, 6.7)

«Über den Wassern» aber «zittert» der «Geist Gottes» – das heisst: der «bewegte (Lebens-)Atem» Gottes wird in ihm selbst un-

---

[6] «wüst und öde» übersetzt die hebräischen Worte «*thóhu wa bóhu*», die dann im Deutschen zum redensartlichen Ausdruck «Tohuwabohu» geworden sind.
[7] Das hebräische Wort «*thehóm*», das hier mit «Urflut» übersetzt ist, erscheint – in der Mehrzahl – auch 2. Mose 15 und beschreibt dort die verheerenden Fluten, welche den Ägyptern beim Durchzug der Israeliten durch das «Schilfmeer» den Untergang bereiten: «Die Fluten bedeckten sie, sie fuhren zur Tiefe wie Steine» (V. 8).

ruhig. Das hat seinen Grund in einem bisher tief verborgenen Geheimnis, welches sich sofort nach der Vorstellung der unerfreulichen «Schöpfungsbescherung» enthüllt und viel, viel später im Neuen Testament mit den Worten umschrieben wird:

«So hat er uns ja in ihm» – in Christus – *«erwählt vor Grundlegung der Welt, … indem er in Liebe uns zur Annahme an Sohnes Statt bei sich selbst durch Jesus Christus vorherbestimmt hat nach dem freien Entschluss seines Willens …* (Epheser 1, 4.5)

In dem unruhigen Zittern seines Geistes erinnert sich Gott an seine vor aller Zeit getroffene Entscheidung, dem «unheimlichen Willen zu Hässlichkeit, Dunkelheit, Tödlichkeit» nie mehr nachzugeben, sondern gegen diesen Willen seine Liebe zu stellen: gegen alle Hässlichkeit – die Schönheit; gegen die Dunkelheit – das Licht; gegen die Tödlichkeit – das Leben durchzusetzen. In dieser Entscheidung hat er seine grundlegende *Bekehrung* vollzogen.

Gott folgt der Erinnerung – und widerruft sein eigenes finsteres Schöpfungswerk. Er öffnet seinen Mund – und lässt seine «innere Stimme» nun auch gegen aussen – als Befehl! – in das von ihm erschaffene Tohuwabohu mit all seiner Finsternis und Tödlichkeit hinein erschallen: «Es werde Licht!» Der Befehl schafft augenblicklich den entsprechenden Gehorsam: «Und es ward Licht!»

Gott erkennt, «dass das Licht gut war» – das heisst: seiner eigenen, gültigen Entscheidung entspricht. So trennt er das Licht von der Finsternis, damit es nicht von dieser verschlungen werde. Und der erste Tag der Schöpfung entsteht nicht etwa so, dass es «Morgen und Abend» wird – worauf ja nur die Dunkelheit folgen könnte! Vielmehr: «Und es ward Abend und Morgen – ein erster Tag», der hineinwächst in die Helligkeit.

Gott hat die «Heiterkeit» – das Licht! – durchgesetzt und zur beherrschenden Bestimmung für die ganze Schöpfung gemacht, so, wie er dann in dem Urbild-Volk für die ganze Schöpfung die «Heiterkeit» – das Lachen! – als erfüllendes Ziel dieser Schöpfung eingesetzt hat.

Das ist die innere Wahrheit des Ersten Schöpfungsberichtes. Er beschreibt nicht, wie es «am Anfang» in Wirklichkeit zugegangen sei. Er offenbart vielmehr Gottes grundlegende Hinwendung zur «Heiterkeit» in der Form eines «Schnippchens» gegenüber sich selbst, das gerade in seiner «Lustigkeit» von grossem Ernst erfüllt und aufs tiefste ergreifend ist – so sehr, dass ihm nur sofort gründlich nachgegangen werden kann.

3
Die Spuren der heiteren Bekehrung Gottes – von Adam bis Noah

Es krippelt und wibbelt weiter

Die Flut steigt bis an den Ararat
Und es hilft keine Rettungsleiter,
Da bringt die Taube Zweig und Blatt –
Und es krippelt und wibbelt weiter.

Es sicheln und mähen von Ost nach West
Die apokalyptischen Reiter,
Aber ob Hunger, ob Krieg, ob Pest,
Es krippelt und wibbelt weiter.

Ein Gott wird gekreuzigt auf Golgatha
Es brennen Millionen Scheiter,
Märtyrer hier und Hexen da,
Doch es krippelt und wibbelt weiter.

So banne dein Ich in dich zurück
Und ergib dich und sei heiter;
Was liegt an dir und deinem Glück?
Es krippelt und wibbelt weiter.
Theodor Fontane

In den ersten Wörtern der Bibel ist eine Spur aufgetaucht – überraschend und darum befremdlich, aber verheißungsvoll und darum aufregend: Die Spur deutet hin auf eine für die Welt höchst bedeutsame *Bekehrung Gottes zur Heiterkeit*.

Die Spur verläuft nicht nur oberflächlich über den Text hin, sondern ist in den Worten tief eingegraben. Aber ob sie auch weitergeht – die Heiterkeit Gottes sich bewährt, und zwar unter allen, auch den schlimmsten, Umständen? Ob sie vor allem bis zum Ende erhalten bleibt, damit dieses Ende kein «bitteres» mehr sei? Oder ob sich die Spur verflüchtigt – womöglich gerade dann, wenn die Lage nicht nur bitter ernst, sondern auch gänzlich hoffnungslos werden sollte?

Die Frage richtet sich an Gott: Wird er sich an seine Bekehrung halten und sich «im Ernstfall» als der Bekehrte bewähren – oder seine «Wandlung» (wie so viele «Bekehrte»!) im entscheidenden Augenblick fahren lassen?

Es steht viel auf dem Spiel. Nicht nur, ob für die – wie es scheint – sterbende oder gar schon tote Kirche eine Hoffnung auf eine «Heitere Wendung» zu erwarten sei! Ob in einem Sterbefall überhaupt mit einer «Heiteren Wendung» zu rechnen ist – das ist die entscheidende Frage von letztem Ernst. Ihre Beantwortung hängt einzig davon ab, ob Gott auch unter den schlimmsten Umständen an seiner Bekehrung zur Heiterkeit festhält – und ihm das Lachen *nie* vergeht!

Wer seit Menschengedenken in und unter der «Kirche» leidet, wird schon diese Fragestellung als eine «Heitere Wendung» empfinden. Die «Popanz-Kirche» stellt zwar auch «ernste Fragen», von deren Beantwortung Entscheidendes abhängig sei. Aber sie fragt fordernd nach dem Verhalten des Menschen: nach des Menschen «Bekehrung und Bewährung» – und gibt vor, dass Gott den Menschen so frage.

Jetzt steht plötzlich Gott selbst auf dem Prüfstand. Die Spur, die in den ersten Sätzen der Bibel auftaucht, hat ihn dorthin gestellt. Und die prüfende Frage stellt von Anfang an – erst recht in völlig überraschender Weise! – der Geist Gottes selbst![1]

---

[1] 1. Mose 1, 2: «*Und der Geist Gottes zitterte ängstlich über den Wassern*» (vgl. S. 250). Römer 8, 26: «*Ebenso kommt aber der Geist unserer Schwachheit zu Hilfe. Denn wir wissen nicht, was wir beten sollen, wie sich's gebührt; aber der Geist tritt für uns ein mit unaussprechlichen Seufzern.*»

Die Verfasser der ersten biblischen Kapitel gehen der Frage und der Spur mit erstaunlicher Beharrlichkeit nach. Ja, sie scheinen nichts anderes als den Verlauf dieser Spur der «Heiteren Belehrung» literarisch festhalten zu wollen. Vom Anfang der Schöpfung bis zur Entstehung des Gottesvolkes suchen sie sie und – finden sie sie –, und zwar ausschliesslich in den schlimmsten Verhältnissen!

Diese «schlimmsten Verhältnisse» sind allgemein bekannt: Sofort nach Erschaffung des Menschen erscheint über ihm am Horizont der drohende Schatten des Todes, der alsbald in immer neuen Schüben und mit voller Wucht auf den Erdboden «Adams» (dessen Name soviel wie «Erden-Kerl»[2] bedeutet) hereinbricht. Es beginnt eine finstere Reihe von Schuld-, Tötungs- und Sterbegeschichten! So sieht das aus:

Die erste Todesgeschichte: 1. Mose 2; 3
In der Zweiten Schöpfungssage (2, 4b–25) erfolgt die Ankündigung eines Todesurteils über den Menschen (2, 17). Bald darauf – in der sogenannten «Sündenfall»geschichte (3, 1–24) – wird die «Rechtsgültigkeit» dieses Todesurteils bekanntgegeben (3, 19).

Die zweite Todesgeschichte: 1. Mose 4
Das Todesverhängnis verschlingt die Menschheit ohne Verzug – und zwar in erschreckendster Weise: der erste auf dieser Welt geborene Mensch – Kain, der Sohn Adams und Evas – nimmt das Todesurteil gewaltsam in die eigene Hand und wird zum Mörder: Er erschlägt seinen Bruder Abel.

Die dritte Todesgeschichte: 1. Mose 5
Der «Stammbaum von Adam bis Noah» verzeichnet bei jedem der ersten zehn Stammhalter des zum Tode verurteilten Menschengeschlechtes die genaue Lebenszeit – und fügt dann – bei acht von

---
[2] Vgl. S. 120

ihnen – mit anstössiger Beharrlichkeit die überflüssige Feststellung hinzu: «Dann starb er.» Damit wird die Geschichte der Adamsnachkommen als Sterbegeschichte ausgezeichnet.

Die vierte Todesgeschichte: 1. Mose 6–8
Schliesslich erstreckt sich über drei Kapitel hin die berühmt-berüchtigte Geschichte des Riesensterbens in der «Sintflut» – seit jeher der Inbegriff des «schrecklichen Untergangs der ganzen Menschheit».

Es sieht mit der Menschheit gar nicht gut aus.

Aber mitten durch dieses düstere Bild zieht sich – die Spur! Je dunkler die vier «Sterbegeschichten» werden, desto heller leuchtet darin die «Bekehrung Gottes zur Heiterkeit» auf. Von Kapitel zu Kapitel wird deutlicher, dass sie einzig um dieses Leuchtens willen geschrieben sind. Alle Sprachkunst und Wortgewalt wird aufgeboten, um die «Spur» wiederzugeben: dass es mit der Bekehrung Gottes zur Heiterkeit und erst recht mit ihrer Bewährung seine verlässliche Richtigkeit hat.

Der «Absturz» des Menschen führt nicht in die Tiefe!
(1. Mose 2, 16.17; 3, 1–24)

Die erste Todesgeschichte – die Geschichte vom «Sündenfall» – weist ein ganzes «Geflecht» von Spuren einer «Heiteren Wendung» auf, dessen Bedeutsamkeit aber schon auf den ersten Blick erkennbar ist.

An dieser Stelle genügt ein solcher «erster Blick», der nur die augenfälligsten Deutlichkeiten der «Spur» erfasst. Die eingehende Untersuchung des vielfältigen und hintergründigen Abschnittes erfolgt zu einem späteren Zeitpunkt und in einem andern Zusammenhang.[3]

---
[3] Vgl. S. 107 ff.

Vorausgesagt ist dem Menschen der Tod – wenn er vom «Baum der Erkenntnis des Guten und des Bösen» essen sollte:

«Und Gott der Herr gebot dem Menschen und sprach:
‹*Von allen Bäumen im Garten wirst du essen; nur von dem Baum der Erkenntnis des Guten und des Bösen, von dem wirst du nicht essen; denn sobald du davon issest, wirst du des Todes sterben.*›*»* (2, 17)

Dann tut der Mensch, was ihm den Tod einbringt (3, 1–7). Also ist sein sofortiger Tod zu erwarten – gemäss der volkstümlichen Regel: «Gott straft sofort.»

Aber was tut Gott? Er schlägt der eigenen Entscheidung zum Tod sein «Schnippchen» – und spricht dem Menschen das Allererstaunlichste zu:

Die Frau bekommt zu hören:
«Zu Fülle bringen, zu Fülle bringen werde ich deine ... Schwangerschaften! Du wirst gebären – Kinder!» (3, 16)

Der «Mensch» vernimmt:
«Du wirst dich ... nähren dein Leben lang!» (3, 17)
«Du wirst dein Brot essen!» (3, 19a)

Was in den angedeuteten Auslassungen an «Dunkelheiten» beigefügt wird – «Traurigkeiten», «Dornen», «Disteln» und «Schweiss» –, das alles hat nichts zu bedeuten neben der göttlichen Entscheidung und Verfügung: Der verhängte Tod wird verschoben – und zwar über ungeheure Lebenslängen hinweg (1. Mose 5, vgl. S. 37 ff.). Am Leben wird festgehalten: Angeordnet wird alles, was Leben erhält und Leben neu hervorbringt.

Erst dann kommt das Todesurteil zur Sprache. Aufgehoben wird es nicht – aber seltsamerweise ist in der göttlichen Inkraftsetzung dieses Urteils – übrigens lediglich in einem Nebensatz! – weder vom Sterben noch vom Tod die Rede. Ein ganz anderer Ton wird angeschlagen:

«... *bis du wieder zur Erde heimkehrst, von der du genommen bist; denn Staub bist du, und zum Staube wirst du wieder heimkehren.*» (3, 19b–e)

Gott hat das Todesurteil – sobald es zum Verderben des Menschen hätte gefällt werden müssen! – sogleich umgewandelt, nämlich dem Tod den Stachel genommen. Der dem Tod verfallene Mensch wird – eben durch das Sterben – auf den Heimweg zur «Mutter Erde» geführt, auf dass er im Tode nicht verderbe, sondern zu sich selbst zurückkehre – zu dem, was er im Tiefsten ist, damit er sich selber wieder finde!⁴

Schliesslich wird der Mensch aus dem «Garten Eden» (wörtlich: dem «wonnigen Gehege») vertrieben. Und die Rückkehr wird ihm durch die «Cherube» – die Fabelwesen des Schreckens – und die «Flamme des zuckenden Schwertes» verwehrt,

«*dass der Mensch nicht seine Hand ausstrecke und auch vom Baume des Lebens breche und ewig lebe.*» (3, 22–24)

Die Spur der «Heiteren Bekehrung» ist hier erst ganz fein eingezeichnet, aber ihr Glanz leuchtet hell genug: Das «verlorene Paradies» wird nicht zerstört, sondern lediglich «bewacht». Wachen aber können abgezogen werden. Das bedeutet für den Vertriebenen: Die Rückkehr bleibt in Aussicht! Dann wird er «ewig leben» – und es auch können, weil ihm die Last der willkürlich angeeigneten «Erkenntnis des Guten und des Bösen» abgenommen sein wird.

---

⁴ Vgl. S. 125 ff. und S. 136 ff.

Die zärtliche Fürsorge des bekehrten Gottes für den Brudermörder
(1. Mose 4)

Der Totschlag des Adamssohnes «Abel» – der hebräische Name heisst «Hauch» (wodurch sein früher Tod angedeutet wird) – findet zwar die strenge Verurteilung durch den «Herrn»:

«Er aber sprach zu Kain: ‹Was hast du getan? Horch, das Blut deines Bruders schreit zu mir empor vom Ackerland. Und nun – verflucht bist du, verbannt vom Ackerland, das seinen Mund aufgetan hat, aus deiner Hand das Blut deines Bruders zu empfangen.›» (4, 10.11)

Aber diese «Verfluchung» aus dem Munde Gottes erweist sich alsbald in erstaunlicher Weise als das schiere Gegenteil dessen, was man sich allgemein – und so auch Kain – darunter vorstellt. Auf seine verzweifelte Klage, als Verfluchter werde er von jedem, der ihn antrifft, totgeschlagen, folgt die Erklärung:

«Da sprach der Herr zu ihm: ‹Nicht also! Wer immer Kain totschlägt, an dem wird es siebenfältig gerächt.› Und der Herr versah Kain mit einem Zeichen, dass keiner ihn erschlüge, der ihn anträfe. Also ging Kain hinweg vom Angesichte des Herrn und wohnte im Lande Nod, östlich von Eden. Und Kain wohnte seinem Weibe bei; da ward sie schwanger und gebar den Henoch.»
(4, 15.16)

Man erahnt den Lichtschein der Bekehrung Gottes: Der Verfluchte wird nicht dem Totschlag preisgegeben. Vielmehr wird er dem besondern Schutz seines Gottes unterstellt. Ja, das Wort «verflucht» in seiner hebräischen Bedeutung fordert dazu heraus, es noch stärker zu sagen: Kain, der Totschläger, wird unter diesem besondern Schutz seinem Gott auch noch zu *besonderer Verfügung* gestellt.

Das hebräische Wort *«arúr»* – mit «verflucht» übersetzt – kommt vom Tätigkeitswort *«arár»* her, das «binden», «bannen» heisst. Dass das keineswegs etwas «Schlimmes» oder gar Ehrloses bedeuten muss, erkennt man leicht an den deutschen Wörtern «Bannwald» oder «Heerbann»: Beides ist gekennzeichnet durch eine verpflichtende «Bindung», zu besonderem Dienst, der zwar hart und unbequem sein kann, aber keinesfalls mit «Verwerfung» gleichzusetzen ist – wie man es mit dem Wort «Verfluchung» zu tun pflegt.

In dieser «besonderen Verfügung» gebunden und unter dem Schutze des Herrn geht Kain hin – «und wohnte seinem Weibe bei»! Offenbar gehört zu den «besondern Aufgaben» des gebannten Mörders, Vater zu werden, sich zu vermehren und also nicht auszusterben.

Die Lebenslänge der Todverfallenen
(1. Mose 5)

Der ermordete Abel wird alsbald durch einen weiteren Adam-und Eva-Sohn ersetzt. Was daraus erwächst, ist eine geradezu schockierend übersteigerte Lebenskräftigkeit. Den todverfallenen Menschen wird eine unvorstellbare Lebenslänge über Generationen hinweg zugeschrieben: der Jüngste erlebt so viele Jahre, wie ein Jahr Tage hat, und der Älteste wird fast ein Jahrtausend, nämlich 969 Jahre alt. Es wird – bis in die schwindelhaftesten Höhen des Mannesalters! – gezeugt und geboren. Die Menschen – die doch sterben sollten! – behaupten sich in einem atemberaubenden Masse auf dieser Welt! Gerade in der Sprache und in den Bildern des Märchens erscheint deutlich die entschlossene Zurücksetzung des Todesverhängnisses und die Durchsetzung einer ungeheuerlich zähen Lebenserhaltung.

Die merkwürdig genauen Angaben der Lebensjahre verstärken das Zeugnis des Textes – und ihre graphische Aufzeichnung macht es sinnenfällig:

Die Lebenslänge Adams und seiner Nachkommen
(1. Mose 5; 9, 28)

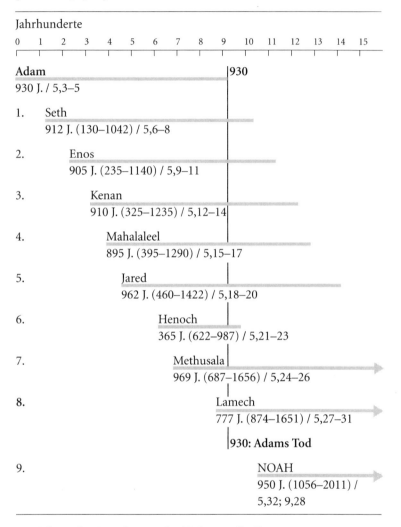

Adam, der Empfänger des Todesurteils Gottes, muss zwar sterben – und er tut es auch. Aber er lebt 930 Jahre lang. Gott lässt ihn so lange leben, bis er *acht Generationen* von Nachkommen «aus seinen Lenden» hat hervorgehen sehen und sie auf seinem Sterbebette überblicken kann: Das ist eine Generation mehr als die runde Siebenereinheit, welche die Gesamtheit bedeutet! Und diese über die Grenze der «Vollkommenheit» hinausgehende achtfache Nachkommenschaft sieht der 930jährige Sterbende noch am Leben – mit Ausnahme des geheimnisvollen Henoch, der offenbar überhaupt nicht stirbt, sondern «auf einmal nicht mehr da war» ...(5, 24)

Das Märchen bringt an den Tag, wie sehr sich Gott in seiner Bekehrung zugunsten seiner Schöpfung bewährt. Er ringt sich durch: aus seiner Verfügung der Sterblichkeit heraus – hinein in den Triumph der Lebenslustigkeit, die allem Tod gegenüber den Vorrang hat!

Der «Alte Adam» – zum Tode verurteilt! – kann im Kinderlachen seiner Nachkommen bis ins achte Geschlecht jahrhundertelang das heitere Lachen seines Gottes hören, der sich über sein sich selbst geschlagenes «Schnippchen» freut ...

Adam stirbt 126 Jahre, bevor die neunte Generation erscheint. Diese beginnt mit der Geburt Noahs, der zur führenden Person der letzten und entscheidenden «Sterbegeschichte» wird.

Das seltsame Aufatmen des bekehrten Gottes: die Sintflut
(1. Mose 6–8)

Die «Sintflut»! Von ihr redet die schlimmste «Sterbegeschichte» der ersten zehn Kapitel der Bibel. Der hebräische Wortlaut verdeutlicht, was damit gemeint ist. Was nach dem deutschen Wortlaut soviel wie eine «grosse, allgemeine Überschwemmung»[5] bedeutet, heisst im Urtext (6, 17) wörtlich «das himmlische Wasserkrug-

---

[5] «Sintflut» hat nichts mit «Sünde» zu tun. Die Vorsilbe «sin-» (mit eingeschobenem Gleitlaut -t-) bedeutet «immerwährend, durchaus, gewaltig» (Duden, Bd. 7).

Lager»⁶, das sich auf die Erde ergiesst, um sie zu ersäufen und damit wieder zu dem zu machen, was sie durch die Erschaffung wurde: die von Finsternis bedeckte «Urflut»⁷!

Das sieht nun wahrhaftig verheerend aus. Nach der Aussage der ersten Schöpfungssage (1. Mose 1, 1–2, 4a) hat Gott diese Tohuwabohu-Urflut-Erde ausdrücklich – durch sein Wort! – überwunden. Jetzt droht der Schrecken, dass er sein Wort zurücknimmt – seine «Bekehrung zur Heiterkeit» aufgibt, sich in seinen Zorn zurückfallen und dem «himmlischen Wasserkrug-Lager» einen höllischen Lauf lässt. Der Grund dafür und die unmittelbare Folge davon wird genannt:

«Als aber der Herr sah, dass der Menschheit Bosheit gross war auf Erden, und dass alles Dichten und Trachten ihres Herzens die ganze Zeit nur böse war, da reute es den Herrn, dass er den Menschen geschaffen hatte auf Erden, und es bekümmerte ihn tief.» (6, 5.6)

Diese Bekümmerung verdichtet sich zu einem gewaltigen Zornausbruch mit sich förmlich überstürzenden Vernichtungsplänen:

«Ich will die Menschen, die ich geschaffen habe, vom Erdboden vertilgen, die Menschen sowohl als das Vieh, auch die kriechenden Tiere und die Vögel des Himmels.» (6, 7)

«Das Ende alles Fleisches ist bei mir beschlossen; denn die Erde ist voller Frevel von den Menschen her. So will ich sie denn von der Erde vertilgen.» (6, 13)

«Ich lasse jetzt die Sintflut über die Erde kommen, um alles Fleisch, das Lebensodem in sich hat, unter dem Himmel zu vertilgen; alles, was auf Erden ist, wird hinsterben!» (6, 17)

Das ist das Ende aller Hoffnung: Gott geht im Zorn hinter seine Bekehrung zur Heiterkeit zurück – veranlasst von der «Bosheit» seiner Geschöpfe! Gott, der «Herr» (!) lässt sich zum «Knecht» des

---

⁶ L. Köhler: «Lexicon in veteri testamenti libros», 1953, S. 490
⁷ Vgl. S. 27 (Anmerkung 7)

Menschen machen und liefert sich dem grausamen Gesetz aus: «Wie du mir – so ich dir!»

Es sieht ganz entsetzlich aus.

Nur – wie etwas «aussieht», ist eine Sache! Was man aber zu sehen bekommt, wenn man wirklich hinsieht («Augen auf!» – oder, wie das in der Bibel hundertfach vorkommende «Allerweltswort» lautet: «Siehe!»), ist oft genug eine ganz andere Sache! Es sah ja auch nach Gottes «Erschaffung» der Erde (1. Mose 1, 1) gar nicht gut aus – so, wie es in den «erstorbenen» Leibern Abrahams und Saras auch gar nicht gut aussah!

Könnte nicht auch hier – so fürchterlich hoffnungslos es auch aussieht! – «der Geist Gottes über den Wassern zittern» – ja gar schon ein Lachen in der Luft liegen?

Wir sehen hin – oder besser gesagt: hören hin, nämlich auf ein Wort:

«Du reute es den Herrn!»

Was steckt hinter diesem «Es reute ihn!»? Der Ausdruck übersetzt ein hebräisches Wort, das auf den weiteren Spuren der Bekehrung Gottes zur Heiterkeit auf Schritt und Tritt auftaucht und darum besondere Aufmerksamkeit verlangt. Es heisst

«NICHÁM» –

und das bedeutet ursprünglich «heftig atmen», «schnauben» (wie ein Pferd!). Es ist der Vorgang gemeint, da sich einer Luft verschafft, also zur Lebendigkeit zurückkehrt, nachdem ihm etwas die Kehle zusammengeschnürt hat. «Zur Lebendigkeit zurückkommen» heisst es: zur Lebendigkeit «zurückatmen» – kurz:

«AUFATMEN».

Angesichts der «grossen Bosheit» der Menschen, die er erschaffen hat, muss sich Gott wieder Luft verschaffen. Ihm scheint, er könne erst wieder aufatmen, wenn er die ganze Schöpfung, die Leben in sich hat, in den Rachen des Todes werfe. So sieht es aus. Gott selbst sieht es so!

***   ***   ***

Doch dann kommt es ganz anders. Unvermittelt bricht der Wutausbruch des Herrn ab – und es heisst:

«*Noah aber fand Gnade in den Augen des Herrn.*» (1. Mose 6, 8)

Das Wort «Gnade» taucht auf – und sofort schiebt sich völlig verquer eine andere Geschichte Gottes mitten in die Zornes- und Vernichtungsgeschichte hinein – und stellt sie auf den Kopf: Statt im Schwung seines heiligen Zornes die geplante Vernichtung aller Lebenden durchzuführen, verfügt «der Herr» eine grossangelegte «Rettungsaktion»:

«*Da sprach Gott zu Noah:*
‹*Du wirst in die Arche gehen, du und deine Söhne und dein Weib und deine Schwiegertöchter mit dir. Und von allen Tieren, von allem Fleisch, wirst du je ein Paar in die Arche führen, um sie bei dir am Leben zu erhalten; ein Männchen und ein Weibchen werden es sein. Von jeder Art der Vögel und des Viehs und all dessen, was auf Erden kriecht, von allem wird je ein Paar zu dir hineingehen, um am Leben zu bleiben. Du aber nimm dir von jeglicher Speise, die man isst, und lege dir einen Vorrat an, damit er dir und ihnen zur Nahrung diene.*›» (6, 18b–21)

Gott scheint sich einmal mehr «eines Bessern» besonnen zu haben: eben des Guten, das er in seiner Bekehrung zum eigentlichen Wesen seiner Göttlichkeit erwählt hat!

Mit zärtlicher Voraussicht, von keiner Dunkelheit des Vernichtungszornes getrübt, sorgt er für das Überleben aller Arten seiner Schöpfung – und darüber hinaus für die Vermehrung aller Schöpfungsarten: Er verordnet einen Notvorrat von «jeglicher Speise, die man isst», für die Unzahl von Paaren, die ausdrücklich aus zeugungs- und gebärfähigen «Männchen und Weibchen» bestehen werden – damit keine der Arten verlorengehe!

Eine andere Überlieferung der Geschichte, die in Kapitel 7 zu Worte kommt, sieht nicht nur ein, sondern gar sieben Paare vor, die da überleben sollen – und «sieben» bedeutet auch hier wieder die Vollzahl, das Ganze!

Die Stellvertretung der ganzen Schöpfung – das Zeichen der Rettung *aller!*

Diese «stellvertretende Vollzahl» der ganzen Schöpfung – der doch die vollständige Vernichtung «allen Fleisches» angedroht war! – wird, um zu überleben, in der «Arche» untergebracht.

Das im hebräischen Text für «Arche» stehende Wort *«thebáh»* bedeutet «Kasten», ist in seiner sprachlichen Herkunft aber nicht zu erhellen. Dasselbe gilt für dessen Wiedergabe *«kibotós»* in der griechischen Übersetzung, der sogenannten «Septuaginta»[8]. Die Ableitung des deutschen Wortes «Arche» hingegen ist deutlich: Es stammt vom lateinischen *«arcánus»*, «geheim» und bedeutet soviel wie «Geheimnislade». Damit passt es vorzüglich zu dem, was dieser «Überlebenskasten» in sich birgt:

Die «Arche» birgt in sich das verheissungsvolle Geheimnis des Überlebens: Sie trägt in der Gestalt eines *Stellvertretenden Aufgebotes*[9] die ganze untergehende Schöpfung über die Fluten des Untergangs hinweg!

---

[8] «Septuaginta» – Übersetzung der «Siebzig», abgekürzt mit LXX (römische Zahl für «siebzig») – wird die griechische Übersetzung des hebräischen Alten Testamentes genannt, welche während der drei letzten vorchristlichen Jahrhunderte in Alexandria entstanden ist.

[9] Der Begriff «Aufgebot» wird hier und fortan in seinem ursprünglichen Sinn verwendet. Er ist seit dem 15. Jahrhundert in der deutschen Sprache gebräuchlich und bedeutet zunächst die «aufgebotene Mannschaft» (Kluge, Etymologisches Wörterbuch der deutschen Sprache, 22. Aufl.,1989, S. 48).

«*An ebendiesem Tage ging Noah mit seinen Söhnen Sem, Ham und Japhet, mit seinem Weibe und und seinen drei Schwiegertöchtern in die Arche; sie und alle die verschiedenen Arten des Wildes und des Viehs und alles dessen, was auf Erden kriecht, und auch der Vögel, alles dessen, was fliegt, was Flügel hat: die gingen zu Noah in die Arche, je zwei von allem Fleische, das Lebensodem in sich hatte. Und die hineingingen, waren je ein Männchen und ein Weibchen von allem Fleische, wie ihm Gott geboten hatte. Und der Herr schloss hinter ihm zu.*» (7, 13–16)

Erst jetzt, da das Überleben und die weitere Vermehrung der Schöpfung sichergestellt sind, bricht das Unheil los. Ihm aber ist die Spitze schon gebrochen – das Schnippchen schon geschlagen:

«*Da kam die Sintflut über die Erde, vierzig Tage lang, und die Wasser wuchsen und hoben die Arche, und sie schwamm hoch über der Erde. Und die Wasser nahmen mächtig überhand und wuchsen gewaltig über der Erde, so dass alle hohen Berge unter dem Himmel bedeckt wurden. …*
Da starb alles Fleisch dahin … Alles, was Lebensluft atmete, was auf dem Trockenen war, das starb …
Nur Noah blieb übrig und was mit ihm in der Arche war.» (7, 17–19.22.23)

Das grosse Sterben bleibt nicht aus. Aber dieses Sterben führt nicht in die von göttlichem Zorn verhängte Vernichtung der ganzen Schöpfung. Der bekehrte Gott erinnert sich:

«*Da gedachte Gott des Noah und all des Wildes und des Viehs, das bei ihm in der Arche war. Und Gott liess einen Wind über die Erde wehen, und die Wasser sanken; und es schlossen sich die Brunnen der Urflut und die Fenster des Himmels. Dem Regen vom Himmel ward gewehrt, und die Wasser verliefen sich nach und nach von der Erde. So nahmen die Wasser ab nach den 150 Tagen, und am siebzehnten Tage des siebenten Monats liess sich die Arche auf den Bergen von Ararat nieder. Die Wasser aber sanken noch weiter, bis zum zehnten Monat; am ersten Tag des zehnten Monats wurden die Spitzen der Berge sichtbar.*
Nach Verlauf von vierzig Tagen aber öffnete Noah das Fenster der Arche, das er gemacht hatte, und liess den Raben ausfliegen; der flog hin und her, bis die Wasser vertrocknet waren. Da wartete Noah sieben Tage; dann liess er die

Taube ausfliegen, um zu sehen, ob sich die Wasser vom Erdboden verlaufen hätten. Da aber die Taube keine Stätte fand, wo ihr Fuss ruhen konnte, kam sie wieder zu ihm in die Arche; denn noch war Wasser auf der ganzen Erde. Da streckte er seine Hand aus, fasste sie und nahm sie zu sich herein in die Arche. Hierauf wartete er noch weitere sieben Tage; dann liess er die Taube abermals aus der Arche fliegen. Die kam um die Abendzeit zu ihm zurück, und siehe da! sie trug ein frisches Ölblatt in ihrem Schnabel. Da merkte Noah, dass sich die Wasser von der Erde verlaufen hatten. Dann wartete er noch weitere sieben Tage und liess die Taube ausfliegen; sie kam aber nicht wieder zu ihm.
Im 601. Lebensjahre Noahs, am ersten Tage des ersten Monats, waren die Wasser auf der Erde versiegt. Da tat Noah das Dach von der Arche, und siehe da! der Erdboden war trocken geworden. Am 27. Tage des zweiten Monats war die Erde ganz trocken.
Da redete Gott mit Noah und sprach: ‹Geh aus der Arche, du und dein Weib und deine Söhne und deine Schwiegertöchter mit dir; und alle Tiere, die bei dir sind, alle Geschöpfe: Vögel, Vieh und alles, was auf Erden kriecht, die lass heraus mit dir, dass sie sich tummeln auf der Erde und fruchtbar seien und sich mehren auf Erden.› Da ging Noah hinaus mit seinen Söhnen, mit seinem Weibe und seinen Schwiegertöchtern. Auch alles Wild und alles Vieh, alle Vögel und alles, was auf Erden kriecht, die gingen hinaus aus der Arche, Art um Art.» (8, 1–19)

Das ist aus Gottes «Aufatmen» zur Vernichtung der Schöpfung geworden: Er erinnert sich seiner Bekehrung: seines gültigen Aufatmens zur Rettung der Schöpfung. Die Ausgiessung des «himmlischen Wasserkrug-Lagers» hört auf; die Arche setzt sich auf der Erde nieder; die Türe der Arche, die Gott selbst sorgsam zugetan hatte, wird geöffnet – und alles, was da lebt, strömt hinaus ins neue Leben, dass es «sich tummle auf der Erde»: Die Schöpfung ist wieder da! Nicht vertilgt ist sie!

Der Höhepunkt der Geschichte aber ist noch nicht erreicht. So tief und überdeutlich die Spur des bekehrten Gottes in ihr eingegraben ist – sie endet nicht, bevor sie zur gültigen Wirklichkeit für alle Zeiten geworden ist.

Die Verpflichtung Gottes zur ewigen Gültigkeit seiner Bekehrung:
Der Bund – und sein «Bogen in den Wolken»

«Noah aber baute dem Herrn einen Altar; dann nahm er von allen reinen Tieren und von allen reinen Vögeln und brachte Brandopfer auf dem Altar. Und der Herr roch den lieblichen Duft und sprach bei sich selbst:
‹*Ich will hinfort nicht mehr die Erde um der Menschen willen verfluchen; ist doch das Trachten des menschlichen Herzens böse von Jugend auf. Und ich will hinfort nicht mehr schlagen, was da lebt, wie ich getan habe.*
Solange die Erde steht, wird nicht aufhören Saat und Ernte, Frost und Hitze, Sommer und Winter, Tag und Nacht.›» (8, 21.22)
«Dann sprach Gott zu Noah und zu seinen Söhnen, die bei ihm waren:
‹*Ich aber, siehe, ich richte einen Bund auf mit euch und euren Nachkommen und mit allen lebenden Wesen, die bei euch sind, Vögeln, Vieh und allem Wild des Feldes bei euch, mit allen, die aus der Arche gekommen sind. Ich will einen Bund mit euch aufrichten, dass niemals wieder alles Fleisch von den Wassern der Sintflut ausgerottet werden und niemals wieder eine Sintflut kommen wird, die Erde zu verderben.*›
Und Gott sprach:
‹*Dies ist das Zeichen des Bundes, den ich stifte zwischen mir und euch und allen Lebewesen, die bei euch sind, auf ewige Zeiten: meinen Bogen stelle ich in die Wolken; der wird ein Bundeszeichen sein zwischen mir und der Erde.*›»
(9, 8–13)

Die Spur der «Heiteren Bekehrung» Gottes ist mit der Schliessung dieses Bündnisses[10] keine blosse Spur mehr. Sie ist ein offener, breiter Weg geworden: der eine Weg Gottes, der mit seinem «Schnippchen» gegen seine eigenen dunklen Seiten beginnt, von dort zu seiner Bekehrung schreitet, von Bewährung zu Bewährung eilt und im «Aufatmen» der todgeweihten Schöpfung sein Ziel für alle Ewigkeit erreicht: «*Es krippelt und wibbelt weiter!*»

***   ***   ***

---
[10] Vgl. S. 58 ff.

Auf diesem breiten Weg Gottes ist aber nicht nur die neuerweckte Schöpfung zu betrachten. Sorgfältige Zuwendung verlangt vor allem die Person, welche in dieser Geschichte geradezu als Verkörperung der göttlichen Wendung zur Heiterkeit auftritt und handelt: Noah! Das entscheidende Augenmerk gilt hier allerdings nicht etwa dem «Menschen», der in dieser «Person» steckt, sondern seinem *Namen* und dessen Bedeutung – also einem *Wort!*

Was sich durch sorgfältige Zuwendung und Betrachtung zu diesem Namenswort ergibt, ist ein Ereignis von noch einmal neu erscheinender Heiterkeit, in der nicht nur die Schöpfung selbst, sondern in erster Linie die *Sprache* eine heitere Wiedererweckung zu gewärtigen haben.

Diese Neubelebung und also das Überleben der Wörter ist – gerade für die totgeglaubte Kirche – von solch belebender Bedeutung, dass dazu ein neues Kapitel aufgeschlagen sei.

4
Das seltsame Aufatmen des Schöpfers – auch für die Sprache: Hoffnung für die «tote» Kirche!

Die Sintflutgeschichte hat ihren «Helden», der durch die Jahrhunderte hindurch berühmt und beliebt geworden ist. Jedermann kennt, nennt und singt seinen Namen; aber kaum bekannt ist die wörtliche Bedeutung dieses Namens. Sie ist gleichsam – wie einst der Namensträger selbst – in der «Geheimnislade» unerkannt versteckt geblieben und hat jahrhundertelang geschlafen. Wenn die Zeit da ist, wacht der Name plötzlich auf – und ihm entspringt ein Springbrunnen von Leben und Freude:

Noah!

Namen sind in der biblischen Sprache – wie allgemein in alter Zeit – weit mehr als blosse «Unterscheidungschiffren», wozu sie in moderner Namensgebung oft verkommen, und erst recht alles andere als faustischer «Schall und Rauch»[1]. Sie deuten die Gegenwart oder Zukunft des Namensträgers, prophezeien sein Schicksal oder sprechen Wünsche aus.[2] Ihr Sinn wird in den Texten gelegentlich erklärt – so auch für Noah.

---
[1] J. W. Goethe: Faust, Der Tragödie 1. Teil / In Marthens Garten
[2] Vgl. das Wort des altrömischen Schriftstellers Titus Maccius Plautus (254–184 v. Chr.): «Nomen atque omen» – das heisst: «Name und zugleich Vorbedeutung» –, das in der noch stärkeren Form «Nomen est omen» («Name ist Vorzeichen»!) zum geflügelten Wort geworden ist.

Schon vor der Sintflutgeschichte – in der Ahnentafel von 1. Mose 5[3] – wird der Name Noahs erwähnt und gleich auch erklärt:

«*Dieser wird uns Erquickung schaffen von unserer Arbeit und der Mühsal unserer Hände durch den Acker, den der Herr gebannt hat.*» (1. Mose 5, 29)

Die hebräische Grundlage für dieses «Erquickung schaffen» – von Luther mit «trösten» wiedergegeben – erstaunt: Es erscheint nämlich ausgerechnet das Wort, das in der Sintflutgeschichte[4] von ausschlaggebender Bedeutung ist:
«NICHÁM» –
das Wort, welches das lebenswichtige «Aufatmen» aus der «Atemnot» bezeichnet. Die Sintflutgeschichte ist im wesentlichen eine «Aufatmungs»geschichte. Sie erzählt, wie Gott zuerst aus der würgenden Trauer über die böse Menschheit heraus «aufatmet» – hinein in die Ausrufung der vollständigen Vernichtung der Schöpfung! Dann aber schöpft er erst recht neuen Atem – aus diesem grässlichen Zerstörungsentschluss hinaus – und herein in die befreiende Entscheidung zur ewig gültigen Rettung dieser Menschheit! In dieses doppelte Wiederbelebungsgeschehen wird mit besonderer Bedeutsamkeit ein Mensch hineingezogen – und «Noah» genannt:
«AUFATMER»
(in schweizerischer Mundart: «*Uufschnuufer*»).
Jetzt ist das Wort des Namens aus dem Todesschlaf erweckt – und seinerseits zum «Aufatmen» gekommen. Damit eröffnet sich mitten in der angeblich so schrecklichen Geschichte von der «Sintflut» eine neue «Aufatmungs»geschichte.

---

[3] Vgl. S. 37 f.
[4] Vgl. S. 39 f.

Die Geschichte vom Aufatmen der Wörter

Die Wörter der Bibel haben solches Aufatmen zu neuem Leben dringend nötig. Im Leichenzug der Popanz-Kirche ist es ihnen eben übel ergangen. Sie sind um Atem und Stimme gebracht worden. Wie es dazu gekommen ist, bedarf einer kurzen Betrachtung, auch wenn es eine unschöne Geschichte ist.

In der Popanz-Kirche hat man es von jeher mit dem «Wort» zu tun gehabt – insbesondere in den evangelischen Kirchen, die sich mit Stolz «Kirchen des Wortes» nennen. Doch den Wörtern wurde Schlimmes angetan. Als sie sich – wie Dornröschen der bösen Fee – den Popanzen vertraulich näherten, wurden sie gleichsam mit giftiger Spindel gestochen, damit sie in tiefen Schlaf versänken und keinen Laut mehr von sich gäben. Denn die «Kirche» ist im Grunde voller Furcht vor dem Wort, zu dem sie sich bekennt. Die stumm gewordenen Wörter deckt sie mit allerlei fremdartigen Philosophien und Ideologien zu – wie mit billig prunkenden Teppichen, auf denen sie ihre Reden halten kann. Darunter ist das Wort nur noch in unbewegten Grundrissen erkennbar. Das genügt der Popanz-Kirche, um sich auf Gottes Wort – «Es steht geschrieben!» – zu berufen. Dass sie dem Wort den Mund gestopft und allen Wörtern zu reden verboten hat, verschweigt sie.

Damit hat sie sich freilich zur Sprachlosigkeit verurteilt. Sie hat, je mehr sie redet, desto weniger zu sagen. Ihre Rede ist eine trostlose Wüstenlandschaft von Sprüchen geworden – ohne jede Spur von Leben und Heiterkeit. Die endlose Beerdigungszeremonie ist im Gang – in gemessenem Benehmen, erzwungener Freundlichkeit nach allen Seiten und viel, viel Verlegenheit: auch in der Sprache.

Diese unschöne Geschichte geht einer «Heiteren Wendung» entgegen. Die Wörter der Sprache, welche die Bekehrung Gottes zu seiner aufatmenden Schöpfung beschreiben, sind trotz aller Einschläferung nicht gestorben. Letztlich hat ihnen niemand etwas antun können. In den knöchernen Wortskeletten, die bei den verschrobenen Totentänzen lebloser «Kirchen»kreise herumgereicht werden, hat nach wie vor ein ganz starkes, aber verborgenes Le-

bensmark gelebt, das den Tod der «Kirche» überlebt. Wenn man sie
– nach kurzem «liturgischem», aber sprachlosem Gebrauch – in die
hinterste Kirchenecke wirft, sehen sie aus wie altes, totes Gerümpel.
Aber sie schlafen nur und folgen womöglich – ohne sich zu regen –
mit Ergötzen dem «Requiem auf den Tod der Kirche», die lediglich
ein Popanz ist.

Im gegebenen Augenblick rauscht es über ihnen auf – und es geschieht ihnen, was in der Prophetie des Alten Testamentes ebenfalls
für ein Heer von Totengebeinen vorausgesagt wird:

*«Siehe, da entstand ein Rauschen, und die Gebeine rückten eines ans andere.
Und als ich hinschaute, siehe, da bekamen sie Sehnen, und es wuchs Fleisch
an ihnen und sie wurden mit Haut überzogen …
Da kam Odem in sie, und sie wurden lebendig und stellten sich auf die Füsse,
ein überaus grosses Heer.»* (Ezechiel 37, 7.8.10)

So erwachen die Wörter wie aus langem Winterschlaf, werfen
alle entstellenden Verdeckungen ab – und nehmen sofort ihren
Dienst wieder auf: zuverlässig und vergnügt. Aufs neue wirken sie
in ungebrochener Sprachgewalt.

Bereits in den Sterbegeschichten von der Schöpfung, vom Sündenfall, vom Brudermord, vom sterbenden Menschengeschlecht
haben die Wörter die «Heitere Wendung» aufleuchten lassen – und
aus dem biblischen Bericht von der Sintflut haben sie die hergebrachte Dunkelheit einer Straf- und Untergangsgeschichte mit dem
heiteren Glanz einer Rettungsgeschichte vertrieben. Sie haben den
seltsam aufatmenden Gott samt der neu aufatmenden Schöpfung
zur Sprache gebracht und in dem einen Namen offenbar gemacht:
Noah, der «Aufatmer».

***   ***   ***

Wie das Ereignis der Wortbelebung den Namen Noah gedeutet
und darin die Errettung der ganzen Welt angezeigt hat, so enthüllt

es auch das Geheimnis der rätselhaften Worte über den Mann – und öffnet die Tür zu einer neuen *Theologie «Gotteskunde»*:

«Noah aber fand Gnade in den Augen des Herrn.» (1. Mose 6, 8)

«Noah wurde ein Mann – gerecht, beständig in seinen Lebenskreisen: mit Gott wandelte er.» (6, 9)

«Und Gott sprach zu Noah: ‹Und ich werde aufrichten – einen Bund mit dir…›» (6, 18)

«Und der Herr sprach zu Noah: ‹… ich habe dich gerecht vor mir ersehen in diesem Lebenskreis.›» (7, 1)[5]

Gnade finden in den Augen des Herrn!

Kaum ist der Name Noahs genannt, wird der Mann dieses Namens – und damit der Name selbst! – unter ein Wort gestellt:

«Gnade»!

Dieses Wort ist als ein Grund-Wort aller «Kirchlichkeit» so abgegriffen und dabei so «schläfrig» geworden, dass es der schleunigsten Wiedererweckung bedarf. Dazu verhilft wiederum die Aufspürung des Wortsinnes in der hebräischen Ursprache und der griechischen Übersetzung der LXX – sowie die Besinnung auf die Sprachgeschichte des deutschen Wortes:

«Gnade» übersetzt seit altersher das hebräische Wort *«chen»*, das soviel wie «Anmut, Liebreiz» bezeichnet – und zwar für jemanden, der an sich wenig Ansehnliches aufzuweisen hat.

---

[5] Diese Verse stammen aus zwei ineinandergearbeiteten Überlieferungen nicht nur der Sintflutgeschichte (vgl. S. 43), sondern des Erzählstoffes der ganzen «Urgeschichte» überhaupt. Die beiden Quellen unterscheiden sich sinnenfällig durch zwei verschiedene Gottesbezeichnungen: Die eine gebraucht für «Gott» den hebräischen Titel *jáhwe* («Herr»), weshalb man ihren Verfasser «Jahwist» nennt; die andere spricht von *«elohím»* («Gott»), was ihrem Verfasser den Namen «Elohist» eingetragen hat. (Die Grenze zwischen beiden läuft unter anderem zwischen den beiden Versen 6, 8 und 6, 9 hindurch.)

Für die griechische Wiedergabe von «chen» gebraucht die LXX das Wort «cháris», das vom Tätigkeitswort «chaírein» («sich freuen») abgeleitet ist. «cháris» bezeichnet die «Erfreulichkeit», die jemandem zugesprochen wird, der an sich keinen Anlass dazu bietet.

Dem deutschen Wort «Gnade» ist eine reiche Bedeutungsfülle eigen. Es bedeutet bereits im Mittelhochdeutschen in der Form «g(e)nade»: «Rast, Ruhe; Behagen, Freude; Gunst, Huld; (göttliche) Hilfe, (göttliches) Erbarmen». «Die Bedeutungsgeschichte von ‹Gnade› ist im germanischen Sprachbereich weitgehend durch den Inhalt des christlichen Gnadenbegriffes bestimmt worden. Der Gnadenbegriff im weltlichen Sinne (‹Gewährung von Schonung, Milde, Mitleid gegenüber einem Besiegten, einem Verurteilten, einem Untergebenen›) war wohl aber bereits vor der Christianisierung bei den Germanen vorgeprägt worden.»[6]

Von seiner Grundbedeutung her offenbart «Gnade» eine lebendige, anschauliche Wirklichkeit – und wirft in der Noah-Geschichte, wo der biblische Text das Wort zum ersten Mal nennt, ein heiteres Licht auf die bedrohlichste Dunkelheit: Mitten unter «allem Fleisch», das in Gott lauter Zorn und Vernichtungsgelüste hervorzurufen vermag, wird eine «Oase von Anmut und Erfreulichkeit» geschaffen, wo dem bereits zum Untergang verurteilten «Fleisch» Schonung und Mitleid gewährt werden.

Von schicksalbestimmender Gültigkeit aber ist dieses Licht, weil sein Ausgangspunkt und seine Wirksamkeit ausschliesslich bei Gott liegen: Die Gnade hat Noah «in den Augen Gottes gefunden». In jedem Wort dieser Wendung ist frische Lebendigkeit zu spüren:

NOAH «FAND» GNADE!

«finden» übersetzt das hebräische Wort «mazá», das «erreichen, antreffen» heisst und nicht von vorneherein ein bewusstes, willentliches «Suchen» voraussetzt. Dasselbe gilt für das von der griechische Übersetzung an dieser Stelle gebrauchte Wort «heurískein»; es bezeichnet zwar auch ein Finden dessen, was man sucht – ebenso aber ein «zufälliges» Antreffen und

---
[6] Duden Bd. 7

kann dann sogar «ertappen» heissen[7]. Ganz deutlich wird das aber beim deutschen Wort «finden»; es hat – von der indogermanischen Wurzel «pent-» («treten, gehen») her – die Grundbedeutung «antreffen, auf etwas treten»[8].

Die Frage, ob hier ein «Suchen» Noahs vorausgesetzt und das «Finden» als ein Erfolg menschlicher Leistung angedeutet wird, ist von Bedeutung. Je nachdem, wie sie beantwortet wird, erweist sich die «Heitere Wendung» für Noah und alle Archebewohner entweder als eine freie Gnadentat Gottes und nur so als wirklich zuverlässig – oder aber als «Belohnung» für eine menschliche (Such-)Leistung und darum nur bedingt wirksam.

Es ist deutlich, dass der Text die hier drohende Unsicherheit erkennt – und darum fügt er hinzu:

«Noah fand Gnade in den Augen des Herrn.»

Das kann nur heissen, dass diese Gnade – wie alle Gnade! – in Gott selbst begründet ist: «In seinen Augen» ist sie auf Noah zugekommen, ihm entgegen gekommen.

LXX übersetzt den hebräischen Ausdruck «*be'ené*» (wörtlich «in den Augen») mit dem Ausdruck «*enantíon*», was «im Gegenüber» heisst.

Nicht «an sich», nicht «in ihm selbst» – sondern nur «im Gegenüber des Herrn» trifft Noah auf dessen Gnade. In Noah und an ihm liegt es nicht, dass er der Schonung und des Mitleids des Herrn teilhaftig wird. Es liegt allein in Gottes Entschluss zu dieser Gnade – und an Gottes Augen, mit denen er Noah «gnädig ansieht». So aber ist die «Heitere Wendung» für Noah und alle Archebewohner eine wirkliche Gnadentat Gottes und ohne Wenn und Aber verlässlich.

---

[7] Menge, S. 301
[8] Duden Bd. 7

Noah – «gerecht» und «beständig»

Noch steht uns die Durchforstung eines schlimmen Wortgestrüpps bevor. In unserer Übersetzung der Noah-Verse (vgl. S. 52) sind wir an mehreren Stellen vom üblichen deutschen Text abgewichen. Er muss jetzt – wenigstens, was den 9. Vers des 6. Kapitels angeht – vorgelegt werden:

In der sogenannten «Zürcher Übersetzung» lautet die Wiedergabe so: «Dies ist die Geschichte Noahs: Noah war ein frommer Mann, unsträflich unter seinen Zeitgenossen.»

Von diesem Wortlaut weichen wir an drei Stellen ab:

statt	«fromm»	sagen wir	«gerecht»
statt	«unsträflich»	sagen wir	«beständig»
statt	«war»	sagen wir	«wurde»

Warum weichen wir ab? Und warum heben wir es hervor? Es liegt viel daran. Der heutige Leser – auch in seinen sprachlichen Vorstellungen von der «Kirche» verwirrt – hält «fromm» und «unsträflich» für die Bezeichnungen eines *moralisch* hochstehenden Menschen, der sich tugendhaft von seinen verdorbenen «Zeitgenossen» abhebt – und deshalb vor dem Verderben der «Sintflut» gerettet wird. So aber verblasst Noah zu einem vorbildlich-mahnenden Beispiel dafür, dass nur ein «rechter Lebenswandel» zur Rettung vor dem Untergang führt.

Die fraglichen Wörter sind erweckungsbedürftig, denn ihre Rede hat einen andern Ton. Die Erweckung wird ihnen aus der Ursprache zuteil, wenn der helle Glanz des Noah-Namens und die aus den Augen Gottes aufleuchtende Gnade des Herrn alle ideologisch-moralistische Verunstaltung der «Kirchensprache» durchbrochen hat.

«Gerecht»!

Anstelle des Kirchenwortes «fromm» steht in der hebräischen Sprache das Wort *«zaddík»* – mit der Bedeutung «gerecht» –, und diese Bedeutung wird aus dem deutschen Wort am leichtesten vorstellbar:

«Ge-recht» bedeutet – wie das hebräische Wort *«zaddík»* – nicht nur «recht» (im ursprünglichen Sinne: «aufgerichtet», «aufrecht», «geradegerichtet», «nicht verbogen», «nicht niedergedrückt»). Die deutsche Vorsilbe «ge-» heisst «in Gemeinsamkeit mit»[9], so dass «Ge-rechtigkeit» eine im Blick auf jemand andern *angemessene* «Richtigkeit» meint.

(Der Sinn des Wortes kommt am besten zum Vorschein, wo in üblichem Sprachgebrauch gesagt wird, dass eine Person oder Sache einer andern Person oder Sache «gerecht» ist, «gerecht» wird.)

Die «Gerechtigkeit» entsteht also nicht durch den einen, der sie übt, sondern durch den andern, der sie gelten lässt. Sie ist keine «moralische» Qualität, sondern eine Verhältnisbeziehung. Sie besteht einzig durch die Anerkennung dessen, mit dem Gemeinsamkeit besteht.

Noah «war» nicht gerecht, sondern er wurde es – dadurch, dass Gott ihn zu einem «aufragenden Zeichen» machte und ihn darum als gerecht erklärt hat.

Was die deutschen Übersetzer mit «war» wiedergeben, ist im Hebräischen die Form eines Verbes, das eigentlich nicht «sein», sondern «werden» heisst: gemäss der biblischen Grundüberzeugung, dass alles «Seiende» nur als ein «Gewordenes», also von seinem Ursprung, von seiner Entstehung her begriffen werden kann. (Die gleiche Verbform, die in 6, 9 erscheint, steht in 1. Mose 1, 5 in dem berühmten Satz: «Und es ward Abend und ward Morgen – ein erster Tag.»)

Darum heisst es in 7,1 ausdrücklich aus dem Munde Gottes:

«Ich habe dich ersehen als gerecht vor mir …» [10]

---

[9] Duden Bd. 7
[10] In 7, 1 übersetzen denn auch die Luther- und die Zürcher Bibel das Wort, das sie in 6, 9 mit «fromm» wiedergegeben haben, mit «gerecht»: «Dich habe ich gerecht ersehen vor mir...» bzw. «Ich habe dich gerecht vor mir erfunden...» (zum deutschen Wort «fromm» vgl. S. 140 f.).

«Gerechtigkeit» beschreibt kein «moralisch einwandfreies» Verhalten. Ein solches wird im Text mit keinem Wort erwähnt.

«Beständig!»
So übersetzen wir das hebräische Wort «*thamím*», das die Zürcher Bibel mit «unsträflich» und Luther mit «ohne Tadel» wiedergibt. «Strafe» und «Tadel» tragen einen «moralischen» Gehalt ein, der dem hebräischen Wort von Grund auf fehlt: Es bedeutet «vollständig». Dieses deutsche Wort aber ist wörtlich zu nehmen: «voll und ganz ‹ständig› (stehend!). «Beständig» wird Noah: Er wird der Unbeständigkeit – der Vernichtung – entzogen. Er erwirbt sich keine «moralische Qualität»: Beständigkeit wird ihm *verliehen!*[11]

Der Text fügt hinzu, Noah sei «in seinen Lebenskreisen» ein «beständiger» Mann geworden. Der hebräische Text liest hier «*dorothím*», was ursprünglich die «geschlossenen» Kreise (des Lebens) bezeichnet. Es ist naheliegend, dass es inmitten der Sintflutgeschichte die «Lebenskreise» der vor der Flut lebenden, also dem Untergang geweihten Menschheit und ihre Lebensläufe bezeichnet. Von Noah wird bezeugt, dass er – der «Aufatmer» mitten in seinen dem Untergang geweihten Lebensläufen – eine gegensätzliche, dem Untergang widersprechende «Beständigkeitslinie» zu vertreten hat: eine, die nicht zum «bittern Ende», sondern zum ewig Bestand habenden Ziel führt.

Das bestätigt die LXX, die in ihrer Übersetzung «*téleios*» eine unmittelbare Ableitung von dem Wort «*télos*» für «Ziel, Vollendung» und von dessen Grundwort «*téllo*»[12] (mit der Grundbedeutung «treiben») – einsetzt.

---
[11] Vgl. die Strophe des Liedes von Josua Stegmann (1588–1632):
«Ach bleib mit deiner Treue
bei uns, du Herr und Gott;
Beständigkeit verleihe;
hilf uns aus aller Not.»   (KGB Nr. 208, Strophe 6)
[12] Dieses griechische Wort wird uns später in einem nur scheinbar anderen, im Grunde aber gleichen Zusammenhang begegnen (vgl. zu «*entolé*» S. 100).

Die Aufrichtung des Bundes mit Noah
(1. Mose 9, 8 – 13)

Mitten in den Erklärungen über Noah gibt Gott seinen entscheidenen Entschluss bekannt:
«*Ich werde einen Bund mit euch aufrichten!*» (9, 11)

Der «Bund»! Das Wort beherrscht hinfort die ganze Gottesgeschichte mit seiner Schöpfung – und lässt jetzt in seine tiefen Urgründe hineinsehen! Das deutsche Wort «Bund» weist zwar in der richtigen Richtung auf die Bedeutung des biblischen Grundwortes hin, geht aber nicht weit genug. Als eine Bildung zum Tätigkeitswort «binden» (mit seiner «Bedeutung des Umwindens, Zusammenfügens, Zusammenhaltens und Befestigens»[13]) heisst es eigentlich «Bindendes, Gebundenes»[14], lässt aber Fragen offen: Wer bindet wen – und wozu? In welcher Verfassung befinden sich Bindender und Gebundener?

Die letzten beiden Fragen beantwortet das hebräische Grundwort «*berîth*». Es ist abgeleitet vom Tätigkeitswort «*baráh*» (nicht zu verwechseln mit dem früher besprochenen «*bará*»/«bauen», dem Grundwort für die «Schöpfung»![15]). Dieses «*baráh*» heisst: «in Gemeinschaft Speise zu sich nehmen». Die davon abgeleitete «*berîth*» ist also die

«Mahl-Gemeinschaft».

Noch deutlicher wird der Befund, wenn die besondern Anwendungen von «*baráh*» im Alten Testament in Erscheinung treten. Das Wort wird im Besonderen gebraucht für den Brauch, mit Kranken

---
[13] Duden Bd. 7
[14] Duden Bd. 7
[15] Vgl. S. 27

zusammen gemeinsames Mahl zu halten – in der Erwartung, ihnen dadurch Genesung zu verschaffen[16].

LXX liest «*diathéke*», eine Ableitung vom Tätigkeitswort «*diatíthemi*», das «auseinanderlegen» und insbesondere «zurechtbringen» heisst. Das Substantiv gelangt zur Bedeutung «Verfügung» und meint eine verbindliche «Zu-Recht-Bringung» (weshalb es denn zum Fachwort für «Testament»/«Verfügung» wird!)

Wer mit einer Person einen «Bund» im alt- und im neutestamentlichen Sinne eingeht, der bezeugt seinen unbedingten Willen, sich mit dieser Person zusammenzuschliessen – zur Lebensförderung und zur gemeinsamen Lebenserhaltung.

Der Text in 1. Mose 6 ff. macht klar: Gott, der Herr, fasst diesen Willen gegenüber Noah von sich aus, einseitig und ohne Bedingungen. Der Bund wird nicht in gemeinsamem Vertrag mit gegenseitigen Verpflichtungen «vereinbart», deren Nichteinhaltung durch die eine oder andere Vertragspartei den Bund hinfällig machte. Gott setzt sich in einseitiger Willensentscheidung mit «Noah» – der doch selbst ein Stück des zum Untergang geweihten «Fleisches» ist! – zum gemeinsamen Mahl der Lebenserhaltung zusammen. Der Bund wird in herrschaftlicher Verfügung «aufgerichtet» – und so steht er denn und gilt![17]

***   ***   ***

---

[16] Vgl. 2. Samuel 13, 5 ff.
[17] Das gilt durch die ganze Gottesgeschichte hindurch. Wohl gibt es gewaltige «Bundeskrisen» zwischen Gott und denen, die von Gott in solchem Bund an ihn gebunden worden sind – und dann kommt es auch zu wilden Ausbrüchen Gottes, in denen er sozusagen Bundestreue verlangt. Es ist aber der eindeutige Sinn solcher Krisen und Ausbrüche, dass dabei immer nur eines herauskommt: Die «Bundestreue» wird nicht gehalten – und der Bund bleibt dennoch bestehen. Die ganze Geschichte des Bundesvolkes Israel ist ein einziger Erweis der *Einseitigkeit des Gottesbundes* – der Ausdruck wirklicher Liebe, die weder Bedingungen stellt noch durch das Fehlverhalten der Geliebten wankend wird.

Der Text hat seinen Höhepunkt erreicht, und die Auferweckung der Wörter ist zu ihrem Ziel gekommen. Wort für Wort hat es sich durchgesetzt: Gott schlägt seinem urtümlichen Vernichtungszorn das «Schnippchen» zur «Heiteren Wendung» so radikal wie möglich und mit letzter Wirkungskraft. Er setzt seinen Willen zu Lebenslustigkeit und Lebensbestand durch – bis hin zum Ende der «Sintflut». Sein Schwur lässt eine Heiterkeit ausstrahlen, die für die ganze Schöpfung, durch alle Zeit und Ewigkeit hindurch gilt – und um seiner Bedeutung willen nochmals im Wortlaut angeführt werden soll (vgl. S. 46):

«Dann sprach Gott zu Noah und zu seinen Söhnen, die bei ihm waren: ‹Ich aber, siehe, ich richte einen Bund auf mit euch und euren Nachkommen und mit allen lebenden Wesen, die bei euch sind, Vögeln, Vieh und allem Wild des Feldes bei euch, mit allen, die aus der Arche gekommen sind. Ich will einen Bund mit euch aufrichten, dass niemals wieder alles Fleisch von den Wassern der Sintflut so ausgerottet werden und niemals wieder eine Sintflut kommen soll, die Erde zu verderben.›
Und Gott sprach: ‹Dies ist das Zeichen des Bundes, den ich stifte zwischen mir und euch und allen Lebewesen, die bei euch sind, auf ewige Zeiten: Meinen Bogen stelle ich in die Wolken; der soll ein Bundeszeichen sein zwischen mir und der Erde.›» (9, 8–13)

Und das alles:
Stellvertretend für alle Welt – und für die «tote» Kirche

«Das alles»: die Gnade in den Augen des Herrn, die Gerechtigkeit vor Gott, die Beständigkeit zum Leben, der Wandel mit Gott, und schliesslich der Bund der Lebenserhaltung – das gilt ja nicht einem einzelnen für sich! Noch während dies alles dem einzelnen Noah zugesprochen wird, beginnt es sich auszubreiten: auf Frau und Söhne und Schwiegertöchter und auch auf «alle Tiere» – auf «alles Fleisch». Noah ist nicht nur im Hinblick auf seine Rettung vor dem

Untergang, sondern auch hinsichtlich des gewaltigen Zuspruchs der Zuwendungen Gottes zu ihm das *«stellvertretende Aufgebot» für die ganze Schöpfung zur Neuerweckung ins Leben!*

Sollte er es nicht auch im Hinblick auf die Sprache der Wörter werden, welche die unaufhaltsame Neigung Gottes zur Aufheiterung, Neubelebung und Lebenslustigkeit offenbart haben?

Besteht darin die Hoffnung für die «tote» Kirche, die so dringend der Auswechslung bedarf, um dem Untergang zu entrinnen? Wenn doch schon für die geschichtlich nicht erfassbare Urzeit – wie sich's gehört: in der Form eines Märchens! – ein hochdramatisches Geschehen bezeugt wird, dass die von Gott verfluchte Schöpfung durch den Willen Gottes durch eine Schar von Stellvertretern ersetzt und in diesen Stellvertretern gerettet wird! Und selbst die Sprache dieses «Märchens» ist doch in diese Rettung hineingezogen worden! Da muss es doch auch für die «Kirche» ein Aufatmen geben – nicht nur, weil sie eine *sprechende* Kirche ist, sondern auch darauf hin, dass sie selbst ein *Wort* zum Namen hat!

Wir gehen dem Aufatmen der Kirche in ihrer Auferweckung durch das Wort entgegen!

5
Das Wort befreit die Kirche!

Es geht jetzt um den Namen *Kirche,* der im Augenblick nur einen sterbenden oder schon toten Popanz zu bezeichnen scheint. In Wahrheit aber ist das, was hinter diesem Worte steht, wie eine «Arche», die frische Lebendigkeit in sich trägt. Sobald die Zeit gekommen ist, wird daraus ein munteres Völklein hervorgehen, «dass es sich tummle auf der Erde»!

Die Suche nach dem Gehalt des Wortes *Kirche* führt zunächst zu der überraschenden Entdeckung, dass in der deutschen Übersetzung des Neuen Testamentes[1] das Allerweltswort *Kirche* lediglich 12mal vorkommt! Das griechische Grundwort «ekklesía» hingegen, das an diesen 12 Stellen mit «Kirche» übersetzt wird, steht im Neuen Testament 113mal, wird also in der Zürcher Bibel über 100mal nicht mit «Kirche» übersetzt:

An 95 Stellen erscheint dafür das Wort *Gemeinde*[2] und in kleinster Minderheit – an 3 Stellen – die Übersetzung *Gemeindeversammlung*. An den übrigen 3 Stellen wird es mit dem Begriff *(Volks-)Versammlung* wiedergegeben – offenbar darum, weil dort «ekklesía» mit «Kirche» oder «Gemeinde» nichts zu tun zu haben scheint.

---
[1] Als deutsche Übersetzung gilt hier und im Folgenden – soweit nichts anderes vermerkt wird – die Zürcher Bibel (1955), die auf die Reformation Zwinglis zurückgeht und in den Jahren 1907 bis 1931 im Auftrag der Kirchensynode nach dem Grundtext aufs neue übersetzt wurde. Ihr Herausgeber ist der Kirchenrat des Kantons Zürich.
[2] Martin Luther gibt das griechische Wort «ekklesía» ausschliesslich mit «Gemeinde» wieder.

Die Unterscheidung der Zürcher Bibel zwischen «Kirche» und «Gemeinde» wird später am gegebenen Ort erörtert werden[3]. Sie ist zunächst bedeutungslos: Mit beiden Bezeichnungen hat die Kirche seit Jahrhunderten einvernehmlich gelebt – und unter ihnen hat die Welt von jeher alles verstanden, was kirchlicherseits geleistet (und verbrochen!) worden ist. – Sowohl der «Kirche» wie der «Gemeinde» haftet heute durchdringender Todesgeruch an.

Aber jetzt geschieht ein Durchbruch. Die *deutschen* Wörter «Kirche» und «Gemeinde» schaffen ihn freilich nicht – wohl aber ihr gemeinsames Grundwort in der *Ursprache* des Neuen Testaments! Seine ursprüngliche Bedeutung eröffnet schlagartig ein neues, überraschendes «Kirchen»bild, das alle «tödelnde» Kirchlichkeit durchbricht und den bisher so unerquicklichen Nebel über der Kirchenlandschaft vertreibt.

Die Offenbarung der *«ekklesía»*: Ein unreligiöses Wort befreit die «Kirche»

Das Wort, mit dem das griechische Neue Testament ausnahmslos die «Institution der Christusleute» – eben die Kirche! – bezeichnet, heisst also

«EKKLESÍA».

Sein Geheimnis geben gerade jene drei Stellen preis, an denen die *ekklesía* völlig aus dem «kirchlichen» Rahmen fällt und darum von den Zürcher Übersetzern weder mit «Kirche» noch mit «Gemeinde», sondern mit «(Volks-)Versammlung» wiedergegeben wird. Die drei «Sonderlinge» befinden sich innerhalb weniger Verse eines einzigen Bibelabschnittes:

---
[3] Vgl. S. 77

Apostelgeschichte 19, 23–40

Hier wird erzählt, wie die «Lehre» des Apostels Paulus (Vers 23; wörtlich: der «Weg») in der Stadt Ephesus einen argen Tumult auslöst: Das Volk – lauter Heiden! – geht auf die Strasse, dann ins Theater, um zu demonstrieren. Es geht um die Vertretung handfester Interessen der ganzen Stadt, die vom Kunsthandwerk für den Devotionalien- und Souvenirhandel lebt und sich durch den vom Apostel verkündigten «Weg» in ihrer Existenz bedroht fühlt. Diese heidnische Demonstration, die in chaotische Verwirrung gerät, bezeichnet der Verfasser der Apostelgeschichte mit dem Wort *«ekklesía»* (19, 32.40), das er sonst – wie alle neutestamentlichen Schriftsteller – durchwegs zur Bezeichnung der Christusleute braucht. Auch die gesetzmässige Volksversammlung, auf die der Stadtschreiber die Demonstranten verweist, nennt er *«ekklesía»* (19, 39).

Wie ist es möglich, drei anscheinend so völlig verschiedene Erscheinungen gesellschaftlichen Lebens – wilde Strassendemonstration, gesetzmässige Volksversammlung und «christliche Kirche» – mit dem gleichen Wort zu bezeichnen? Eines ist klar: Der biblische Zeuge hat mit dem Wort etwas anderes ausgedrückt als das, was seit Jahrhunderten unter «Kirche» verstanden wird. Das Wort hat denn auch in seiner sprachlichen Gestalt eine ganz andere, nämlich überhaupt keine religiöse Bedeutung:

«ekklesía» ist eine Zusammensetzung aus der Vorsilbe «ex-» (in Anpassung an den nachfolgenden Buchstaben in «ek-» umgewandelt; auf deutsch «aus», «heraus») und dem Hauptwort *«klesía»*, das vom Tätigkeitswort *«kaleín»* (zu deutsch: «rufen») abgeleitet ist.

«ekklesía» bezeichnet eine Schar von Menschen, die aus der Gesamtheit eines Gemeinwesens herausgerufen (aufgeboten) sind. Der alltägliche Sprachgebrauch der Griechen hat bereits im aus-

serbiblischen Bereich ins Wort hineingelegt, wozu sie aufgeboten sind: nämlich *das ganze Gemeinwesen zu vertreten*. Es ist zu einem Fachwort[4] geworden und bezeichnet die Bürgerversammlung, welche die ganze Stadt *(«pólis»)*, ihre Einwohnerschaft und die Interessen der Allgemeinheit *vertritt*.

«ekklesía» ist also von Hause aus ein durch und durch politisches Wort und steht für die allezeit und überall gültige Einrichtung, dass menschliche Gemeinschaften sich durch einen – beliebig grossen – «Ausschuss» aus der Mitte aller Mitglieder vertreten lassen. Dieser «Ausschuss» hat den Auftrag, die Angelegenheiten der Gesamtheit zu deren Gunsten wahrzunehmen.

«ekklesía» entspricht dem, was die – schweizerische – Umgangssprache zur Bezeichnung der Gemeindeversammlung kurz «Gemeinde» nennt. Der Ausdruck geht davon aus, dass diese «Gemeinde» für alle – auch für die, welche daran nicht teilgenommen haben – verhandelt und beschliesst, also in keiner Weise nur für die Anwesenden, sondern für das ganze Gemeinwesen und – wenn es mit rechten Dingen zugeht – zu dessen Gesamtwohl zusammenkommt.

Der Verfasser der Apostelgeschichte hat sowohl die gesetzmässige wie die «wilde» Volksversammlung in Ephesus durchaus sach- und zeitgemäss mit dem Wort *«ekklesía»* bezeichnet – und es ist auszuschliessen, dass er und das gesamte Neue Testament etwas anderes gemeint haben sollen, wenn sie die Versammlung und Tätigkeit der Christusleute ausschliesslich *«ekklesía»* genannt haben.

Angesichts der hohen Bedeutung des Wortes *«ekklesía»* für das Wesen der «Kirche» drängt sich dafür eine Übersetzung auf, welche den wesentlichen Gehalt des griechischen Wortes zum Ausdruck

---

[4] Vgl. Gerhard Kittel, Theologisches Wörterbuch zum Neuen Testament, 1957, Bd. III, S. 516 ff.

bringt. Dazu bietet sich in bezeichnender Weise der Begriff an, der von Noahs Zeiten an bereitsteht:

das Stellvertretende Aufgebot.

Das Vorbild der Archebewohner als «Stellvertretung der ganzen Schöpfung zum Zeichen der Rettung aller»[5] ergibt für die Christus-Leute als *«ekklesía»* folgende grundlegende Bestimmung:

Sie ist die Versammlung von Menschen, die stellvertretend für die Gesamtheit der Schöpfung das für sie gültige Wohl wahrzunehmen hat.

Entscheidend an jeder «ekklesía» ist,
– dass nie alle Glieder eines Gemeinwesens zu ihr gehören, an ihrer «Versammlung» denn auch nie alle teilnehmen;
– dass sie selbst zur Gesamtheit gehört, von der sich also in keiner Weise und keinen Augenblick absondern kann;
– dass sie niemals für sich selbst da ist und ihren Zweck niemals in sich selbst hat.

***   ***   ***

Damit wird der toten «Kirche» eine Befreiung von weitläufigstem und beglückendstem Ausmass zuteil – eine wahrhaft zum Aufatmen führende «Arche» zur Rettung aus dem Untergang der Kirche! Die Todesursache der Kirche kommt durch das Wort *«ekklesía»* zum Vorschein und wird gleichzeitig überwunden: ihre dogmatische und vor allem moralische Abgrenzung gegen alles, was nicht «Kirche» ist: ihre Selbstbezogenheit und darin ihre Überhebung über die andern (als ob Noah mit seinen Archegenossen nur seine eigene Begnadigung und Rettung erfahren hätte!).

Das war der Kirche Tod. Das Wort *«ekklesía»* verleiht ihr neue Lebendigkeit, die sie für Zeit und Ewigkeit in die unendliche Weite der gesamten Schöpfung hineinführt.

---

[5] Vgl. S. 43 ff. und 60 ff.

Das deutsche Wort «Kirche»: ohne biblische Grundlage!

Auch wenn dem deutschen Wort «Kirche» für diese Befreiung kein Verdienst zukommt, so gebührt ihm doch eine angemessene sprachliche Untersuchung. Dabei ergeben sich wiederum bemerkenswerte Sonderbarkeiten. «Kirche» ist von Hause aus kein deutsches Wort, sondern eine unübersetzte Übernahme des spätgriechischen Eigenschaftswortes *«kyrikós»*, das abgeleitet ist vom Hauptwort *«kýrios»* («Herr») und soviel wie «zum Herrn gehörig» bedeutet. Das klingt biblisch – doch kommt *«kyrikós»* im Neuen Testament nicht vor. Das Wort «Kirche» besitzt keine biblische Grundlage.

Das ist um so erstaunlicher, als das ihm zugrunde liegende Hauptwort *«kýrios»*, der *«Herr»*, im Neuen Testament der entscheidende Titel für Jesus Christus ist und darum für die Aussage der ganzen Bibel die alles bestimmende Bedeutung hat[6] – und darum auch an 718 Stellen erscheint!

Das Adjektiv *«kyrikós»* ist wohl im Zusammenhang mit der kirchlichen Bautätigkeit im 4. Jahrhundert n. Chr. zur Zeit des Kaisers Konstantins des Grossen in den kirchlichen Sprachgebrauch eingeführt worden – und zwar nur zur Kennzeichnung von Gottesdienstgebäuden, in denen das christliche Glaubensbekenntnis: *«kýrios Christós»* – «Herr ist Christus», im Mittelpunkt stand.

Zur Benennung einer *«kýrios»*-Institution hat das Neue Testament den entscheidenden *«kýrios»*-Titel nicht eingesetzt, sondern den Vorzug dem unreligiös-politischen Wort *«ekklesía»* gegeben.

Das Lateinische – bis zur Reformation einzige und bis zum 2. Vatikanischen Konzil beherrschende römisch-katholische Kirchensprache – hat die «Kirche» nicht mit einem eigenen Wort bezeichnen wollen, sondern das griechische Wort beibehalten – *«ecclésia»* – und damit das Wesen der Kirche als «Stellvertretendes Aufgebot» namentlich festgehalten. Die vom

---
[6] Vgl. S. 87 ff.

Latein abgeleiteten romanischen Sprachen sind ihm darin gefolgt (italienisch: «chiesa»; spanisch: «iglesia»; portugiesisch: «igrejna»; französisch: «église»).

Die deutsche und die englische Sprache hingegen übernehmen in den Wörtern «Kirche» bzw. «church» das ausserbiblische *«kyrikós»* und geben damit die biblische Betonung des Stellvertretungsgedankens von *«ekklesía»* auf, der gerade um seiner Weltlichkeit willen für die «Kirche» entscheidend ist.

Dieser Weltlichkeit ist jetzt Aufmerksamkeit zu schenken, bevor dann auch noch der Begriff «Gemeinde» untersucht werden soll.

6
Die Weltlichkeit der «*ekklesía*»-Kirche

> «Und ich sage Ihnen: jedes Amt – nicht nur das geistliche, auch das weltlichste –, jeder Stand, jede Stellung in der Welt enthält eine solche Stellvertretung, die man nicht einfach aufkündigen kann.»
> Carl Zuckmayer, Die Fastnachtsbeichte

Die Bezeichnung der Institution «Kirche» mit einem weltlichen Wort befreit sie von ihrem Geruch der Besonderheit («esoterischer Exklusivität»). Sie wird einerseits in die Wesens- und Lebensgemeinschaft der Welt hineingenommen; andererseits lässt sie die Welt an ihrer eigenen Wesens- und Lebensart teilhaben.

Ihre Weltlichkeit fördert entscheidend die «Heitere Wendung» der Kirche. Was in dem endlosen Beerdigungszeremoniell herumgetragen wird und doch nicht bestattet werden kann, ist nicht die weltliche Kirche des Neuen Testamentes. Für die «Kirchenleute» dieses Leichenzuges – wie für die zuschauenden Zaungäste – gilt es für eine ausgemachte Sache, die «Kirche» sei grundsätzlich keine weltliche Angelegenheit, sondern eine aus allem «Gewöhnlichen» herausgenommene Gesellschaft mit höheren Interessen und Aufgaben. Sie müsse darum in ihrem Denken, Reden und Handeln immer der Welt entgegenstehen.

Eine solche «Kirche» ist im Innersten ohne Heiterkeit – und darum nicht lebensfähig. Im Grunde hat sie – in ihrer Weltfremdheit – gar nie wirklich gelebt. Der «Tod der Kirche» hat nicht die wahre Kirche betroffen.

Es passt zu der den biblischen Schriftstellern eigenen Freude am Paradoxen, in Apostelgeschichte 19 ausgerechnet die ganz wüste, unordentliche, selbstsüchtige Demonstration der Silberschmiede und Souvenirhändler von Ephesus als «Kirche» zu bezeichnen. Paradox – das heisst: «der üblichen Meinung entgegenstehend» – scheint zunächst, dass das biblische Wort *«ekklesía»* (das an 110 Stellen für die sogenannte «christliche Gemeinde» gebraucht wird) plötzlich so weltliche und erst noch wüste Dinge bezeichnen kann. Der «üblichen Meinung entgegenstehend» ist aber in Wahrheit das Umgekehrte: dass dieser weltliche Begriff durchwegs für die Kirche angewandt und sie damit zu einer gar nicht besseren, gar nicht exklusiven, sondern zu einer ganz gewöhnlichen Gesellschaft erklärt wird.

Diese Tatsache entspricht indes nur der völligen Gleichgültigkeit des Neuen Testamentes gegenüber jeglicher «besseren» Gesellschaft religiöser Natur – vor allem einer namens «Kirche»! Mit einer Schonungslosigkeit, die schon etwas Erheiterndes an sich hat, bringen die neutestamentlichen Schriften auf Schritt und Tritt das viele Menschlich-Allzumenschliche und Weltliche in der Kirche aus.[1]

Zu ihrer Gewöhnlichkeit gehört, dass die Kirche auch eine «wüste» Gesellschaft sein kann – und es zu Zeiten auch ist. *«ekklesía»* ist «weltlich» – und hat darum so viel Übles an sich wie alles Weltliche. Aber nun wahrhaftig nicht nur das! Es ist der Einrichtung eines «Stellvertretenden Aufgebotes» etwas von Grund auf Gutes, das heisst: Brauchbares, Lebenstüchtiges, eigen. Sie hat sich denn auch auf der ganzen Welt von jeher durchgesetzt. In allen Epochen, Kulturen und Bereichen der Menschheit ist sie zu finden. Politische Gemeinden kennen sie so gut wie Sportvereine. Sie gilt den kulturel-

---

[1] Vgl. auf S. 143 ff. die Ausführungen zu Matthäus 16, 18, wo die fragwürdige «personelle» Seite der «Kirche» – an der Stelle, wo sie zum ersten Mal namentlich erwähnt wird! – in schonungsloser Klarheit erscheint.

len und den sozialen Institutionen genauso wie den Industrie- und Handelsgesellschaften als fester Grundpfeiler ihrer Statuten. Sie hat verschiedene Namen: Sie heisst «Generalversammlung», «Hauptversammlung», «Mitgliederversammlung», «Verwaltungsrat», «Aufsichtsrat», «Vorstand», «Parlament», «Regierung» und so weiter. Immer sind damit die mehr oder weniger zahlreich bestellten Gremien gemeint, die das Wohl des Ganzen zu wahren haben, das sie vertreten.

Diese Eigenschaft und diese Aufgabe verleihen der «*ekklesía*» eine Erfreulichkeit, die bereits ihre Urform in der Sintflutgeschichte auszeichnet. Noch wird dort für die Belegschaft der Arche Noah das Wort «*ekklesía*» nicht gebraucht. Aber ihre Aufgabe als «Stellvertretendes Aufgebot» ist deutlich: stellvertretend für «alles Fleisch» hat sie das Wohl, das Heil, die Rettung des Ganzen anzuzeigen und auszuleben.

In eben diesem Sinn haben dann sämtliche Völker, Völkerteile, Gruppen und Vereinigungen ihre unzähligen «Stellvertretenden Aufgebote» bestellt und behalten bis zum heutigen Tag. Es ist nicht nur möglich, sondern trifft in der Tat auch zu, dass kaum eine von ihnen eine Ahnung hat, warum sie dieses Aufgebotssystem in aller Selbstverständlichkeit kennt und einhält. Es entspricht uralter Lebenserfahrung, dass anders als mit diesem System (wörtlich: Zusammenstellung, Zusammenhalt, «Ver-Fassung») das Leben der Menschenfamilie im grossen und im kleinen gar nicht bestehen kann – weil Gott selbst sich dazu entschieden hat, durch ein solches «Stellvertretendes Aufgebot» seine eigene Bekehrung – weg von seinem zerstörerischen Zorn und hin zum Wohl seiner ganzen Schöpfung – durchzusetzen. Ob die «Welt» das weiss und begreift, ist von zweitrangiger Bedeutung. Wenn sie es nur lebt! Und das tut sie.

Als literarisches Kunstwerk stellt die Sinflutgeschichte diese uralte Lebenserfahrung in Gestalt einer Sage dar und begründet die Einrichtung der «*ekklesía*» in der göttlichen Grundentscheidung und Bekehrung.

Die Schönheit des «Stellvertretenden Aufgebotes»

Dieses «Stellvertretende Aufgebot», das es überall gibt und zu allen Zeiten gegeben hat, pflegt gemeinhin nicht aufzufallen und wird in seiner Schönheit kaum gewürdigt – aber nur deshalb nicht, weil es diese «Allerwelts»-«*ekklesía*» in aller Selbstverständlichkeit gibt. Die Selbstverständlichkeiten entgehen leicht der Beachtung und Bewunderung.

Hochmütiger Hang zum «Exklusiven» (das heisst zu dem, was das Gewöhnliche ausschliesst) ist ein Zeichen der Unfähigkeit, das Gewöhnliche, Alltägliche in seiner Grossartigkeit zu erkennen und zu würdigen. Wer sich nur mit dem Aussergewöhnlichen abgeben kann, verfügt nicht über einen höhern Sinn, sondern leidet an ungenügendem Verstand für das wahrhaft Schöne und Gute. Das mag auch im Blick auf die «Kirche» bedacht sein, die durchaus etwas Besonderes sein will.

Die hervorzuhebende Schönheit des «Stellvertretenden Aufgebotes» besteht darin, dass der Menschheit durch diese Einrichtung zwei schwere Belastungen abgenommen werden:

Zum einen hebt es den Zwang auf, dass jeder seine sämtlichen Angelegenheiten bis aufs letzte selbst und allein besorgen, seine Interessen gegen alle andern selbst vertreten, den Existenzkampf auf allen Feldern mit eigener Faust ausfechten muss. Das Aufgebot einer Stellvertretung sorgt dafür, dass immer und überall eine bestimmte oder auch unbestimmte, grosse oder auch kleine Zahl von Menschen für das Wohl des Ganzen und damit auch eines jeden einzelnen einzustehen hat. Es setzt der Verlorenheit des einzelnen in sich selbst und damit der Hoffnungslosigkeit des Schwachen ein Ende – *und hebt das Faustrecht auf.*

Zum zweiten bricht die Einrichtung «Stellvertretender Aufgebote» die harte, letztlich tödliche Forderung, dass *alle alles tun müssen.* Der Grundsatz der Stellvertretung hat den Menschen die entscheidende Entlastung gebracht, indem das, was sie selbst nicht tun können und oft genug auch nicht tun wollen, trotzdem – von andern für sie – getan wird. Die moralische und physische Überforderung durch den Zwang, alles machen zu müssen, hat aufgehört. Die alte Parole «Einer für alle – alle für einen» gilt – seit Noahs Zeit! – auf der ganzen Welt in allgemeinster Verbreitung, Gültigkeit und Selbstverständlichkeit.

***   ***   ***

Wie sollte sich die «Kirche» als *ekklesía* ausserhalb dieses weltweiten «Wohlfahrtsgeschehens» halten, exklusiv abseits stehen können! Tut sie es dennoch, so ist sie schon keine *ekklesía* mehr, sondern lediglich ihr eigener Popanz. Niemand kann sich der Gemeinsamkeit der ganzen Schöpfung entziehen, ohne sich selbst zu verlieren. Die *ekklesía* kann es am allerwenigsten.

7
Die Gemeinde – die «Gemeinsame»

Die Betonung der Gemeinsamkeit von Kirche und Welt ruft das Wort in Erinnerung, das mit besonderer Vorliebe für die «Kirche» gebraucht wird: «Gemeinde». Die Zürcher Bibel braucht es weitaus mehrheitlich (95mal) zur Wiedergabe des Wortes *«ekklesía»*, das sie nur zwölfmal mit «Kirche» übersetzt.

Den Wechsel von «Gemeinde» und «Kirche» in der Übersetzung von *«ekklesía»* erklärt die Zürcher Bibel in einer Fussnote zu Epheser 1, 22, wo sie *«ekklesía»* mit «Kirche» übersetzt:

> «Im Grundtext steht dasselbe Wort, das sonst die einzelne ‹Gemeinde› bedeutet. Hier und 3, 10; 5, 23. 24. 25. 27. 29. 32; Kol. 1, 18. 24; 1. Kor. 12, 28; Mat. 16, 18 bezeichnet es die ganze Christenheit.»

Diese Erläuterung zeigt, dass die Übersetzung nicht dem Wortlaut des Urtextes, sondern einem vorausgesetzten Verständnis von «Kirche» folgt: eine allgemeine, nicht genau ins Auge zu fassende Grösse («die ganze Christenheit») wird «Kirche» genannt. Eine kleine örtliche Gruppe «christlichen» Charakters, in der man sich kennt und sich gegenseitig verbunden fühlt, bekommt hingegen den Namen «Gemeinde». Im biblischen Text fehlt jeder Anhaltspunkt dafür, dass *«ekklesía»* sonst (nämlich 95mal) «die einzelne ‹Gemeinde›» und nur an 12 Stellen «die ganze Christenheit» meine und also «Kirche» heisse.

Martin Luther braucht in seiner Übersetzung des Neuen Testamentes das Wort «Kirche» nie, sondern setzt dafür stets das Wort «Gemein(d)e» ein. Vielleicht waren seine Erfahrungen mit der Institution «Kirche» so belastet, dass er auch das Wort aus der biblischen Sprache entfernen wollte...

Das Kirchenverständnis der Zürcher Übersetzer schliesst sich der Volksmeinung und der entsprechenden Umgangssprache an: Wo hierzulande innerhalb oder neben der offiziellen (Landes-)Kirche auch «Gemeinschaften» und freikirchliche Denominationen bestehen, nennen die Mitglieder der letzteren das offizielle Gebilde «Kirche», ihren eigenen, privaten Intimkreis hingegen «Gemeinde». Solchen «Gemeinden» wird auch von Aussenstehenden anerkennend bestätigt, dass sie «Gemeinschaft» haben. Gemeint ist die Tuchfühlung, die persönliche Vertrautheit unter den Gliedern dieser «Gemeinde», ihr Zusammengehörigkeitsgefühl und die entsprechende Anteilnahme aneinander und Hilfeleistung füreinander.

Die intime Gemeinschaftlichkeit unter den «Gemeinde»gliedern gilt weiterum als das entscheidende Wesen der «Kirche» und der Mangel an Gemeinschaft als ihr entscheidender Übelstand. Darum sind «Kirche» und «Gemeinde» begierig auf Gemeinschaftsformen aus, welche in kleinräumiger Geschlossenheit die Entstehung und Erhaltung echter Gemeinschaft – das Ziel einer «Lebendigen Kirche» – ermöglichen. «Kirche» im grossen ganzen gilt als anonym, unpersönlich, gemeinschaftsarm – und also eigentlich nicht «kirchlich». Verkleinert und verengt sie sich zu einem persönlich erlebbaren Kreis, darf sie «Gemeinde» genannt werden, was als ein Name höherer Ehre empfunden wird.

Diesem Empfinden einer höheren Ehre liegt zweifellos die natürliche, selbstbezogene Sehnsucht des Menschen zu Grunde, in der «Gemeindschaft» seine eigene innere und äussere Wohlfahrt, Verständnis für seine eigene Person und Lebenslage, Wegweisung für seinen persönlichen Lebensweg, Nahrung und Wärme für seine Seele zu finden.

«Kirche» aber ist unpersönlich. In ihr gilt die Zurückstellung des Persönlichen und ein wenig gemütlicher Bezug auf das Allgemeine.

Das Neue Testament stellt sich in brüsker Entschiedenheit auf die Seite der «Kirche». Es bezeichnet sie nicht mit einem Wort, das die Gemeinschaftlichkeit von Menschen unter sich ausdrückte, sondern ausschliesslich mit *«ekklesía»*. Dieses Wort verkörpert den radikalen Verzicht auf jedes «Unter sich» und verpflichtet auf Vertretung der Allgemeinheit.

Es ist nicht zu übersehen, dass sich das Neue Testament mit seinem Sprachgebrauch von der allgemeinen «Kirchen»vorstellung abhebt – eindeutig und in strenger Einseitigkeit. Ein Blick auf die «Gemeinde»-kirchliche Praxis lässt aber erkennen, dass die eindeutige Einseitigkeit des Neuen Testamentes die «Heitere Wendung» der Kirche entscheidend fördert.

«Heitere Wendung» für die Allgemeinheit ist – seit des «Aufatmers» Noahs Zeit! – das erklärte Ziel der Bekehrung Gottes. Und gerade dazu trägt der «Mut zur Gemeinde» gar nichts bei. Die Pflege der «Gemeindekreise» verdunkelt vielmehr die Gemüter der «Allgemeinheit», die nicht dazugehört. Ihr widerfährt der ausgesprochene und erst recht der unausgesprochene Vorwurf des «Draussenstehens». Die Betonung der «Gemeinde» ergibt den unangenehmen Geruch der «Besonderheit», lässt ihn nach aussen verströmen, schafft Entzweiungen und dadurch innern wie äussern Unfrieden.

Unfriede gefährdet aber auch die Gemeinschaftskreise selbst. Der Vorrang des «Persönlichen» fördert persönliche Geltungssucht und führt zu Rivalitätskämpfen, die allerdings im Kreise selbst nicht offen ausgetragen werden können – «um der Gemeinschaft willen» – und gegen aussen sorgfältig geheim gehalten werden müssen. Die nach aussen zur Schau getragene Friedlichkeit und Frohmut sind künstlich aufgesetzt und lassen kein freies Aufatmen zu.

Die grundsätzliche Zurückstellung der eigenen persönlichen Anliegen in der *«ekklesía»* und ihre entschlossene Ausrichtung auf die andern, welche zu vertreten sind, geben hingegen einen weiten Horizont und heitern die Kirche nach innen und gegen aussen nachhaltig auf.

Soll man also auf das Wort «Gemeinde» verzichten? Es gilt aufzupassen. Auch dieses Wort soll sorgfältig angehört werden – um so mehr, als sich am Schluss des letzten Kapitels die gute Bedeutung des Wortes «Gemeinsamkeit» gezeigt hat. Dazu ist die an früherer Stelle[1] versprochene sprachliche Auslegung des deutschen Wortes «Gemeinde» nachzuholen.

Die Schönheit der «Gemeinen»

Den Wörtern «Gemeinde» und «Gemeinsamkeit» liegt die indogermanische Wurzel «mei-» zugrunde, die soviel wie «tauschen, wechseln» bedeutet. Daraus abgeleitet bezeichnet das Eigenschaftswort das, was «mehreren abwechselnd zukommt». Das «Gemeine» ist das All-Gemeine, das jede Ausschliessung verbietet – das, was allen gleichermassen gilt und und zukommt – gerade, wenn es den vielen «abwechselnd» zukommt.[2] Jede «Besonderheit» ist ausgeschlossen.

Das passt aber vortrefflich zur Bedeutung des «Stellvertretenden Aufgebotes»: Jede *ekklesía* hat das, was «mehreren abwechselnd zukommt», ernst zu nehmen – immer so, dass sie es für die Allgemeinheit ernst nimmt: daraufhin, dass es dieser Allgemeinheit zukommt.

Die Bevorzugung des Gemeindebegriffes unter Betonung des «Besonderen» steht also nicht nur im Gegensatz zu dem für die Kirche allein zutreffenden *ekklesía*-Begriff, sondern ist auch ein Ver-

---
[1] Vgl. S. 63
[2] Duden Bd. 7

stoss gegen den Sinn des Wortes «Gemeinde» selbst. Gerade «Gemeinde» schliesst alles Private, Exklusive aus und bezeichnet die allesumfassende Gesamtheit, in der *alle* einander «gemein» sind!

Das Fremdwort «privat» heisst im Lateinischen wörtlich «beraubt». «Exklusivität» aber bedeutet wörtlich «Ausschliesslichkeit». In der Tat stellt die Beanspruchung des Wortes «Gemeinde» für einen Exklusivkreis einen «Raub» an der Menschheit dar: Was allen gehört, wird von einzelnen an sich gerissen und damit für die Allgemeinheit ausgeschlossen.

Der sprachliche Befund senkt den erstickenden Überlegenheitsdruck der Besserwisser, Besserkönner, Bessermacher. Die durch die «Gemeinde»kirche Ausgeschlossenen sind aus dem Kerker der Verbannung befreit. Die Luft ist frei und rein, «den Atem leicht zu heben».³

«… den Atem leicht zu heben»? Gewiss: Etwas anderes kann es nicht mehr geben. So hat es der bekehrte Gott gegenüber Noah verfügt. Aber als Privileg der *«ekklesía»* ist diese «Erhebung des Atems» nicht vorgesehen. Für Erleichterungen ist in der *«ekklesía»* sowenig Raum wie für Geborgenheit und Wohlbefinden der Aufgebotenen. Die Schönheit des «Stellvertretenden Aufgebotes» gilt zwar unbedingt – aber sie gilt zuerst und entscheidend den Vertretenen.

Für die *«ekklesía»* selbst bedeutet dies in erster Linie etwas anderes:

Die Last des «Stellvertretenden Aufgebotes»

Die «Gemeinde der Ausschliesslichkeit» macht allen, die nicht zu ihr gehören, einen ständigen Vorwurf und muss von ihnen als eine

---

[3] Zitat aus der «Befreiungsoper» Fidelio von Ludwig van Beethoven (Chor der Gefangenen, 9. Auftritt, Nr. 10 Finale):
«O welche Lust, in freier Luft
den Atem leicht zu heben!»

Belastung ihres Gewissens und Gefährdung ihres innern Friedens empfunden werden.

Ihr gilt die für die wahre «*ekklesía*» vernichtende Feststellung Jesu: «*... dass ihr die Menschen belastet mit schwer zu tragenden Lasten, und ihr selbst rührt die Lasten mit keinem Finger an.*» (Lukas 11, 46)

«Stellvertretendes Aufgebot» sein heisst hingegen, endgültig aufzuhören, andern Lasten aufzulegen – und anzufangen (und dabeizubleiben), die Last für die andern zu tragen! Stellvertretungen sind zur Entlastung der Vertretenen eingesetzt und führen deshalb zur Belastung der Stellvertreter. Für sie gibt es keine hehre Berufung auf das persönliche Selbst (und zwar mit all seinen beliebten Zusammensetzungen: Selbstbestätigung, Selbstverwirklichung, Selbstentfaltung, Selbstbehauptung). «*ekklesía*» zu sein kann nur eine Last und niemals eine «Lust» sein.

Warum keine «Lust»?

Dass das Wort in Anführungszeichen steht, weist darauf hin, dass es im un-eigentlichen Sinn gebraucht ist. Unter dem alles beherrschenden Thema der «Heiteren Wendung» – die ja ausschliesslich von der Heiterkeit Gottes herkommt – kann das gute, «lust»ige Wort «Lust» doch nicht fehl am Platz sein. Aber wir wissen ja, wie es den guten Wörtern so gehen kann…

So zeigt die Popanz-Kirche eine Stelle, die als eine entlarvte und damit schon überwundene Sache wohl einer kurzen, aber scharfen Betrachtung ausgesetzt werden kann:

Der Terror im «Dienst am Nächsten»

In der «Kirche» – und erst recht in der, die sich mit Zärtlichkeit «Gemeinde» nennt – ist das «Für-andere-Dasein» natürlich keineswegs unbekannt. Es gibt hier im Gegenteil einen eigentlichen «Kult des Lastentragens» – des «Dienens», wie man hier mit Vorliebe sagt. Zu diesem Kult gehört ein «kultisches» Benehmen in Körperhaltung, Mienenspiel und Tonfall der Sprache – insbesondere die wie ein Refrain endlos gesungene Versicherung, wie «gern» und also «lustvoll» dieser «Dienst» getan werde.

Dem Kult und seinen entsprechenden Verhaltenszügen – vor allem dem Refrain! – ist etwas Magisches eigen. Sie besitzen die Macht der «Bannung». Wer auf dieser Welt auch nur den geringsten Anschein von Schwächlichkeit und Mangelhaftigkeit macht, wird – wie das berühmte Kaninchen vor der Schlange – in Bann gebracht, hilflos zu sein und sich darum helfen lassen zu müssen. Dann kann an dem Hilfsbedürftigen ausgetobt werden, was der eigentliche Antrieb des ganzen Kultes ist: nämlich die Manie der Hilfsbereitschaft und der Hilfeleistung. Darin entlädt sich der Überlegenheitswahn des angeblich Stärkeren über den angeblich Schwächeren. Lustvoll wird die Unterlegenheit und Wehrlosigkeit des Opfers ausgekostet – voller Triumph im Stolz auf die eigene Überlegenheit.

Das alles geschieht im Tarngewande demütiger, liebevoller Bereitschaft zum Tragen, Dienen, Helfen – und mit dem Gesicht süssester Freundlichkeit. Ohne diese Maskierung würde der also geleistete Dienst sofort am erbitterten Widerstand der Opfer scheitern. Tarnung ist seine Tücke, und so kann er sich auswirken – wie es denn auch geschieht als förmlicher Terror der «Lust» im Dienst am Nächsten.

In dieser «Lust» aber ist von «Stellvertretendem Aufgebot», das die Last für die andern trägt, keine Spur. «Gemeinde» – gerade die dergestalt «dienende» – ist ein Alb der Bedrückung, ein Knüppel und Schrecken der Menschheit.

*** *** ***

Die Last des «Stellvertretenden Aufgebotes» ist schwer und fällt schwer. Sie wird durch keine «Freudigkeit zum Dienst» erleichtert – auch und gerade nicht durch die «Lust» der Zurschaustellung. Sie kann nicht propagandistisch fühlbar und sichtbar gemacht werden, weil sie damit sofort andern zur Last würde. Der Verzicht darauf, für sich selbst dazusein, ist im Innersten zu tragen und zu bewältigen.

Diesem Verzicht ist die «Gemeinde»kirche nicht gewachsen. Sie ist auf die Befriedigung der eigenen Ansprüche ausgerichtet – und kann doch ihre Herkunft von der ursprünglichen *«ekklesía»* nicht abschütteln, welche dieser Ausrichtung stracks zuwiderläuft. So gerät sie in innere Schwierigkeiten, und es ergeben sich psychologische Analysen und Therapien, religiöse, spirituelle, esoterische Praktiken – in Kursen zu lernen und in kleinen Kreisen einzuüben – bis hin zur psychiatrischen Behandlung. Der Erfolg ist gering. Auch der mahnende Hinweis auf einen mangelhaften Glaubensstand und die entsprechenden Massnahmen zur Förderung des schwachen Glaubens bringen mehr zusätzliche Qual als Besserung.

Man hat – ungern genug – der schwierigen Verhältnisse zu gedenken, da in der «Kirche» eine bemerkenswert hohe Zahl ihrer «Diener» nicht ohne die genannte Behandlung und Betreuung auskommt. Der Dienst im Gefolge des «Popanzes» ist ungesund. Das seltsame Beerdigungszeremoniell und sein gemessenes Benehmen, die erzwungene Freundlichkeit nach allen Seiten, die schonenden Worte und die ständige Verlegenheit greifen auf die Dauer die Lebenskraft an. Die «Seele» wird krank.

***   ***   ***

Auch in dieser notvollen Sache steht die «Heitere Wendung» bevor. Das Wort wird sie schaffen. Erneut ist der Begriff *«ekklesía»* anzuhören. Noch ist nicht alles zum Vorschein gekommen, was in ihm steckt. Dieses einzige Wort offenbart, wie einfach, schön, brauchbar und natürlich heiter dafür gesorgt wird, dass die Last des «Stellvertretenden Aufgebotes» getragen werden kann.

Der Begriff «Stellvertretendes Aufgebot» deutet es schon an: «Auf! Gebot!» – und das griechische Wort *«ek-klesía»* weist in die gleiche Richtung: Es wird «heraus»-«gerufen». Angekündigt ist das, was die wahre Kirche erzeugt und dann auch mit all ihrer Last trägt: *die Berufung!*

8
Die Berufung: der erste Atemzug der Kirche

Die Frage nach dem Beweggrund – dem Motiv – des «Stellvertretenden Aufgebotes» ist jetzt zu beantworten. Kann diese Frage eindeutig beantwortet werden, so wird nicht nur das Verständnis für das Wesen der *«ekklesía»* vertieft, es verleiht ihr auch die – wesensnotwendige! – Belastbarkeit. Angesichts der Last, die es zu tragen gibt, muss die Frage zweifelsfrei beantwortet sein:

Wie entsteht ein «Stellvertretendes Aufgebot»?
Was oder wer steht dahinter und hält zu ihm?

Noch einmal leistet das Wort *«ekklesía»* in seiner sprachlichen Gestalt den erforderlichen Dienst – und zwar mit seinem Hauptteil «klesía» und dem ihm zugrunde liegenden Verb *«kaleín»* mit der Bedeutung «rufen», «berufen»[1]. Im Evangelium nach Markus[2] erscheint dieses Verb zum ersten Mal in der Geburtsgeschichte der *«ekklesía»*, in der gleichsam der Kirche erster Atemzug erzählt wird und gleichzeitig auch der Atemzug des Wortes *«kaleín»*/«rufen» eindeutig zu spüren ist. Ihm aber verdankt die von *«kaleín»* abgeleitete *«ek-klesía»* ihren Lebensatem.

---

[1] Vgl. S. 64
[2] Das Markusevangelium gilt als das älteste der vier «Evangelien» im Neuen Testament und als die Grundlage des Matthäus- und des Lukasevangeliums. (Das Johannesevangelium scheint wesentlich jünger zu sein und geht in der Gestaltung des Stoffes eigene Wege.) Markus gibt seiner Schrift einen sehr programmatischen Aufbau, weshalb er in den vorliegenden Ausführungen vorrangig vor den andern Evangelien beachtet wird.

Die Geschichte von der Berufung der Jünger
(Markus 1, 16–20)

«Und als er (Jesus) am galiläischen See hinging, sah er Simon und Andreas, den Bruder des Simon, im See das Netz auswerfen; sie waren nämlich Fischer. Und Jesus sprach zu ihnen:
‹*Daher! Mir nach!*
Und ich will machen, dass ihr Menschenfischer werdet.›
Da verliessen sie geradewegs die Netze und folgten ihm nach. Als er dann ein wenig weiterging, sah er Jakobus, den Sohn des Zebedäus, und seinen Bruder Johannes ebenfalls im Schiff, wie sie die Netze ausbesserten. Und geradewegs berief er sie.
Da liessen sie ihren Vater Zebedäus samt den Tagelöhnern im Schiff und gingen weg – ihm nach.»

Jesus beruft die Fischer am «galiläischen See» ohne Einführung und Einstimmung und ohne jede anschliessende Diskussion – in erschreckend barschem Ton.

Die deutsche Übersetzung wagt es nicht, dem Urtext darin zu folgen. Die Zürcher Bibel legt Jesus einen freundlich-umgänglichen Ton in den Mund: «Kommet her, [folget] mir nach!»³ und umgeht damit die («militärische»!) Schroffheit des Urtextes, in dem es heisst:
«Daher! Mir nach!»

Die Verben fehlen. Zwei kurze Ausrufe nur – so, wie es die allerhöchste Dringlichkeit und ebensolche Unbedingtheit eines Befehls

---

³ In den «Vorbemerkungen zum Neuen Testament» erläutert die Zürcher Bibel den Gebrauch der eckigen Klammern wie folgt:
«In [] sind dem genau übersetzten Bibeltext öfters Worte eingefügt, die sich in ihm nicht finden, aber dazu dienen, ihn noch besser verständlich zu machen.»
Dazu sei bemerkt: Häufig werden solche Einfügungen dann gemacht, wenn der Urtext eine Knappheit, Nüchternheit oder Strenge an den Tag legt, die dem «kirchlichen» Empfinden zuwiderläuft. Die eingefügten Zusätze machen in solchen Fällen den Text nicht «besser verständlich», sondern legen ein *anderes* Verständnis in ihn hinein. In der Zürcher Übersetzung von Markus 1, 17 wird durch den – unnötigen – Einsatz zweier Verben die äusserst knappe Jesussprache verbreitert. Dadurch verliert sie an Dringlichkeit. Der lebendige Schwung des Berufungsgeschehens wird gedämpft.

erfordert! Wer so angerufen wird, bekommt keine Gelegenheit zu Überlegung und eigener Entscheidung. Sein sofortiger und bedingungsloser Gehorsam wird vom Ruf des Berufenden förmlich gezeugt, geboren.

Die Wörter «gezeugt» und «geboren» entspringen weder der Willkür noch einem Hang zur Übertreibung. Die Fortsetzung der Worte: «Daher! Mir nach!» lautet in wörtlicher Übersetzung: «Ich werde machen, (dass) ihr Fischer von Menschen werdet» – und für dieses «werden» steht im griechischen Urtext:

«*genésthai*» – auf deutsch: «gezeugt», «geboren» werden.

«*genésthai*» erscheint wieder im lateinischen «*genus*» = Geschlecht und im deutschen Wort «Kind»: das Gezeugte und Geborene. – Kühn und reichlich gewagt, aber sachgemäss wäre die Übersetzung:

«Und ich werde machen, dass ihr gezeugt und geboren werdet zu Fischern von Menschen.»

Im «*kaleín*» Jesu geschieht etwas ganz Strenges, Gebieterisches – und gleichzeitig etwas ganz Väterlich-Mütterliches. Beides gehört zum Atemzug des göttlichen «*kaleín*»: in ihm wird organisch etwas Organisches gezeugt und geboren. «Ausgerufen» wird das *Wunder der Entstehung*. Es ergeht kein Aufruf zu einer machbaren und organisierbaren «Hand»lung!

Diesem kraftvollen «Atemzug» der Berufung entspricht der Gehorsam, den sie bewirkt: Die beiden Erstberufenen tun ohne jegliches Zögern, was ihnen befohlen worden ist: «Geradewegs» gehen sie dem nach, der sie gerufen hat.

«Geradewegs» ist eine der vielen, vom Wörterbuch[4] vorgeschlagenen Übersetzungen des griechischen Wortes «*euthýs*», das ursprünglich einen räumlichen Sinn hat und den Gegensatz zu allem Krummen, Gebogenen ausdrückt. Das Wort bescheibt einen Vorgang, der ohne Umschweife und Umwege verläuft und auf dem «geraden» – also dem kürzesten! – Wege zum Ziele kommt. –

---

[4] Menge: Langenscheidts Grosswörterbuch Griechisch–Deutsch, 1984, S. 296

Das in der Zürcher Bibel an unserer Stelle gebrauchte «alsbald» ist hingegen ein zeitliches Wort und lässt die Ankündigung des «geraden Weges» nicht erkennen. Das aber entspricht nur der Popanz-Kirche, die das Wort «Berufung» zwar oft und mit grossem Ernst im Munde führt – es aber umdeutet zu einem «Angebot» (als wollte sie die Kirche als «Auf-Gebot» auch sprachlich verleugnen!). Die «Berufenen» haben sich nun nach «freiem Willen» auf vielfach verschlungene Wege zu begeben und dort die Mühsal von Abwägungen, Zweifeln, Prüfungen und inneren Kämpfen zu bestehen – bis sie schliesslich in «freier persönlicher Entscheidung» das Angebot «annehmen». Ohne diese entscheidende Annahme würde das Angebot verfallen – allerdings erst nach wiederholter Erneuerung («Gott ist langmütig»!), aber schliesslich – zum Verderben der Unentschiedenen! – endgültig und unwiderruflich.

Die biblische Sprache wird damit überhört – und jede Heiterkeit ist verschwunden. Schwer lastet der Ernst dieser «verschlungenen Wege» auf dem Gemüt der «Berufenen». Erst wenn sie an ihrem Ziel angekommen sind und sich für die verlangte Annahme «persönlich entschieden» haben, mag sich das ändern. Aber die «Heiterkeit», die sie dann als «entschiedene Christen» zur Schau tragen, gereicht der Allgemeinheit zum Gegenteil: zum Vorwurf, sich ihrerseits (noch) nicht entschieden zu haben, und zur steten Drohung, der «Berufung» endgültig verlustig zu gehen. Das ist nicht lustig.

Die Urtümlichkeit der biblischen Berufungskraft und die Gradlinigkeit des Gehorsams versprechen nachhaltige «Aufhellung» – zuerst und entscheidend für die Allgemeinheit, welche die *«ekklesía»* zu vertreten hat. Der ganzen Welt wird zugesprochen, dass sie *nicht* ihrer eigenen Entscheidung, *nicht* ihrem «freien Willen» anheimgestellt ist. Es ist ein Ruf ergangen – und es ist seine Sache, sich durchzusetzen. Tut er es nicht, so liegt keine Berufung zur *«ekklesía»* vor.

Sollte das schwer zu nehmen sein? *«ekklesía»* ist ja nicht ein Häuflein der Seligen, zu dem man um seines Heiles willen unbedingt gehören müsste. Sie ist immer ein «Stellvertretendes Aufgebot». So muss es also nicht nur Leute geben, die vertreten, sondern auch solche, die vertreten werden! *Das* ist lustig!

Gilt die «Heiterkeit» über der «*ekklesía*» zuerst der Allgemeinheit, für die sie da ist, so ist es aber schliesslich auch über der «*ekklesía*» selbst hell geworden:

Die entscheidenden Bewegungen des Wortes «*kaleín*» haben einen klaren Ausgangspunkt und ein ebenso klares Ziel: Berufung von lebendig-zwingender Urkraft – Erweckung des bedingungslosen Gehorsams. Auch die davon herkommende «*ekklesía*» hat an dieser urtümlichen Berufungs-, Zeugungs- und Geburtskraft teil. Darin ist sie geborgen. Darin wird sie stark zum Leben – auch zum Tragen der ihr auferlegten Last.

Das liegt natürlich nicht an einer Vokabel. Aber die Vokabel weist auf den hin, von dem sie redet: auf den Berufenden. Dem Hinweis ist sofort nachzugehen.

9
Die «*ekklesía*»: berufen durch den *Herrn* – in urtümlicher Lebenskraft!

Die Geschichte von der Berufung der Jünger (Markus 1, 16–20) erzählt das erstaunliche Ereignis, dass einige Fischer der Stadt Kapernaum mitten aus ihrer täglichen Arbeit heraus in die Nachfolge Jesu befohlen werden und diesem Befehl augenblicklich gehorchen. Aber es fehlt eine hinreichende Beschreibung der Person, welche diese Berufung vollzieht und damit den unglaublichen Gehorsam hervorruft. Nüchtern werden lediglich Name und Herkunft bekannt gegeben: «Jesus aus Nazareth in Galiläa». Das sagt an dieser Stelle nicht viel[1].

Sehr vielsagend ist aber, was in den allerersten Sätzen des Markusevangeliums ausgesagt ist. Dort wird im Blick auf das «Kommen Jesu aus Nazareth in Galiläa» ein Wort aus der «Aufatmungs-Prophetie» des «Jesaja»[2] zitiert:
«*Bereitet den Weg des Herrn!*» (Markus 1, 3)

Darin wird angekündigt, dass in Jesus aus Nazareth der «*Herr*» in Erscheinung tritt und die bald darauf erfolgende Berufung der

---
[1] Der Evangelist Matthäus (2, 23) liest dann aus der dürren Ortsangabe «Nazareth» Wesentliches heraus (vgl. S. 190).
[2] Der zweite Teil des alttestamentlichen Prophetenbuches «Jesaja» beginnt mit den Worten «Tröstet, tröstet mein Volk!» – und das Wort «trösten» übersetzt hier das hebräische «*nichám*» mit der Bedeutung «aufatmen (lassen)», das bereits als Urwort für den Namen «Noah» («Aufatmer») aufgetaucht ist (vgl. S. 49).
(Zur grundsätzlichen Bedeutung des Jesajabuches vgl. S. 189 f.)

Fischer am «See» als eine Berufung durch den «*Herrn*» zu verstehen ist.

«Herr» wird im Alten Testament vielhundertfach für «Gott» und im Neuen Testament 718mal für Jesus gebraucht. Dadurch – vor allem durch einen fromm-geschwätzigen Sprachgebrauch[3] – ist das Wort zu einer nichtssagenden Chiffre plattgedrückt worden – freilich nicht, ohne die nicht eben erfreuliche Vorstellung von Despotie zu erwecken. Das ist um so unerträglicher, als sich in diesem Wort nicht nur gewichtigste Bedeutsamkeit, sondern vor allem eine Fülle von ausgesprochener Erfreulichkeit verbirgt.

In der griechischen Übersetzung des alttestamentlich-hebräischen Jesaja-Zitates, die von Markus im 3. Vers seines Evangeliums übernommen wird und im Deutschen mit «Herr» wiedergegeben wird, heisst das Wort

«KÝRIOS»

Die sprachliche Grundbedeutung dieses Wortes verleiht ihm eine urtümliche Aussagekraft – mit einer Bedeutung, die auf völlig überraschende Weise von all den unerfreulichen Vorstellungen wegführt, die das deutsche Wort «Herr» auslösen mag.

Der «*kýrios*» – mit der «Urkraft einer Schwangeren»

Der griechische Begriff «*kýrios*» ist – genau wie das Wort «*ekklesía*» – von durch und durch weltlicher Art. Er bezeichnet jeden, dem «*kýros*» eigen ist – das heisst: der Gewalt hat, also gebieten kann und die Vollmacht dazu besitzt, also auch das Recht zur Entscheidung und zur Ausführung der Entscheidung für sich beansprucht.

Von höchst seltsamer Bedeutsamkeit ist nun aber die sprachliche Grundwurzel dieser beiden Wörter «*kýros*» und «*kýrios*»: Sie

---

[3] Vgl. Matthäus 7, 21: «Nicht jeder, der zu mir sagt: ‹Herr, Herr!›, wird in das Reich der Himmel kommen...»

kommen her von einem Tätigkeitswort *«kyéo»* mit der Wurzel «kew» oder «ku» – «schwellen», «wölben» – das «befruchtet, schwanger sein»[4] heisst! Auch es gehört dem Bereich des «Geschlechtlichen»[5] an – nun aber an einem wahrhaftig überraschenden Ort! Ein geradezu grotesker Bedeutungswandel wird erkennbar: von der Grundvorstellung einer schwangeren Frau bis hin zu der Benennung eines gewaltigen Machthabers!

Dieser Wandel betrifft nicht nur dieses Wort. Der Eintritt in die Welt der Antike, der die biblischen Zeugnisse des Alten und Neuen Testamentes angehören, führt in eine gegenüber der Moderne grundlegend verschiedene Art des Lebensverständnisses, des Fühlens, Denkens und Redens. Alles ist hier auf die elementaren Vorgänge des Lebens, und zwar des organisch-physischen Lebens, bezogen. Die antiken Sprachen bleiben diesen Vorgängen nahe, versteigen sich kaum zu Vergeistigungen und abstrakten Ideologisierungen, sondern beziehen sich auf die lebendige Wirklichkeit der Welt.

Das dürfte der Grund sein dafür, dass die Menschen solcher Sprachen eine Kultur von gewaltiger, Jahrtausende überdauernder *Lebenskraft* hervorgebracht haben – der Grund auch, warum eine der kraftvollsten Epochen der europäischen Geschichte, die Renaissance («Wiedergeburt»!), in Sprache und Kultur auf die Antike zurückgriff – und auch der Grund, warum eine anständige Kirche seit Jahrhunderten ihren Verkündigern die Kenntnis der hebräischen, griechischen und lateinischen Sprache zugemutet hat: damit sie der urtümlich-organischen Lebenshaltung der antiken Welt nahe bleiben und täglich neu zur lebendigen Lebenswirklichkeit «zurückgeboren» werden.

Dem antiken Menschen in seiner Nähe zu der Wirklichkeit des Lebens war bewusst, dass es auf dieser Welt nichts Kraftvolleres gibt als die Fruchtbarkeit der Frau in Empfängnis, Schwangerschaft und Geburt; dass also die Entstehung neuen Lebens stärker ist als der Tod und dauernd über allen Untergang und alles Aussterben triumphiert.

---

[4] Menge, Seite 408/411
[5] Vgl. die Ausführungen über *«génesthai»*/«werden» auf S. 84

«*kýrios*» ist der elementar Lebenskräftige – und darum besitzt er Macht (das heisst wörtlich «Vermögen»). Dank dieser urtümlichen Lebenskraft führt er Entscheidungen herbei. Nicht aus theoretisch-intellektueller Überlegenheit und nicht mit «Machtmitteln» jeglicher Art setzt er sich durch. Er hat in allen Dingen das letzte Wort, weil sein Wort von innerster Kraft ist. Diese Ur-Kraft hat er sich nicht als ein Privileg erworben, erhalten oder geerbt, sondern besitzt sie in einer Urtümlichkeit, wie sie der weiblichen Fruchtbarkeit, Empfängnis, Schwangerschaft und Geburt eigen sind. Seine Kräftigkeit ist nicht organisierte Mache, sondern organische Lebendigkeit – eine «Wölbung» wie die einer schwangeren Frau!

***   ***   ***

Soviel – und es ist viel! – ist schon allein aus der Herkunft des Wortes «*kýrios*», wie es im allgemeinen griechischen Sprachgebrauch vorkommt, zu hören. Noch mehr aber ergibt sich, wenn dieses Wort in der griechischen Übersetzung des Alten Testamentes, also im biblischen Zusammenhang, beachtet wird. Der «*kýrios*»-Titel, den das Neue Testament von Markus 1, 3 an so überaus häufig dem «Jesus aus Nazareth» zuspricht, ist nämlich nicht unmittelbar aus dem Griechentum in die neutestamentliche Sprache gelangt, sondern auf dem «Umweg» über die griechische Übersetzung des Alten Testamentes (LXX). Dieses Übersetzungswerk hat das Wort «*kýrios*» aus der griechischen Umwelt aufgegriffen – und mit ihm den alles beherrschenden hebräischen Gottesnamen wiedergegeben:

Jahwe!

Alles, was sich in dieser kurzen, aber unendlich vielsagenden Gottesbezeichnung findet, wird dadurch in die Bedeutung des Wortes «*kýrios*» eingeschlossen und gleichzeitig erschlossen. So ist jetzt die Frage anzugehen und zu beantworten: Wer ist «Jahwe»?

Jahwe: «Ich bin, der ich bin» – der «kýrios»

In 2. Mose 3 steht die berühmte Erzählung von Mose, der als «Asylant» im Lande Midian aus dem brennenden Dornbusch heraus die Stimme hört:

«Ich bin der Gott deines Vaters, der Gott Abrahams, der Gott Isaaks und der Gott Jakobs ... Ich habe das Elend meines Volkes in Ägypten wohl gesehen ... Darum bin ich herniedergestiegen, ... sie zu erretten ... und sie hineinzuführen in ein schönes, weites Land, in ein Land, da Milch und Honig fliesst...»
(3, 6–8)

Zuvor hat Mose die göttliche Weisung erhalten, als Gesandter Gottes vom ägyptischen Pharao die Befreiung des Volkes Israel zu fordern und dann das Volk in das verheissene Land Kanaan zu führen. Mose empfindet sofort die Problematik dieser Berufung: Er muss den Berufenden genau kennen und sich auf ihn berufen können. Darum will er seinen Namen wissen. Daraufhin erhält er den Bescheid:

«Ich bin, der ich bin!» (3, 14)

Den Israeliten soll er sagen:

«Jahwe, der Gott eurer Väter, der Gott Abrahams, der Gott Isaaks und der Gott Jakobs hat mich zu euch gesandt.» (3, 15)

Gott gibt sich dadurch zu erkennen als der «Seiende» (wörtlich: der «Gewordene»): der, welcher sich von sich aus entschlossen hat, frei zu sein: der, der er sein will und darum ist und sein wird. Die Eigenart dieses freien Seins offenbart Gott, in dem er sich genau ausweist:

«der Gott eurer Väter, der Gott Abrahams, der Gott Isaaks und der Gott Jakobs».

Das heisst aber: Der Gott will er sein, der Abraham berufen, Isaak verheissen und Jakob erwählt hat – diesen als Gewährsmann dafür, dass

«die nach Auswahl zuvor getroffene Entscheidung Gottes bestehen bliebe, nicht abhängig von Werken, sondern von dem Berufenden.»
(Römer 9, 11.12)

Und dieser berufende, verheissende, erwählende, von allen menschlichen Werken und aller menschlicher Entscheidung unabhängige Errettergott «möchte» er nicht sein: Dieser Gott ist er wirklich und wird auch wirklich dieser Gott bleiben: eben der «Ich bin» – *Jahwe!*

So aber ist er kein anderer als der bekehrte Gott aus der «Aufatmer»geschichte Noahs. In seinem Jahwe-Namen kommt zum Vorschein, dass eben in der Bekehrtheit Gottes, der das Elend seines Volkes ansieht und herniedersteigt, um es zu erretten, seine urtümliche Kraft liegt. Darin ist er der «Starke Israels» (das heisst «Jakobs»[6]). Und so kann er auf griechisch der *«kýrios»* genannt werden. Der Gottesname *Jahwe*/*«kýrios»* widerspiegelt die unantastbare Gültigkeit und die alles beherrschende Lebenskraft der Bekehrung Gottes!

Damit wird freilich nicht nur das eine sichtbar: dass die Kraft dieser Gottesbekehrung von so elementarer Urtümlichkeit ist wie die leben- und menschheiterhaltende Gebärfähigkeit der Frau. Auch das Umgekehrte offenbart sich: dass die elementare Urtümlichkeit der weiblichen Gebärfähigkeit zur Lebens- und Menschheitserhaltung gerade in der Kraft der Gottesbekehrung allein ihren Grund hat. (Darum ist dem Noah geboten worden, zeugungs- und gebärfähige Paare in die Arche zu nehmen![7])

Den alttestamentlichen Gottesbegriff *Jahwe* mit *«kýrios»* zu übersetzen, war die Tat eines tiefen, theologischen Verstandes, aber auch einer grossen Kühnheit – einer Kühnheit freilich, die lediglich der Kühnheit Gottes selbst entspricht, der seinen alten Zorn auf die

---

[6] Vgl. Jesaja 1, 24 u. ö.
[7] Vgl. S. 42

Welt fahren lässt und «alles Fleisch» nicht dem Tode preisgibt, sondern ausgerechnet dieses «Fleisch» zum ewigen Bestand bestimmt.

Jesus ist «kýrios»

Das Neue Testament geht über die Kunde von der Kühnheit des bekehrten *Jahwe/«kýrios»*-Gottes noch hinaus. Es hat zu verkündigen, dass der Gott des «Alten Bundes» seine Bekehrung «bis zum Exzess»[8] durchsetzt: Er steigt nicht nur zu dem «Elend seines Volkes hernieder», sondern wird in der Gestalt seines «Sohnes» Jesus aus Nazareth selbst – dem Untergang geweihtes, aber aus dem Untergang gerettetes – «Fleisch»: ein Mensch. Er treibt die Rettung so weit, dass er Verdammnis und Untergang selbst auf sich nimmt (damit sie der Menschheit erspart bleiben!) und gegen Tod und Teufel «Leben und Unvergänglichkeit ans Licht»[9] bringt, damit alles Leben zur Vollendung komme!

Das Neue Testament hat das in einem einzigen Wort zusammengefasst: Der, der diesen «Exzess» der Bekehrung Gottes zu vollziehen hat – der menschgewordene, gekreuzigte und auferstandene

«JESUS AUS NAZARETH»

– erhält in kühnster, aber angemessenster Weise den Titel des bekehrten Gottes selbst:

«KÝRIOS»!

Damit wird erklärt: «Jesus aus Nazareth» ist der *Jahwe/«kýrios»* – der Erfüller und Vollender der Bekehrung Gottes.

Im Zusammenhang mit der Übertragung des Gottesnamens auf Jesus aus Nazareth steht die Verleihung eines weiteren Titels an ihn: «Christus».

---

[8] «Exzess» stammt vom lateinischen Wort *excédere*, das «über ein bestimmtes Mass hinausgehen» heisst (Duden Bd. 7).
[9] 2. Timotheus 1, 10

Er heisst wörtlich «der Gesalbte» und ist die griechische Übersetzung des alttestamentlichen «*maschíach*», «Messias». Über die Bedeutung sowohl des «Namens» Jesus als auch des «Titels» Christus ist später zu reden[9a]. Vorläufig brauchen wir sie nun beide – ohne weitere Erklärung – in der neutestamentlich wie kirchlich gebräuchlichen Zusammensetzung «Jesus Christus».

Die Benennung Jesu als «*kýrios*» ist von uneingeschränkter Trag-Weite: Jetzt ist «alles Fleisch» nicht nur unter Gottes barmherzige Verheissung gestellt – auch nicht nur für ein Weilchen am Leben gelassen; jetzt ist auch nicht mehr nur das eine oder andere Völklein, Grüpplein oder Menschlein in der Erwählung zu Gottes Eigentum, Liebling und «Augapfel» geworden. In dem Menschen Jesus aus Nazareth ist der *Jahwe*/«*kýrios*» selbst «Fleisch» geworden. Damit aber ist «alles Fleisch» ohne Einschränkung in den *Jahwe*/«*kýrios*»-Bereich hineingenommen:

«Und das Wort ward Fleisch und wohnte unter uns; und wir schauten seine Herrlichkeit, eine Herrlichkeit, wie sie der Einzige von seinem Vater hat.»
(Johannes 1, 14)

Die ganze Welt eine *Jahwe*-Welt! Das ist zwar schon angekündigt worden, als Gott in seiner Ur-Bekehrung «alles Fleisch» auf ewig dem Untergang entnommen hat. Die Menschwerdung Gottes in «Jesus aus Nazareth», dessen Sühneopfertod, Höllenfahrt und Auferstehung von den Toten vollenden aber das damals Angekündigte. Die freie Willensentscheidung Jahwes, sich mit seiner urtümlichen Lebendigkeit uneingeschränkt auf die Seite der ganzen Schöpfung zu stellen, wird erfüllt und damit durchgesetzt.

Die ganze Welt eine «*kýrios*»-Welt! Sie ist es – von Anfang an und für immer. Sie muss es nicht erst werden. Darüber bricht das Neue Testament wiederholt in den überströmenden Lobpreis aus,

---
[9a] Vgl. S. 190 ff.

der nur in hymnischer, geradezu symphonischer Sprache seine angemessene Gestalt finden kann:

«*O welch eine Tiefe des Reichtums und der Weisheit und der Erkenntnis Gottes! Wie unerforschlich sind seine Entscheidungen und unausdenkbar seine Wege!*
‹*Denn wer hat den Sinn des Herrn erkannt, oder wer ist sein Ratgeber gewesen? Oder wer hat ihm zuvor gegeben, dass es ihm wiedervergolten werden müsste?*›
Denn aus ihm und durch ihn und zu ihm hin sind alle Dinge. Sein ist die Ehre in Ewigkeit! Amen.» (Römer 11, 33–36)

«*Und er*» – der «*Sohn seiner Liebe*» – «*ist das Ebenbild des unsichtbaren Gottes, der Erstgeborne der ganzen Schöpfung; denn in ihm ist alles erschaffen worden in den Himmeln und auf der Erde, das Sichtbare und das Unsichtbare, seien es Throne oder Hoheiten oder Gewalten oder Mächte: Alles ist durch ihn und auf ihn hin erschaffen; und er ist vor allem, und alles hat in ihm seinen Bestand.*» (Kolosser 1, 15–17[10])

Christus ist überall – «Herr»lichkeit ist überall

Die Heilige Schrift spannt den Bogen «bis ans Ende der Erde»: «der Name des Herrn *(kýrios!)*» und also der Name «Christus» ist überall aufgerichtet. Das befreit die Kirche aus böser Hässlichkeit und bringt ihr eine neue «Heitere Wendung».

Zunächst fällt ein neues, helles Licht auf der «Kirche» eigenen Namen. Wir erinnern uns: In den anglo-germanischen Sprachen bezeichnet sich die «Kirche» («church») – die «*kyriké*» – als «dem *«kýrios»* zugehörig»[11]. Das Neue Testament kennt eine solche Bezeichnung nicht – weder für die Kirche noch für sonst etwas. Das

---

[10] Dieser Hymnus ist hier zitiert unter Weglassung des letzten Verses (18), in dem die *«ekklesía»* genannt wird. Auf ihn ist später zurückzukommen (vgl. S. 329).
[11] Vgl. S. 68

Fehlen des Eigenschaftswortes «*kyrikós*» im Neuen Testament weist daraufhin, dass es weder Menschen noch Dinge gibt, die im Unterschied zu andern Menschen und Dingen dem «*kýrios*» «eigen» wären. Alles ist dem «*kýrios*» eigen!

Ganz ähnlich steht es mit dem Eigenschaftswort «christlich», das von dem Jesus-Titel «Christus» abgeleitet ist und in der «kirchlichen» Sprache mit besonderer Wichtigkeit und Häufigkeit gebraucht wird – aber im Neuen Testament nur an 3 (!) Stellen vorkommt!

Zweimal – Apostelgeschichte 11, 26 und 26, 28 – erscheint es als eine Bezeichnung, welche dem «Stellvertretenden Aufgebot», der «*ekklesía*», gleichsam angehängt wurde. Sie selbst haben sich so nicht bezeichnet. An der dritten Stelle (1. Petrus 4,16) ist vom «Leiden als Christ» die Rede, doch lässt sich nicht ausmachen, ob diese Einzelstelle ironischen Charakter hat oder von einem ernst gemeinten Sprachgebrauch zeugt.

«Christus» als Titel «Jesu von Nazareth», des «*kýrios*», kommt im Neuen Testament 529mal vor – wie auch sein «*kýrios*»-Titel an über 700 Stellen genannt wird! *Er* – der diese Titel zugewiesen bekommen hat – ist von alles bestimmender Bedeutung. Aber die «Christen» sind es nicht. Denn «christlich», «Christus-gemäss», und «dem ‹*kýrios*› eigen» ist *alles* und braucht also nicht durch ein besonderes «Eigen»schaftswort «eigens» so bezeichnet zu werden. Vor allem als Selbstbezeichnung von besonderen Menschen ist ihnen das «christlich» nicht voranzustellen! Es gibt da eben nichts «Christliches» voranzustellen! Das «Christliche» ist vorangestellt – *allem* und *überall*!

Das Fehlen eines Eigenschaftswortes ist von einer ergreifenden Schönheit, die besonders hervorgehoben werden muss: Es weist auf eine Befreiung der Kirche hin – aus bösen Zwängen hinaus und in die «Heitere Wendung» hinein.

Die Popanz-Kirche (ausgerechnet mit dem «*kýrios*»-Namen!) hat von jeher das Gute, Schöne, Allgemeingültige an sich gerissen, «privatisiert» –

und das heisst wörtlich: (der Allgemeinheit) «geraubt». Sie erhebt den Anspruch, allein – im Unterschied zu allen andern – «christlich», *kýrios*-haft zu sein. Sie engt den Herrschaftsbereich des *«kýrios»* auf ihre eigenen «kirchlichen Kreise» ein und lässt die Wohltat der Bekehrung Gottes nur für sich gelten. So aber hat sie den *«kýrios»* entscheidend missverstanden und verrät ihn. So aber ist sie kein «kirchliches Stellvertretendes Aufgebot», keine *«kýrios-ekklesía»*, sondern lediglich deren Popanz.

Man wird allerdings wieder einmal mehr nicht ungerecht werden dürfen: Die Popanz-Kirche steht ja unter dem unbarmherzigen Druck, «christlich» sein zu müssen. Sie steht unter der Zwangsvorstellung, es müsse «christliche» Bereiche geben, die sich von allen andern grundsätzlich und bis ins einzelne unterscheiden: «Christ» müsse man sein. Und sie hält dafür, dass es die Heilige Schrift so verlange.

Jetzt wird erkennbar, dass in dieser heiligen Schrift nicht einmal die Wörter, die solche Verpflichtung angäben, vorkommen – geschweige denn eine solche «Verpflichtung zur Christlichkeit» selbst. Damit ist der Kirche eine Belastung, die sie selbst und erst recht die andern quält, abgenommen und abgetan.

Da Gott durch seine Bekehrungsentscheidung zum *Jahwe/«kýrios»* geworden ist und es bleibt und da er seinen Sohn über alle Massen erhoben und ihm den Namen *«kýrios»* geschenkt hat, der über alle Namen ist, so ist ja nun auch seine Absicht schon Wirklichkeit und der Vollendung dieser Wirklichkeit entgegengeführt:

«dass in dem Namen Jesu sich beuge jedes Knie derer, die im Himmel und auf Erden und unter der Erde sind, und jede Zunge bekenne, dass Jesus Christus *Kýrios* ist, zur Ehre Gottes, des Vaters.» (Philipper 2, 10.11)

Die Kirche hat diese Wirklichkeit und ihre Vollendung, die allen gilt, für die Gesamtheit der Schöpfung zu vertreten.

***   ***   ***

Damit ist ein weiteres Feld eröffnet: die vom *«kýrios»* berufene *«ekklesía»* hat einen

AUFTRAG

– wie denn seine «*kýrios*»-Bedeutung lediglich der Erfüllung seines göttlichen Auftrages zuzuschreiben ist: die Vollendung der Jahwe-Entscheidung Gottes in seiner Menschwerdung Gottes, dem Sühneopfertod, der Höllenfahrt und der Auferstehung von den Toten hat er nicht aus freien Stücken vollzogen. Er spricht:

«*Diesen Auftrag habe ich von meinem Vater empfangen.*» (Johannes 10,18)

Es wird sich zeigen, dass die vom «*kýrios*» zur «*ekklesía*» Berufenen ihm so zugehören, dass nun auch sie einem Auftrag unterworfen sind. Was das heisst, wird wieder das Wort zutage bringen.

10
Der Auftrag des «treibenden» Herrn

Das Wort «Auftrag» kommt in der Berufungsgeschichte der *«ekklesía»* in Markus 1, 16–20 nicht vor. Der Bericht vom «ersten Atemzug der Kirche» aber offenbart in all ihren auffallenden Besonderheiten den Auftrag im geschichtlichen Vollzug – ohne belehrende Erklärung und ohne dafür einen Begriff zu nennen. Der Vorgang der Berufung ist durch und durch bestimmt durch die Person des *«kýrios»* – und nicht durch ein theologisches oder psychologisches System, dessen Bedeutung in einem Wort ausgedrückt werden müsste.

Das Neue Testament braucht das Wort erst, wenn sich dieser *«kýrios»* selbst offenbart. Den «Pharisäern»[1], die den Anspruch Jesu als menschgewordener Gottessohn und Überwinder allen Untergangs und aller Verdammnis bestreiten, hält er entgegen:

«Darin liebt mich der Vater, dass ich mein Leben hingebe, damit ich es wieder empfange. Niemand nimmt es mir weg, sondern ich gebe es von mir aus hin. Ich habe Macht, es hinzugeben, und habe Macht, es wieder zu empfangen. Diesen Auftrag habe ich von meinem Vater empfangen.»

(Johannes 10, 17.18)

---

[1] «Pharisäer» ist die griechische Wiedergabe des hebräischen Wortes *«paruschím»* – abgeleitet vom Verb *«parásch»* mit der Bedeutung «trennen», «absondern». Die Pharisäer nennen sich so, weil sie sich – ähnlich der Popanz-Kirche – durch gute Geisteshaltung und vorbildlichen Lebenswandel von den übrigen absondern (vgl. Lukas 18, 11) und also die Trennung zwischen «Kirche» und «Welt» bereits im Judentum vorweggenommen haben.

Das Wort «Auf-Trag» weist auf das Tragen einer auferlegten Last hin und hat darum einen harten Klang. Aus ihm spricht die Strenge eines Befehls, der ausgeführt werden muss. Es kündet von Gehorsam, Unterwerfung, Erniedrigung. Ein leiser, aber unheimlicher Hauch von Todeskälte regt sich in ihm. Das entspricht der Schwere dessen, was dem Sohn durch den «Auftrag» des Vaters auferlegt wird: Er hat sein Leben hinzugeben – bis zum Tode am Kreuz.

Aber der Auftrag, den Jesus empfangen hat, weist auch – und entscheidend – eine andere Seite auf: In «der Macht, das Leben wieder zu empfangen» ist der «Hauch von Todeskälte» einem warmen Lebensglanz gewichen. Der «Auftrag» hat den Befehlston verloren. Er erhebt nicht die Forderung einer Leistung, sondern verheisst ein beglückendes Widerfahrnis.

Der Begriff «Auftrag» birgt ein Geheimnis: Es umfasst die Last und die Befreiung – den Tod und das Leben. Dieses Geheimnis aber offenbart sich in dem griechischen Wort

«ENTOLÉ»,

das im Neuen Testament 68mal vorkommt und in der Zürcher Übersetzung 60mal mit «Gebot» und 5mal mit «Auftrag» übersetzt wird. «entolé» gehört zum Tätigkeitswort «téllein», dessen Wurzel «heben», «aufheben», «(auf-)treiben» bedeutet.

Es regt sich sofort eine Erinnerung. «Heben» – «in die Höhe treiben» – «schwellen» – «wölben»: Das sind die Urbedeutungen des Verbes, aus dem «kýrios» geworden ist[2]! Man ahnt es: Wo eine «entolé» ergeht, da beginnt sich etwas zu «heben» – weil etwas gezeugt worden ist und geboren wird.

Worte der johanneischen Sprache, insbesondere aus dem 1. Johannesbrief, bekräftigen es:

---

[2] Vgl. S. 88 f.

«… erkennet, dass jeder, der die Gerechtigkeit tut, aus ihm *gezeugt* ist!» (2, 29)
«Jeder, der liebt, ist aus Gott *gezeugt*. (4, 7)
«Jeder, der glaubt, dass Jesus der Christus ist, der ist aus Gott *gezeugt*.» (5, 1)
«Denn alles, was aus Gott *gezeugt* ist, überwindet die Welt.» (5, 4)
«Wir wissen, dass jeder, der aus Gott *gezeugt* ist, nicht sündigt.» (5, 18)

Vor allem ist hier zu nennen – ein erstes Mal, unter Verweis auf spätere, ausführliche Erörterungen[3] – die Stelle Johannes 1, 12.13, die von der «Annahme» des Erlösers – des «Lichtes»! – spricht und von der Popanz-Kirche beharrlich als Kronzeuge für die Verpflichtung zur heilsentscheidenen Menschentat behandelt wird. Ihr erster Teil (Vers 12) lautet:
«Soviele ihn aber aufnahmen, denen gab er Anrecht darauf, Kinder Gottes zu werden: denen, die an seinen Namen glauben …»
Der zweite Teil aber fügt hinzu:
«… welche nicht aus Blut noch aus Fleischeswillen noch aus Mannes willen, sondern aus Gott gezeugt sind.»

Die Auf- oder Annahme Jesu und der Glaube an seinen Namen erscheinen hier als Zeugungs- und Geburtsvorgang ohne jegliche menschliche Mitwirkung. Jesus selbst als der entscheidende Kronzeuge spricht also das Gegenteil aus von dem, was die, welche sich auf ihn berufen, von ihm behaupten. Sie wissen es – und halten es deshalb für gut, den Vers 13 einfach nicht zu lesen…

Das ist biblische Sprache – voller Kraft, voller Leben und Fülle! Das bare Gegenteil moralistischer Forderung und Niederdrückung ist diese «*entolé*» – der Auftrag, das Gebot.

Denn es ist das Gebot und der Auftrag des bekehrten Gottes, Jahwes, des «*kýrios*» – Jesu Christi, des Herrn der Kirche. Der, welcher die Bekehrung Gottes erfüllt und vollendet hat, ist der urspüngliche Empfänger des göttlichen Auftrages: «sein Leben hinzugeben und es wieder zu empfangen» – den Tod zu erleiden, ihn zunichte zu machen und ewiges Leben ans Licht zu bringen. Das tut

---
[3] Vgl. S. 146 und S. 286

er nicht von sich aus: nicht nach Massgabe seiner Bemühung, Kraft und Bewährung, auch nicht in eigenem Entschluss, sondern dazu «gezeugt» und «geboren». Daraus erwächst seine ihm verliehene Vollmacht.

Die Erfüllung des Auftrags ist die Liebe
(vgl. Römer 13, 10)

Das wahre Wunder der «*entolé*» erscheint in dem, was Jesus als der Ur-Grund des Auftrags nennt:

«Der Vater liebt mich ...»

Der Ursprung der «*entolé*» liegt – wie es für jede Zeugung und Geburt in ihrer Vollkommenheit gilt – in der Liebe. Das tritt in voller Klarheit dort zu Tage, wo Jesus als der beauftragte Sohn des Vaters nun seinerseits die von ihm Berufenen unter seine «*entolé*» stellt:

«Einen neuen Auftrag gebe ich euch, dass ihr einer den andern gegenseitig liebt. Darin werden alle erkennen, dass ihr mir Jünger seid, wenn ihr Liebe habt – in Gegenseitigkeit.» (Johannes 13, 34)

«Liebe» übersetzt hier den griechischen Ausdruck «*agápe*». Dieses Wort setzt sich zusammen aus der Vorsilbe «aga-», die «sehr» bedeutet, und dem Verb «*páomai*». Die Wurzeln dieses Wortes erweisen sich als geradezu aufregend: die eine ist dieselbe wie die Wurzel des Wortes «*kýrios*» mit der Bedeutung «schwellen»[4], die sich mit einer andern – «pa» – mit der Bedeutung «beschützen», «hüten»[5] verschmolzen hat. Daraus ergibt sich ein körperlicher Sinn des Wortes «Liebe», das frei wiedergegeben werden kann als: «kräftig schwellende Behütung» (des Geliebten).

---
[4] Vgl. S. 89
[5] Menge, S. 517

Jedermann könnte es wissen: Liebe ist in keiner Weise vom Menschen zu «machen». Darum kann sie weder befohlen noch verboten werden. Sie ist der menschlichen Machbarkeit gänzlich entzogen – wie das Leben selbst in seiner Entstehung durch Zeugung und Geburt. Darin ist die Liebe der «*entolé*» gleich.

Auftrag
ist nicht ausgerichtet auf ein Tun, das der Mensch in eigener Willens- und Schaffenskraft zu vollbringen hätte. Es widerfährt dem Menschen, dass die Erfüllung des Auftrages «getrieben» – «gezeugt» und «geboren» – wird.

Liebe
gründet nicht auf menschlicher Entscheidung zu innerer Haltung und äusserer Handlung, sondern auf dem Widerfahrnis, zu dem die Liebenden «getrieben» – «gezeugt» und «geboren» – werden.

Die Gemeinsamkeit der «*entolé*» und der «Liebe» erreicht aber ihre Vollendung darin, dass beide die Last und die Befreiung, den Tod und das Leben umfassen – wie alles, was «gezeugt» und «geboren» worden ist:

«Denn stark wie der Tod ist die Liebe,
Leidenschaft hart wie die Unterwelt,
ihre Gluten sind Feuersgluten,
ihre Flammen wie Flammen des Herrn.
Grosse Wasser können die Liebe nicht löschen,
Ströme sie nicht überfluten.» [6]
(Hohes Lied 8, 6.7)

---

[6] Dass das «Hohe Lied» die Liebe von Frau und Mann besingt, ist nicht zu bestreiten. Ebenso aber sollte es nicht bestritten werden, dass diese Liebe keine andere ist als die Liebe Gottes des Vaters zum Sohn, die Liebe des dreieinigen Gottes zur Welt und die Liebe eines jeden Menschen zum andern. Die Liebe von Frau und Mann hat ihre besondere Gestalt, ist aber in dieser Gestalt eine Entsprechung («Analogie») der Gottes- und der allgemeinen Menschenliebe, die sich ihrerseits durch eine ihnen eigene Gestalt auszeichnen.

So wird der «Auftrag» im Wesen der Liebe offenbar – und umgekehrt. Die Liebe ist kein Gefühl der Sympathie, der Anhänglichkeit, auch nicht der tiefen Freundschaftlichkeit – so sehr sie daran Anteil haben mag. Im wesentlichen ist sie das Wunder eines Widerfahrnisses, das die Liebenden ohne Einschränkung zum Geliebten treibt – bis hinein in die Urgewalten des Todes und der Unterwelt. So entspricht sie «der Flamme des Herrn». Der «Auftrag» führt in dieselben Urgründe des Lebens hinein. Er erhebt keine Forderung. Wenn er ergangen ist, hat er sich schon einverleibt. Er treibt selbst, was er aufträgt.

Das liegt an dem, der den «Auftrag» erteilt. Christus «treibt». Er «zeugt» – und der Gehorsam wird «geboren»: Er lebt!

Es ist auch das deutsche Wort «treiben» zu bedenken. – Es ist einerseits ein transitives («zielendes») Verb, beschreibt also eine Tätigkeit, die an jemandem ausgeübt wird (auf der «Treib»jagd «treiben» Mann und Meute das Wild). «Treiben» kann aber auch intransitiv gebraucht werden – also einen Vorgang beschreiben, der nicht auf eine andere Sache oder Person bezogen ist (die Pflanze «treibt» im Frühling; der mit Hefe durchsetzte Brotteig «treibt»). Dieser Wortgebrauch dient der Beschreibung organischer Vorgänge. Bei Zeugung und Geburt vereinigen sich der transitive und der intransitive Sinn des Wortes: Es «treiben» die Zeugungs-, Empfängnis- und Geburtsorgane der Eltern im Mutterleib. So entsteht und wächst das Kind – es «treibt» nun seinerseits! Und wenn es geboren wird, setzt es sich nicht selbst in die Welt, sondern wird dorthin förmlich «getrieben».

Nicht eine Marotte der johanneischen Theologie ist es, die Zuwendung Gottes zum Menschen mit den geschlechtlichen Vorgängen von Zeugung und Geburt zu beschreiben. Der Titel Gottes selbst und seines Sohnes *«kýrios»* entstammt jenen Vorgängen, denen jeder Mensch ohne jegliches eigenes Dazutun sein Leben verdankt – so wahr jeder «vom Weibe geboren» ist.

Der Auftrag der Kirche – das Geheimnis der Liebe

Was der gesamte «Auftrag der Kirche» auch immer «treiben» mag – aus der Liebe, die Leben und Tod und Hölle und Himmel umfasst, wird sie nicht herausfallen können. Erkennbar ist diese Liebe nicht an «liebevollen» Worten und Gebärden, nicht an Sanftmut, Menschlichkeit, Dienstfertigkeit[7], sondern allein an der bedingungslosen Zuwendung zu denen, welche die Liebe Gottes zu einer unverbrüchlichen Gemeinsamkeit zusammengeschlossen hat. Sie erweist sich im Verzicht auf jede eigene Besserstellung. Sie bewährt sich in der Verbundenheit mit der ganzen Schöpfung – mitsamt ihrer Verhaftung in Tod und Leben und Himmel und Hölle.

Zu dieser Liebe kann sich die Kirche nicht selbst entscheiden und nicht selbst beleben. Die Liebe ist keine moralische Forderung. Darum mutet ihr der «neue Auftrag» Christi keine Leistung zu. Von ihrem Ursprung her, in ihrer Berufung und in ihrer Liebe tritt der Herr ihres Auftrages für sie ein – und «treibt» sie in allem.

Auch darin besteht die «Heitere Wendung» der Kirche.

Von der Weltlichkeit des Auftrags

Das alles gilt nicht exklusiv vom «kirchlichen» Auftrag. Es gibt keine «Exklusivität» mehr: «Christus ist überall – ‹Herr›lichkeit ist überall»[8]. Überall in dieser Welt ergehen Aufträge. Und wo es mit rechten Dingen zugeht, «treiben» sie. Würde ein Auftrag anders ergehen als in Entsprechung zum göttlichen Auftrag, er müsste auf der Strecke bleiben. Wer in der alten, erledigten Art des Moralismus glaubt vorgehen zu können – gesetzliche Vorschriften zuhauf aufstellte, ohne selbst für die Möglichkeit ihrer Erfüllung zu sorgen –

---
[7] Vgl. S. 79 f.
[8] Vgl. S. 95 f.

der wird nichts als die dauernde Umgehung der Vorschriften und die Nichterfüllung des Auftrages bewirken. Das gilt von der staatlichen Gesetzgebung, vom Geschäftsleben in Gewerbe, Industrie und Handel, von der militärischen Auftragserteilung – bis hin zur Erziehung des Kindes.

Das Kind aber ist es, das in reinster Art zu offenbaren vermag, wie der Empfang und die Ausführung eines Auftrages ohne moralistische Verderbnis erlebt wird. Bekommt es einen Auftrag, der im Wesen eine «*entolé*» ist und also der göttlichen Zeugung entspricht, so fühlt es sich zugleich ermächtigt und in Stand gesetzt, das Aufgetragene zu leisten – was es auch mit Stolz und Freude zu zeigen vermag. Im Auftrag erfährt es die Überwindung von Unvermögen und Schwachheit und geht mit dem Eifer der ihm zugesprochenen Fähigkeit und Kraft an die Erfüllung des Auftrages. Kommt es dabei vermeintlich oder wirklich an die Grenze seiner Kräfte, sucht es mit Blick und Wort die Person, die es beauftragt hat, und findet seine Ermunterung durch weitere Anweisung und Unterstützung.

Auf diese Weise sind alle einmal geworden, was sie geworden sind. Wer nur moralistisch erzogen worden ist, bleibt verkümmert – und zwar in jedem Sinne des Wortes.

«Wenn ihr nicht werdet wie die Kindlein –
werdet ihr nicht ins Reich der Himmel kommen!» (Matthäus 18, 3)

Dieses Jesuswort verbreitet augenblicklich und offensichtlich Heiterkeit – jedoch seltsamerweise so, dass die Heiterkeit zunächst das Gegenteil bewirkt: eine eigentliche Verdunkelung, ja finstere Erstarrung des Gemütes. Das aber ist eine so verschlungene «Geschichte der Heiteren Wendung», dass ihr – angesichts ihrer gewaltigen Bedeutung für Kirche und Gesellschaft – ein ganzes Kapitel gewidmet sei.

11
Das Ende des Machbarkeitswahnes

Die bedrohliche Gefährdung
des menschlichen Selbstbewusstseins

«Werden wie die Kindlein!» In dem «Werden» erscheint aufs neue[1] der Vorgang von Zeugung und Geburt – jenes wundersame Geschehen, zu dem niemand etwas Eigenes beizutragen hat. Das «Kindlein» ist durch und durch bestimmt von der völligen Unverfügbarkeit des Werdens und des Seins – und damit befreit von jeglicher Pflicht zur Mitarbeit. Es wirken in ihm und an ihm die urtümlichen Kräfte des Lebens in ungeheurer Gewalt.

Dieses entscheidende Merkmal des Kinderlebens setzt sich in der Geburt, in der Beauftragung und in der Auftragserfüllung der Kirche kraftvoll durch. Es kündet sich darin an, dass dem Menschen die unerträgliche Last abgenommen wird, als «der Schmied seines Glückes»[2] die volle Verantwortung für sein irdisches und ewiges Leben tragen zu müssen. Das beschert der Kirche selbst und allen, die mit ihr zu tun bekommen, die gleiche uneingeschränkte Heiterkeit des Lebens, wie sie dem «Kindlein» eigen ist.

---
[1] Vgl. S. 89 und S. 102
[2] Der Spruch «Jeder ist seines Glückes Schmied» findet sich bereits im Altertum: beim Römischen Konsul Appius Claudius (307 v. Chr.) so gut wie – dem Sinne nach – in der Sentenz des Titus Maccius Plautus (254–184 vor Christus): «Sapiens ipse fingit fortunam sibi», «Der Weise schafft sich sein Glück selbst» (Trinummus II, 2.84).

Aber gerade hier erhebt sich – verständlicherweise – erbitterter Widerstand. Dass die urtümliche Lebendigkeit sich jeder menschlichen Verfügungsgewalt entzieht, deutet mit Macht darauf hin, dass alles wirklich Wesentliche – und was wäre wesentlicher als die urtümliche Lebendigkeit! – grundsätzlich nicht machbar ist. Das führt den Menschen an seine Grenze – und das erträgt er schlecht.

Es ist ja der Tatsache ins Auge zu sehen, dass der Mensch im Tiefsten seines Wesens völlig beherrscht ist von dem dumpfen Trieb, *alles Entscheidende selber machen zu müssen,* und zwar in allen nur erdenklichen Sparten des menschlichen Lebens. Es beginnt schon beim «Kindlein», das bald einmal seine Kindlichkeit abstreifen will – mit dem trotzigen Protest in den geringfügigsten Verrichtungen: «Ich will das selber machen!» –, und führt bis zu den Sorgen des reifen Menschen um eine gute, ewige Zukunft, die er durchaus selbst durch seine Bemühungen verdienen zu müssen glaubt – gemäss der Zusage der richtenden Engel:

«Wer immer strebend sich bemüht, den können wir erlösen!»[3]

So ist der Mensch nicht nur daran interessiert, sondern davon abhängig, dass alle Dinge machbar und seiner Verfügbarkeit und «Verantwortung» anheimgestellt sind. Sein ganzes Selbstbewusstsein gründet darauf: Die Machbarkeit aller Dinge sichert ihm das Betätigungsfeld, auf dem er wirken, sich profilieren und letztlich seine eigentliche Bedeutsamkeit unter Beweis stellen kann. Der Mensch unterliegt grundsätzlich einem *Machbarkeitswahn.*

Die Zeit, in der dieses Buch geschrieben wird – das Ende des 2. nachchristlichen Jahrtausends – zeichnet sich durch eine beeindruckende Zähigkeit des Glaubens an die Machbarkeit aller Dinge aus. Dieser «Glaube» äusserte sich zunächst in der nach dem Zweiten Weltkrieg aufwachsenden Hoffnung, es werde dem Menschen nun – nicht nur die Er-

---

[3] J. W. Goethe: Faust II, 1. Akt

Die bedrohliche Gefährdung des menschlichen Selbstbewusstseins 109

oberung des Weltalls, sondern erst recht – die Vervollkommnung der Welt, ja selbst der Sieg über den Tod möglich werden. Dann, als sich diese hochgemute Hoffnung als ein schlimmer Trugschluss erwiesen hatte, ging dieselbe Menschheit prompt zum Gegenteil über und fing – ebenso selbstbewusst! – zu behaupten an, ihr sei zwar nicht die Vervollkommnung, wohl aber die endgültige Zerstörung der ganzen Schöpfung möglich; solche Zerstörung aber zu verhindern, sei machbar und liege darum in der Verantwortlichkeit des Menschen. Diese Überzeugung hält sich derart unerschütterlich und wird so verbissen vertreten, dass es zweifelsfrei auskommt: Wenn die Machbarkeit aller Dinge auch nur in Frage gestellt, geschweige denn ernsthaft bestritten wird, bricht des Menschen Himmelreich zusammen!

Die resignierte Feststellung «Da kann man nichts (mehr) machen!» bedeutet denn auch in der alltäglichen Lebenswirklichkeit das Geständnis, dass das menschliche Selbstvertrauen und damit alle Hoffnung am Ende ist. Umgekehrt: Dass «noch etwas zu machen» sei, bedeutet für den Menschen die Neubelebung seiner existenzsichernden Zuversicht, ohne die er das Beste, was er hat – sich selbst! – verliert.

In der Geburt und der Beauftragung der Kirche mit der Urtümlichkeit des «Kindleins» liegt darum etwas Bedrohliches. Dass ihre Entstehung und ihre Existenz jeglicher Machbarkeit entbehrt, muss als eine Verletzung innerster Empfindlichkeit, ja als Beleidigung empfunden werden. Für Heiterkeit ist hier kein Platz.

Aber Gottes Heiterkeit schafft sich Platz. Die Kunde von seiner Bekehrung und Wende zur Heiterkeit ist ja daran, sich unaufhaltsam in sämtliche Welt- und Menschenbereiche zu ergiessen. So wird sie auch vor jenem menschlichen Bereich innerster Empfindlichkeit nicht Halt machen und nicht ruhen, bis auch dort das befreiende Lachen ausbricht.

Damit es zu diesem Lachen komme – dazu erzählt die Bibel die weltberühmte Geschichte, die bereits unter den ersten «Spuren der heiteren Bekehrung Gottes» aufgetaucht ist[4], jetzt aber in ihrer ganzen Breite – und Heiterkeit! – zur Kenntnis gegeben werden soll:

Die Geschichte vom «Sündenfall»
(1. Mose 3, 1–24)

Die Begegnung mit dieser weltbekannten und berühmten Geschichte bedarf einer Vorbemerkung. Sie ist in keiner Weise als eine *heitere* Geschichte bekannt. Aber in ihrer wahren Gestalt und Bedeutung ist sie überhaupt nicht bekannt. Vor lauter Berühmtheit wird sie – wie andere Berühmtheiten auch – kaum je gelesen und angeschaut. Um so mehr ist ihr willkürlicher Eintrag getan und vieles «angehängt» worden, was ihr völlig fremd ist. Anhängsel und Eintragungen haben sie förmlich zugeschüttet. Zudem ist ihr Wortlaut durch die traditionellen Übersetzungen weitgehend entstellt, ihre starke, gescheite, heitere Sprache dadurch unhörbar geworden.

Die Geschichte braucht eine «Ent-Deckung» – und zwar durch eine Wiedergabe, die sich so wortgetreu wie möglich an den hebräischen Urtext hält –, auf dass sich aufs neue die belebende Kraft der Wörter erweise! Diese Neubelebung wird den Nachteil einer solch wortgetreuen Neuübertragung aufwiegen: dass nämlich bisher gewohnte und liebgewordene Formulierungen verlassen und dem Leser einige sprachliche Absonderlichkeiten zugemutet werden.

Zunächst muss die Geschichte von ihrem *irreführenden Titel* «Der Sündenfall» befreit werden. Er findet sich im Text nicht. Selbst das Wort «Sünde» fehlt.

Der Ausdruck «Sündenfall» scheint erst im 17. Jahrhundert aufgekommen zu sein und sich im kirchlichen Sprachgebrauch als Titelwort von 1. Mose 3 eingebürgert zu haben.

---
[4] Vgl. S. 33 ff.

Dass dieses Wort im Text fehlt, nimmt ihm die Bedrohlichkeit des *Moralismus,* der in diese Geschichte eingedrungen ist und damit das menschliche Gemüt ganzer Generationen mit Vorwürfen und Gewissensbissen belastet und in demütigende Erniedrigung oder hochmütige Überheblichkeit hineingeführt hat. Es muss ein neuer Titel her!

Die neutestamentliche Stelle 1. Timotheus 2, 14 erklärt im Blick auf diese Geschichte, dass der Mensch im Paradies «getäuscht» (ZH: «verführt») worden sei, und braucht dafür das griechische Wort *«apatáomai»*/ «getäuscht werden» – eine Passivform! Damit wird die nötige Abgrenzung gegen den Ausdruck «Sündenfall» vollzogen, der an eine aktive Tat des Menschen («sündigen») denken lässt (und ohnehin nur den ersten Teil der Geschichte im Auge hat!). In Entsprechung zu diesem neutestamentlichen Sprachgebrauch – und in Nachachtung des entscheidenden zweiten Teiles der Geschichte! – ergibt sich für die ganze Erzählung der Titel:

Die Geschichte von der Täuschung des Menschen – und von der Begnadigung des getäuschten Menschen

Der Text von 1. Mose 3, 1–24[5]

1   *Der Schlangenwurm*[6] *wurde das listigste aus der gesamten Menge lebendiger Wesen auf dem Felde, welche der ewig freie Gott gemacht hatte. So tat er der Menschin folgendes kund:*
    «Hei, dass Gott kundgetan hat: ‹Nicht essen werdet ihr – von der gesamten Menge des Gehölzes des Geheges!›»
2   *Daraufhin tat die Menschin dem Schlangenwurm kund:*
    «Von der Frucht des Gehölzes des Geheges werden wir essen!

---

[5] Diese Übersetzung ist in jahrelanger Arbeit des «Drachenburger Arbeitskreises» (Gottlieben) erstellt, vom Verfasser dieses Buches bearbeitet und ergänzt worden.
[6] Die Übersetzung «Schlangenwurm» ist der Versuch, das hebräische Wort *«nachásch»* (männlich!) in seiner Bedeutung als «Schlange», aber unter Wahrung der Maskulinform wiederzugeben – und gleichzeitig das «Sagenhafte» dieses Wesens anzudeuten.

3   ‹Von der Frucht des Gehölzes, das in der Mitte des Geheges ist – so hat Gott kundgetan – ‹davon werdet ihr nicht essen, ja, eure Hand nicht daran legen, damit ihr nicht sterben werdet.›»
4   Wiederum tat der Schlangenwurm der Menschin kund:
    «Sterben! – Sterben werdet ihr nicht!
5   Denn Gott erkennt klar, dass an dem Tag, da ihr davon esset, eure Augen aufgetan werden und dass ihr werdet wie Gott. Leute werdet ihr werden, die klar erkennen, was gut und böse[7] ist.»
6   Da sah die Menschin, dass das Gehölz zur Speise brauchbar sei; dass es bereits ihre beiden Augen begehrlich auf sich zog und auch schon von ihr begehrt ward – um klugen Einblicks willen. So nahm sie von seiner Frucht und ass – und gab auch ihrem Menschen, der zu ihr gehörte. Und er ass.
7   Und ihrer beider Augen wurden aufgetan, und sie erkannten klar, dass sie unverhüllt waren! Gleich nähten sie Laub eines Feigenbaumes und machten sich Umgürtungen.
8   Da hörten sie den Ton des ewig freien Gottes, der im Gehege hin und her ging – ausgerichtet auf die bewegte Luft des lichten Tages. Und es hielt sich im Dunkeln auf der Erden-Kerl und seine Menschin: abgewandt von der Zuwendung des ewig freien Gottes – inmitten des Gehölzes des Geheges.
9   Und es rief der ewig freie Gott dem Erden-Kerl zu:
    «Wo – oder bist du überhaupt noch?»
10 Und er tat kund:
    «Deinen Ton habe ich im Gehege vernommen, und ich fürchtete mich, weil ich unverhüllt bin, und ich zog mich ins Dunkel zurück.»
11 Und er tat kund:
    «Wer hat es dir so hoch vor Augen gestellt, dass du unverhüllt bist? Hast du von dem Gehölz gegessen, von dem ich für dich angeordnet habe, nicht zu essen?»
12 Und der Erden-Kerl tat kund:
    «Die Menschin, die du mir als meine Gesellschaft gegeben hast – sie hat mir von dem Gehölz gegeben, und ich ass.»

---

[7] «Gut und Böse» gibt den hebräischen Ausdruck «*tob we rá'*» wieder, der nicht eine moralische Beurteilung abgibt, sondern die praktische «Brauchbarkeit» und «Unbrauchbarkeit» bis hin zur ästhetischen «Schönheit» und «Hässlichkeit» einander gegenüberstellt. Das entspricht der *vorwiegend* «*sinnlich*» *und nicht* «*sittlich*» orientierten Ausrichtung der hebräischen Sprache. – Aber auch die deutschen Wörter «gut und böse» werden bis heute in diesem Sinne gebraucht (vgl. den Ausdruck «in guten und bösen Tagen»).

13 Und der ewig freie Gott tat der Menschin kund:
«Was für Sachen hast du gemacht?»
Und die Menschin tat kund:
«Der Schlangenwurm hat mich getäuscht – und ich ass.»
14 Und der ewig freie Gott tat dem Schlangenwurm kund:
«Daraufhin, dass du das getan hast, bist du gebannt aus der ganzen Menge des Viehs und aus der gesamten Menge lebendiger Wesen auf dem Felde. Auf gekrümmte Weise wirst du gehen, und Erdstaub wirst du essen – und zwar durch deine ganze helle Lebenszeit hindurch!
15 Und Feindschaft werde ich setzen zwischen dir und der Menschin gleichermassen – und zwischen deinem Samen und ihrem Samen gleichermassen: er wird es abgesehen haben auf dich – dein Haupt! – und du wirst es abgesehen haben auf ihn – seine Ferse.»
16 Der Menschin tat er kund:
«Zu Fülle bringen – zu Fülle bringen werde ich deine Traurigkeiten und deine Schwangerschaften. In Traurigkeit wirst du gebären – Kinder! Nach deinem Manne (geht) dein Drängen; er aber wird dein Herr sein – dir gemäss.»
17 Und dem Erden-Kerl tat er kund:
«Daraufhin, dass du auf den Ton deiner Menschin gehört und von dem Gehölz gegessen hast, von dem ich für dich angeordnet habe: ‹Du wirst nicht davon essen!› – so ist der Erdboden um deinetwillen gebannt. In Traurigkeit wirst du von ihm essen deine ganze helle Lebenszeit hindurch.
18 Dorngestrüpp und Distelwerk wird er erspriessen lassen – dir entgegen! – und essen wirst du welkend Kraut des freien Feldes.
19 Im Schweisse deines Angesichtes wirst du dein Brot essen, bis du wieder zur Erde heimkehrst, von der du genommen bist; denn Staub bist du – und zum Staube wirst du heimkehren.»
20 Und der Erden-Kerl nannte seine Menschin Eva; denn sie wurde die Mutter aller Lebenden.
21 Und Gott der Herr machte dem Erden-Kerl und seiner Menschin Leibröcke von Fell und legte sie ihnen um.
22 Und Gott der Herr sprach:
«Siehe, der Erden-Kerl ist geworden wie unsereiner, dass er weiss, was gut und böse ist. Nun aber, dass er nur nicht seine Hand ausstrecke und auch von dem Gehölz des Lebens breche und auf ewig lebe!»
23 So schickte ihn Gott der Herr fort aus dem Garten Eden, dass er den Erdboden bebaue, von dem er genommen war.

24 *Und er vertrieb den Erden-Kerl und liess östlich des Gartens Eden die Cherube sich lagern und die Flamme des zuckenden*[8] *Schwertes, den Weg zum Baum des Lebens zu behüten.*

Die Wurzel des Machbarkeitswahnes: die Täuschung des Menschen
(3, 1–7)

Die Täuschung des Menschen stammt aus Gottes Schöpfung
Vers 1a

Entscheidende Figur im ersten Akt der «Täuschungsgeschichte» ist der «Schlangenwurm». Er wird ausdrücklich Gottes eigenes Geschöpf genannt: «das listigste aus der gesamten Menge lebendiger Wesen auf dem Felde, welche der ewig freie Gott gemacht hatte.» Ob Gott damit die «Listigkeit» in sein Schöpfungswerk «eingebunden» hat, um sie ganz in seiner göttlichen Hand zu behalten – als ein Schnippchen gegen alle «moralische Entrüstung»?

Welche – offenbar nicht sehr erfreuliche – Eigenschaft mit dem Wort «listig» bezeichnet ist, lässt sich aus dem hebräischen Grundwort «arúm» nicht eindeutig ablesen. Es bedeutet wohl soviel wie «klug, schlau sein», wobei ein Klang von Bösartigkeit mitzuschwingen scheint. Letzteres gilt freilich gar nicht für das Übersetzungswort der LXX *«phrónimos»* mit der Bedeutung «klug», «verständig», das zum Beispiel in dem berühmten Jesuswort «Seid klug wie die Schlangen» (Matthäus 10, 16) in durchaus positivem Sinn erscheint.

Das Wesen der «Listigkeit» muss an der Rede- und Handlungsweise des Schlangenwurms erkannt werden.

---

[8] Wörtlich: das «hin und her gewendete» (zweischneidige?) Schwert, das nach zwei Seiten hin eingesetzt werden kann.

Die Bestreitung der freien Güte Gottes
Verse 1b–4

«Listig» ist der Schlangenwurm darin, dass er das Werk der Lüge in klassischer Weise betreibt: Er spricht das Wirkliche, Wahre zwar aus, aber nur einen Teil – so dass dieser Teil durch die Weglassung des andern in sein Gegenteil verdreht wird:

Der Schlangenwurm greift zurück auf Gottes Wort, zitiert es mit dem Anschein der Wörtlichkeit, aber unvollständig. Er spricht:
«Hei, dass Gott kundgetan hat: ‹Nicht essen werdet ihr – von der gesamten Menge des Gehölzes des Geheges›!»

In Wahrheit heisst dieses Gotteswort an den Menschen:
«Und Gott ordnete für den Menschen an, indem er kundtat: ‹Von der gesamten Menge des Gehölzes des Geheges wirst du essen – ja, essen! Aber von dem Gehölz der Erkenntnis des Guten und des Bösen – davon wirst du nicht essen. Denn am Tage, da du davon issest, wirst du sterben, ja, sterben!›»
(1. Mose 2, 16.17)

Mit dieser Anordnung verwehrt Gott dem Menschen keineswegs – wie es der Schlangenwurm bedrohlich darstellt – das «Essen zum Leben»; vielmehr erspart er ihm dadurch die tödliche Erkenntnis von Gut und Böse. Denn solcher Erkenntnis bedarf der Mensch in keiner Weise, weil ihm von Gott nur das Gute zugedacht ist; das Böse hält Gott in seiner eigenen Hand verschlossen und grundsätzlich von seinem Geschöpf fern. Darum wird dem Menschen die Entscheidung zwischen Gut und Böse, ja schon die blosse Erkenntnis von Gut und Böse, verwehrt.

Die Täuschung des Menschen verleitet den Menschen in skurriler Weise dazu, Zweifel, Misstrauen und Argwohn gegenüber der guten Entscheidung Gottes für eine notwendige und darum verlockende Sache zu halten: Gott könnte das Böse ja nur dazu in seiner Hand behalten wollen, um es gegen den Menschen wirksam werden zu lassen! Das «listigste aus der gesamten Menge lebendiger Wesen auf dem Felde, welche der ewig freie Gott gemacht hatte», legt dreist solche Bösartigkeit Gott selbst in den Mund, indem er «kund tut» [9]:

«Hei, dass Gott kund getan hat: ‹Nicht essen werdet ihr – von der gesamten Menge des Gehölzes des Geheges!› – und also verhungern!»

Keineswegs unverständlich sind Misstrauen und Argwohn gegen Gottes Parteinahme für den Menschen: durch und durch unverständlich ist vielmehr diese Parteinahme Gottes – denn sie ist einzig und allein in seiner Freiheit begründet. Sollte also nicht zur Sicherheit dieser Freiheit etwas «Verständliches», nämlich die eigene menschliche Beurteilungs- und Entscheidungskompetenz an die Seite gestellt werden?

Der Traum von der «Göttlichkeit» des Menschen
Vers 5.6

Ob Gott gerade das verhindern will? So liesse sich jetzt die etwas demütigende «Unter»-Stellung unter Gottes freie Eigenmächtigkeit abschütteln – und dabei erst noch ein «Glanz von Göttlichkeit» gewinnen!

Der Schlangenwurm «tut» denn auch prompt «kund»:
«Gott erkennt klar, dass an dem Tag, da ihr davon esset, eure Augen aufgetan werden und dass ihr werdet wie Gott. Leute werdet ihr werden, die klar erkennen, was gut und böse ist.»

Der «Schlangenwurm» verdreht die Worte Gottes sehr geschickt: Gott selbst wird der hinterlistigen Täuschung – durch Tar-

---

[9] Der biblische Text schreibt für das «Sprechen» des Schlangenwurmes *«amár»* (wörtlich «hell, sichtbar machen») – die gleiche Vokabel, mit der das erste, entscheidende Wort Gottes benannt und dadurch die «zuvor getroffene Entscheidung» Gottes zugunsten der Schöpfung und gegen das «Chaos» offenbar gemacht wird: «Und Gott tat kund: ‹Es werde Licht!›» (1. Mose 1, 3).

nung seiner Selbstbehauptung hinter der Todesdrohung an den Menschen – überführt! Und sofort wird dem Menschen, der sich also von Gott getäuscht vorkommt, die Hilfe angeboten: «Werden wie Gott»! Nicht etwa Gottlosigkeit – aber Entscheidungsfreiheit erringen, wie Gott sie hat! Als sein Partner mit ihm zusammen in gegenseitiger Abhängigkeit – sozusagen im Krämer-Kunden-Verhältnis – das Leben meistern!

«Da sah die Menschin, dass das Gehölz zur Speise brauchbar sei; dass es bereits ihrer beiden Augen begehrlich auf sich zog und auch schon von ihr begehrt ward – um klugen Einblicks willen!»

Es kommt, wie es – «um klugen Einblicks willen»! – nicht anders gehen kann:

«So nahm sie von seiner Frucht und ass – und gab auch ihrem Menschen, der zu ihr gehörte. Und er ass.»

Der Aufbruch des Menschen ist zweifellos von «grossartiger» Geste: Er verabschiedet sich vom kindlichen – gefährlichen! – Verlass auf seinen Gott und lässt sein Geschick nicht weiterhin von der guten Entscheidung Gottes abhängig sein. Die innern Befehle reihen sich jetzt: «Selber machen!» – «Alles selber machen! – Alles allein richtig machen! – Für den Schmied seines Glücks ist alles machbar!» Der Machbarkeitswahn ist unvermeidlich.

Das peinliche Ergebnis der «Täuschung»
Vers 7

Die Geste ist zwar grossartig – aber dennoch eine grossartige *Täuschung!* Das wirft ein milderndes Licht auf das angeblich so schreckliche Unglück eines «Sündenfalls». Erst recht aber schmunzelt der letzte Vers des Abschnittes, der die Schlangenwurm-Täuschungs-Geschichte erzählt, einer «Heiteren Wendung» entgegen:

«Und ihrer beiden Augen wurden aufgetan, und sie erkannten klar, dass sie unverhüllt waren. Gleich nähten sie Laub eines Feigenbaumes und machten sich Umgürtungen.»

Die Erkenntnis des Guten und des Bösen öffnet dem Menschen in der Tat die Augen – aber er erkennt lediglich, dass er «unverhüllt» ist! Das ist alles! Die Ausstattung mit dem Schein der Göttlichkeit führt einzig dazu, dass der Mensch sich selbst so, wie er ist – nämlich unverhüllt: das heisst wörtlich: ungeschützt – nicht erträgt! Der Aufbruch zum Machbarkeitswahn endet in peinlicher Verlegenheit.

Und die Peinlichkeit nimmt ihren Verlauf: Jetzt muss das «Feigenlaub» her! Die angeblich dringend nötige Beschützung entsteht – und die Kunst der Verstellung wird erfunden. Beides gelingt nur ungenügend: Feigenlaub ist wenig körperkonform, ergibt darum schwerlich vollständige Deckung – vor allem, weil es rasch verwelkt. Auch die Reissfestigkeit ist nicht gewährleistet. Die Mängel des Kostüms – je koketter man damit umgeht! – pflegen gerade dann herauszuplatzen, wenn es einem am peinlichsten ist. Man kennt das zur Genüge.

Eine elende Blamage kündet sich am Ende der hochgemut drapierten Täuschungsgeschichte an.

Jedes Lachen ist vergangen. Man sieht eine Katastrophe kommen …

… aber da setzt augenblicklich eine neue Geschichte ein! Wirklich neu ist sie darin, dass sie nicht mehr von einem Geschöpf – weder vom listigsten noch von seinem Opfer – bestimmt ist: Jetzt tritt der *Schöpfer selbst* auf – und zwar so, wie es seine Art ist: dass das erlösende Lachen sich ausbreitet! Aller Täuschung, Verdrehung, Verlegenheit und Blamage schlägt er sein Schnippchen – bis hin zur vollendenden Siebenzahl – weil ja die aufzufangende Verlegenheit und Blamage so total ist!

Gottes Schnippchen
zugunsten des getäuschten Menschen
(3, 8–24)

Das erste Schnippchen:

«Die Göttlichkeiten» –
und *der ewig freie Gott* in der Begegnung mit dem «Erden-Kerl»
Verse 8 und 9

Kaum hat der Mensch in seinem notdürftigen Blätterkostüm das lächerliche Ziel seiner Täuschung erreicht – da tritt *er* auf: er, dem das Vertrauen in seine herrliche Entscheidung zugunsten des Menschen grund- und sinnlos entzogen worden ist.
Der Vertrauensentzug – soll er auch nur eine Spur von Berechtigung haben! – lässt einen mindestens verstimmten, wenn nicht gar zornigen, vergeltungsbereiten Gott erwarten. Die Erwartung zerbricht aber schon an seinem Namen, mit dem sein Auftritt angekündigt wird.

«Da vernahmen sie den Ton des ewig freien Gottes, der im Gehege hin und her ging – ausgerichtet auf die bewegte Luft des lichten Tages. Und es hielt sich im Dunkeln auf der Erden-Kerl und seine Menschin: abgewandt von der Zuwendung des ewig freien Gottes – inmitten des Gehölzes im Gehege. Und es rief der ewig freie Gott dem Erden-Kerl zu: «Wo – oder bist du überhaupt noch?»

In der Diskussion des Schlangenwurms mit der Menschin über Gott bezeichnet der hebräische Text den Diskussionsgegenstand «Gott» mit der Vokabel *«elohím»*. Dieses Wort – eine Mehrzahlform! – ist ein religiöses Allerweltswort für die Göttlichkeiten schlechthin. Es drückt die allgemein-menschliche Ahnung von der Existenz zahlreicher überlegener (starker) und urtümlicher (mütterlicher) Gottheiten aus [10].

---

[10] Von den vielen Möglichkeiten, die Herkunft des Wortes «elohím» zu erklären, sind hier die beiden vorausgesetzt, die «wahrscheinlich überleben werden» (ThWBAT Botterweck/Ringgren 1973, Band I, Spalte 261): die Ableitung von einer Wurzel, die «stark sein» bedeutet – oder von einem Wort, welches das «Mütterliche» bezeichnet.

Nachdem die Diskussion ihren Abschluss in reichlicher Verlegenheit gefunden hat, lässt der biblische Text den eben verhandelten «Diskussionsgegenstand» auftreten unter dem Namen *«Jahwe elohím»* – das heisst:

«Der Gott, der ist, der er ist»: der «ewig freie Gott».[11]

Damit ist dem ganzen Täuschungsmanöver ein erstes Schnippchen geschlagen: Der Gott, über den da Gericht gehalten worden ist, steht gar nicht zur Diskussion. Er ist ein ganz anderer! Nach der theologischen Misstrauensdebatte über die namenlosen *«elohím»* mit nachfolgendem Vertrauensentzug geht der «ewig freie Gott» – nicht im geringsten betroffen! – im Gehege hin und her: ausgerichtet auf die «bewegte Luft des lichten Tages». Mit aller Deutlichkeit kommt es aus: *«Der Gott, der ist, der er ist»* bleibt, wozu er sich entschieden hat: einzig auf den Lebensatem – die «bewegte Luft»! – und auf die Lebenszeit – den «lichten Tag» – ausgerichtet!

Der Mensch jedoch, der sich so hochgemut an Gottes Seite – in Wahrheit aber über ihn! – gestellt hat, versteckt sich im Dunkeln – und wird wieder bei dem Namen genannt, der ihm von seiner Entstehung her zukommt: *«Adam»: «Erden-Kerl»*

«Adam» ist kein Eigenname (des angeblich ersten Menschen!) Das Wort *heisst* etwas und offenbart den, der damit benannt wird, als das, was er ist. In der alttestamentlichen Sprache bezeichnet es aber nicht wie in andern semitischen Sprachen – und wie es die Zürcher Übersetzung voraussetzt – den «Menschen» allgemein, sondern zunächst in seltsamer Weise den Gegensatz zur Frau. Seltsam ist das darum, weil dafür ein näherliegendes Wort zur Verfügung gestanden hätte. Die «Frau» wird in 1. Mose 3 (und sonst) *«ischáh»* genannt, was die weibliche Form von *«isch»* – der Mann – ist. Dieses Wort wird hier umgangen. Der «Mann» erhält vielmehr den Titel «Adam», der mit einem Verb «rot sein» zusammenhängt und verwandt ist mit dem hebräischen Wort *«adamáh»: «Ackerboden»*! So darf «Adam» wohl wiedergegeben werden mit der wenig hoheitsvollen Be-

---

[11] Zur Erklärung des Gottesnamens *Jahwe* vgl. S. 90 ff.

zeichnung «Erden-Kerl», die mit Bedacht nur für den «Mann» gilt[12]. Damit ergibt sich ein grotesker Gegensatz zu des Menschen hochgemuter Anmassung, die das Märchen von der Überlistung des Menschen zu berichten hat: «zu sein wie Gott»!

Eine Erniedrigung liegt in diesem Ausdruck freilich nicht. Der «Mann» wird zwar energisch von seinen himmelstürmenden Absichten herunter und zur Erde zurückgeholt, zu der er gehört. Aber diese Erde wird sich alsbald erweisen als sein eigentlicher Lebensraum, seine Ernährerin, ja als Urgrund seines Wesens, zu dem er bei seinem Tode denn auch heimkehren wird. Immerhin, ein heiterer Spott – der zum «Schnippchen» gehört – ist nicht zu überhören: «Adam», der stolz sein eigenes Schicksal in die Hand genommen hat, wird wie ein kleiner Bub mit schlechtem Gewissen von seinem Gott aufgesucht:

«Wo – oder bist du überhaupt noch?»

Mit dieser Frage ist des Menschen hochgemuter Aufschwung zu seiner geraubten «Gottgleichheit» vernichtend als lächerlichste Nichtigkeit entlarvt: «Du, der du glaubtest, ‹wie Gott› zu werden – wo bist du denn? Ja, gibt es dich so überhaupt irgendwo?» – Die Heiterkeit ist unüberhörbar.

Das zweite Schnippchen:
Die Trennung von der täuschenden Lüge
Vers 14.15

*«Und der ewig freie Gott tat dem Schlangenwurm kund:
‹Daraufhin, dass du das getan hast, bist du gebannt aus der gesamten Menge des Viehs und aus der gesamten Menge lebendiger Wesen auf dem Felde. Auf gekrümmte Weise wirst du gehen, und Erdstaub wirst du essen – und zwar durch deine ganze helle Lebenszeit hindurch!*

---

[12] Im Vers 20 wird es auskommen, dass dieser «Erden-Kerl»-Mann sehr wohl verstanden hat, inwiefern der Frau eine ganz andere Bezeichnung zukommt!

Und Feindschaft werde ich setzen zwischen dir und der Menschin gleichermassen – und zwischen deinem Samen und ihrem Samen gleichermassen: er wird es abgesehen haben auf dich – dein Haupt! – und du wirst es abgesehen haben auf ihn – seine Ferse.›»

Gott trennt den Menschen sofort vom «Schlangenwurm» – überlässt ihn also nicht einem lebenslänglichen Terror der ihn täuschenden Lüge. Einträchtiglichkeit zwischen dem Menschen und seiner «neuen Klugheit» wird verwehrt und dauernde Unversöhnlichkeit, ja ein auf Tod und Leben geführter Krieg zwischen dem Menschen und seinen in selbst täuschenden Anwandlungen verfügt. Der vom Menschen grundsätzlich angezweifelte Gott lässt den Menschen nicht in seinem tödlichen Zweifel auf- und untergehen.

Das dritte Schnippchen:
Die Erfüllung des Frauenlebens
Vers 16

«Der Menschin tat er kund:
‹Zu Fülle bringen – zu Fülle bringen werde ich deine Traurigkeiten und deine Schwangerschaften. In Traurigkeit wirst du gebären – Kinder! Nach deinem Manne (geht) dein Drängen; er aber wird dein Herr sein – dir gemäss.›»

Dieser Vers erscheint in einer dem hebräischen Urtext streng entsprechenden Übersetzung, die von der landläufigen Wiedergabe völlig abweicht. Nur so aber wird erkennbar, wie sehr sich der ewig freie Gott gegenüber der törichten Lüge des Schlangenwurms durchsetzt und der nur scheinbar tragischen Lage des getäuschten Menschen eine Heitere Wendung verschafft. Die landläufige Wiedergabe des Textes lautet ja so (Zürcher Bibel):

«Ich will dir viel Beschwerden machen in deiner Schwangerschaft; mit Schmerzen sollst du Kinder gebären. Nach deinem Manne wirst du verlangen – er aber soll dein Herr sein.»

Hinter dieser «Übersetzung», die sich nur lose an den Urtext hält, steht der Zwang, nach dem «Sündenfall» einen nicht nur verstimmten, sondern nun recht eigentlich strafenden Gott auftreten zu lassen – was eine fatale Anerkennung der lügenhaften Annahme des getäuschten Menschen bedeutet. Gerade diese Anerkennung verweigert der ewig freie Gott – und schlägt dadurch der Lüge sein Schnippchen.

Entscheidend ist der Anfang des göttlichen Wortes an die Frau. Zweimal ertönt das Wort «zu Fülle bringen»: Welcher Gegensatz zur Lüge des Schlangenwurmes, der den Menschen von Gott Einschränkung und Versagung erwarten lässt!

Und dann das Wort «Traurigkeiten»! Eine ergreifende Lebenstiefe tut sich hier auf. Das hebräische Wort «*izabón*» entstammt dem Verb «*azáb*», das – zunächst rätselhaft – zwei sehr verschiedene Bedeutungen zu haben scheint: die eine – «gestalten» – scheint mit der andern – «wehtun» – nichts gemein zu haben. Eine gründliche Betrachtung dieses Verbes in den alttestamentlichen Texten löst jedoch das Rätsel: Es offenbart sich die schmerzlich-beglückende Lebenserfahrung, dass jede Gestaltung nicht ohne die «Zerstörung» einer früheren Gestalt und also nicht ohne schmerzlichen Abschied von ihr geschehen kann – so, wie die Fülle des Lebens nicht zu erreichen ist ohne die Erscheinung des Todes, keine Freude ohne die Erfahrung des Leides zur wahren Fülle kommt.

Solche Fülle wird der Frau verheissen. Und sofort folgt die Verheissung einer zweiten: die Fülle der Schwangerschaften – der Entstehung und Austragung neuen Lebens und der Geburt: des stärksten Protestes gegen den Tod, welcher der ewig freie Gott doch im eigenen Wort als Folge der Aneigung der «Erkenntnis des Guten und des Bösen» angekündigt hatte! So bekehrt sich denn der Jahwe-Gott aufs neue zugunsten einer «Heiteren Wendung» des Menschen – zum Leben!

«Traurigkeiten» der Gestaltung – Schwangerschaft und Geburt werden bezeugt als die Zeichen der Fülle, die der Gott, dessen gute Entscheidung der Mensch in Abrede stellt, der Frau ohne jede Einschränkung gewährt.

Die LXX gibt das hebräische Wort «*izabón*» mit «*lype*» («Traurigkeit») wieder – einem Wort, das später das Johannesevangelium an entscheidender Stelle im Zusammenhang mit der gebärenden Frau nennt und damit wohl den Text in 1. Mose 3, 16 im Auge hat:

«*Wenn die Frau gebiert, hat sie Traurigkeit, weil ihre Stunde gekommen ist; wenn sie aber das Kind geboren hat, denkt sie nicht mehr an die Angst um der Freude willen, dass ein Mensch zur Welt geboren ist.*» (Johannes 16, 21)

Das griechische Wort «*lype*»/«Traurigkeit» entstammt der Wurzel «leup» mit der Bedeutung «zerbrechen» – hält also seinerseits den Zusammenhang von «gestalten» und «trauern» sprachlich fest.

Auch das nachgestellte Wort «Kinder» ist besonders zu bemerken. Es heisst im Hebräischen «*baním*» und ist die Mehrzahl des bekannten Wortes «*ben*», das dem Verb «*banáh*» mit der Bedeutung «bauen» entstammt. Das Kind, das die Frau gebiert, wird nicht «(Neu-)Geborenes» genannt (dafür wäre dem Hebräischen das Wort «*jáläd*» – abgeleitet von «*jalád*»/«gebären» – zur Verfügung gestanden!), sondern ausdrücklich gleichsam als Baustein künftiger Generationen bezeichnet. Damit wird der Frau verheissen, nicht auszusterben! Aufs neue bewährt der ewig freie Gott seine Bekehrung: Die getäuschte Menschheit – nach seinem eigenem Wort dem Tod verfallen – empfängt den Todesstoss nicht.

Und dann nimmt sich Gott der scheinbar so gefährdeten Beziehung der Frau zu ihrem Manne an:

«*Nach deinem Manne (geht) dein Drängen; er aber wird dein Herr sein – dir gemäss.*»

Das Drängen der Frau wird sich ihrem Manne zuwenden – und sich nicht auf irgendwelche unerreichbare Phantome beziehen.

Das «Drängen» der Frau heisst im hebräischen Text «*theschuqáh*», das im Alten Testament nur dreimal vorkommt. Es bezeichnet hier und im Hohelied (7, 11) das Liebesverlangen, das in seiner letzten Folge zu Schwangerschaft und Geburt führt. Die LXX übersetzt sehr sachgemäss: «Und bei deinem Manne (wird sein) deine Zuflucht *(«apostrophé»).*»

Von grösster Bedeutung aber ist der Wortsinn des – anstössigen – Ausdruckes «Herr sein». Er heisst im Hebräischen «*maschál*»; das gleichnamige Verb aber, dem er entstammt, hat wiederum zwei Bedeutungen: zunächst das einfache «Herr sein», dann aber auch «gleichsein», «ent-sprechen». Daraus ergibt sich für die Frau: der Mann, nach dem sie verlangt, wird ihr «Herr» sein – ihr Haupt, das ihr dient! – so, dass er in allen Dingen «ihr gemäss» ist: ihr entspricht.

Die LXX hat an dieser Stelle für das hebräische «*maschál*» (= «herrschen») das Wort «*kyrieúein*», also das von «*kýrios*» abgeleitete Verb. Damit beginnt sich schon in 1. Mose 3,16 der Zusammenhang zu öffnen, der dann im Neuen Testament[13] ganz entfaltet wird: das Verhältnis von Mann und Frau ist als ein Abbild des Verhältnisses Christi, des «*kýrios*», zu seiner Kirche zu verstehen, der das sich für die Kirche hingebende Haupt ist – und damit das Verhältnis des *Jahwe/«kýrios»*-Gottes zu seinem Volk und darin zur ganzen Schöpfung abbildet!

Keine andere Beziehung des Mannes zur Frau verfügt der ewig freie Gott über seine Menschheit – die sich dem Zweifel an seiner Güte verschrieben hat! – als die, welche eben dieser Gott seiner ganzen Menschheit gegenüber geschworen hat und unverbrüchlich einhält!

Das vierte Schnippchen
Heimkehr statt «Sterben»: Heimkehr zu Erde und Staub!
Vers 19b

Vor der Täuschung ist dem Menschen für den Fall, dass er sich die Erkenntnis des Guten und des Bösen aneignen würde, mit Nachdruck das Sterben (hebräisch: «*moth thamút*») angekündigt worden (1. Mose 2, 17). *Nach* der Täuschung verzichtet Gott auf das

---
[13] Epheser 5, 22–33

harte Wort «sterben» und redet eine neue Sprache zur Beschreibung eines Vorgangs von schönster Bedeutung:

« ... bis du wieder zur Erde heimkehrst, von der du genommen bist; denn Staub bist du – und zum Staube wirst du heimkehren.»

Der Mensch wird seiner eigenen Erdhaftigkeit übergeben. Er geht also in seinem «Sterben» nicht verloren, sondern kehrt zurück zu seinem Ursprung: an den Ort seiner Erschaffung, von der es geheissen hatte:

«Da bildete der ewig freie Gott den Erden-Kerl aus Staub vom Erdboden und blies ihm Lebensatem in die Nase; so ward der Erden-Kerl eine lebende Seele.»
(1. Mose 2, 7)

Die *Auferweckung der Toten* kündigt sich an: dass Gott sie am alten Schöpfungsort – «Staub des Erdbodens!» – wieder aufsuchen und aufs neue «zu einer lebenden Seele» machen wird. Dieses Ereignis am Ende des Menschenlebens wird beschrieben mit dem Wort «heimkehren» – hebräisch: *«schub»*. Das Wort wird fortan zum Fachausdruck des Alten Testamentes nicht nur für die Heimkehr des Gottesvolkes in sein Land, sondern auch für die Bekehrung Gottes selbst[14]. Es deutet leuchtend an, dass Gott selbst sich in seiner «Umkehr» von der verwerfenden Tötung des todverfallenen Menschen abgewendet hat und diesen gerade in seinem Tode zu einem «Heimgegangenen» macht.

Der Erdboden – gebannt zur Lebenserhaltung
Vers 17–19a

«Und dem Erden-Kerl tat er kund:
‹Daraufhin, dass du auf den Ton deiner Menschin gehört und von dem Gehölz gegessen hast, von dem ich für dich angeordnet habe: ‹Du wirst nicht davon essen!› – so ist der Erdboden um deinetwillen gebannt. In Traurigkeit wirst du von ihm essen deine ganze helle Lebenszeit hindurch. Dorngestrüpp und Distelwerk wird er erspriessen lassen – dir entgegen! – und essen wirst

---
[14] Vgl. Psalm 90, 13. Zur Erklärung von *«schub»*/«heimkehren» vgl. S. 136 ff.

du welkend Kraut des freien Feldes. Im Schweisse deines Angesichtes wirst du dein Brot essen.›»

Der Erdboden – dessen Wesen der Mensch ist – wird Gottes unmittelbarer Verfügungsgewalt unterstellt – «gebannt» [15] – und erhält den Auftrag, den Menschen «seine helle Lebenszeit hindurch» zu essen zu geben: ihm, dem Todverfallenen, das Kraut des «freien Feldes» und sein Brot als Nahrung zu gewähren. «Mühsal», «Dornengestrüpp und Distelwerk», «der Schweiss des Angesichtes» werden für den also fürsorglich Bedachten keine Hinderung bedeuten und niemals ein grösseres Gewicht haben als «Kraut» und «Brot» – ihn aber wohl ermessen lassen, welcher Bedrohung er durch Gottes Verzicht auf seinen Zorn entronnen ist.

Das fünfte Schnippchen

Die Todgeweihte hat den Lebensnamen!
Vers 20

«Und der Erden-Kerl nannte sein Weib Eva; denn sie wurde die Mutter aller Lebenden.»

Der Erden-Kerl versteht sofort – und nennt seine Frau nun nicht etwa «Mutter des Todes», sondern Eva, «die Mutter aller Lebenden». Und mit ihr zeugt er die Söhne, deren Nachkommen er bis in die achte Generation kommen sieht[16].

Das sechste Schnippchen

Bekleidung statt Bloss-Stellung!
Vers 21

«Und Gott der Herr machte dem Erden-Kerl und seinem Weibe Leibröcke von Fell und legte sie ihnen um.»

---
[15] Vgl. S. 36 f.
[16] Vgl. S. 37 f.

Der ewig freie Gott gibt den Menschen der Verlegenheit vor sich selbst nicht preis und überlässt ihn nicht seinen lächerlichen Bedeckungskünsten. Geradezu zärtlich fertigt er selbst «Leibröcke[17] aus Fell» an – anstelle der notdürftigen «Umgürtungen» – und legt sie ihnen eigenhändig um. Das Wort «Fell» deutet darauf hin, dass Gott für diese zärtliche Fürsorge sogar ein Geschöpf sterben und dessen Haut hergeben lässt, damit der Mensch seiner Unverhülltheit mit all ihren Peinlichkeiten und Drangsalen nicht mehr ausgeliefert sei ...

Das siebte Schnippchen
Keine ewige Verlorenheit
Verse 22–24

«Und Gott der Herr sprach: ‹Siehe, der Erden-Kerl ist geworden wie unsereiner, dass er weiss, was gut und böse ist. Nun aber, dass er nur nicht seine Hand ausstrecke und auch von dem Baum des Lebens breche und ewig lebe!› So schickte ihn Gott der Herr fort aus dem Garten Eden, dass er den Erdboden bebaue, von dem er genommen war. Und er vertrieb den Erden-Kerl und liess östlich vom Garten Eden die Cherube sich lagern und die Flamme des zuckenden Schwertes, den Weg zum Baum des Lebens zu behüten.»

Gott bewahrt den Menschen davor, in seinem jetzigen Zustand – in seinem Misstrauen gegen seinen gütigen Gott! – ewig leben zu müssen: Er vertreibt ihn aus dem Paradies. Ausserhalb des Paradieses aber ist kein gottvergessener Raum und der Vertriebene kein Gottloser:

1. Gott gewährt ihm – wie im Paradies! – die Erlaubnis, den Erdboden zu *bebauen*. Die Verheissung, seinen Lebensunterhalt

---

[17] Das hebräische *«kuthónäth»* meint ein «langes, hemdartiges Gewand», wie es der Erzvater Jakob seinem Lieblingssohn Joseph als Zeichen der bevorzugten Stellung unter seinen Brüdern anfertigen liess (1. Mose 37, 3).

von der Erde zu empfangen, wird ihm nicht entzogen: auch ausserhalb des Paradieses ist ihm ein Lebensraum zugewiesen.

2. Zudem wird ihm eine entscheidende Entlastung zuteil: abgenommen wird ihm der im Paradies geltende Auftrag, *den Erdboden zu behüten* (2, 15). Die «Bewahrung der Schöpfung» kann des Menschen Aufgabe nicht mehr sein. Ausdrücklich wird solche Bewahrung – des Paradieses und damit des Weges zum Baum des Lebens – jemand anderem in die Hände gelegt: den «Cheruben» und der «Flamme des zuckenden Schwertes».

Eine genaue Vorstellung von diesen seltsamen Fabelwesen und ihrer rätselhaften Bewaffnung braucht sich der Mensch nicht zu machen – da ihre Aufgabe in keiner Weise Sache des Menschen ist.

Durch den Einsatz einer andern «Wachmannschaft» schlägt Gott dem getäuschten Menschen abermals sein Schnippchen: In seiner Furcht vor einem vernichtenden Gott mag er wohl dem Wahn verfallen sein, er selbst habe der Welt das Paradies zurückzugeben! Das wird ihm gründlich verwehrt bleiben.

Wenn dann einmal die Popanz-Kirche solche «Bewahrung» zum Bannerspruch einer kirchlich-politischen Bewegung – etwa unter dem Titel «Friede, Gerechtigkeit und Bewahrung der Schöpfung» – erhebt, verlässt sie den biblischen Text und trübt die entscheidende Hoffnung der Vertriebenen auf ihren Gott. Der Text ist ernst zu nehmen – vor allem das eine hebräische Wort *«schamár»/«behüten»*[18] Es bezeichnet in 2, 15 den Auftrag des paradiesischen Menschen – in 3, 24 aber die Schutzaufsicht der Cherube und des «zuckenden Schwertes» zugunsten des vertriebenen Menschen ausserhalb des Paradieses.

---

[18] Die Zürcher Bibel übersetzt 2, 15 mit «bewahren», 3, 24 mit «bewachen». Durch die Verwendung zweier verschiedener Wörter für die eine Tätigkeit wird aber die Aussage des Urtextes verwischt: dass ausserhalb des Paradieses die Tätigkeit der «Bewahrung» nicht mehr Aufgabe des Menschen, sondern der «unverständlichen» und darum unverfügbaren Fabelwesen ist.

3. Die unheimlichen Cherube sind lediglich eine Wachmannschaft. Das Paradies selbst und sein Zugang bleiben unangetastet. Blosse Bewachung gibt Aussicht, dass sie aufgehoben werden wird! Der Einsatzort der Cherube verstärkt die Hoffnung: sie haben sich «östlich» – also in Richtung der aufgehenden Sonne, des kommenden Tages – zu lagern! Der Raum, in den die Menschen vertrieben sind, ist der Raum der Hoffnung auf die Heimkehr.

Das alles weist mit Macht auf eine rettende Zukunft, wo der Zugang zum Paradies und damit zum ewigen Leben ohne jedes Zutun des Menschen wieder aufgeht – so, wie es denn auch später im Weihnachtslied zu Ehren des menschgewordenen *Kýrios Christos* tausendfach besungen wird:
«Heut schleusst er wieder auf die Tür
zum schönen Paradeis
der Cherub steht nicht mehr dafür.
Gott sei Lob, Ehr und Preis.»[19]

***   ***   ***

In dieser siebenfachen Durchsetzung seines gütigen Schnippchens macht Gott den ganzen Machbarkeitswahn gegenstandslos. In majestätischer Überlegenheit, in der tiefster Ernst und strahlendste Heiterkeit vereint sind[20], verweigert Gott sich selbst auch nur die geringste Abweichung von seiner Entscheidung, für seine Schöpfung allein das Gute durchzusetzen. Mit erschütternder Selbstbeherrschung hält er das Böse in sich selbst zurück, mit dem

---

[19] Nikolaus Hermann (1500–1561): KGB 113, 3
[20] Der Widerhall solcher Einheit findet sich auf dieser armen Erde wohl nirgends so rein und so voll wie in der Musik – vor allem der «geistlichen» und «weltlichen» Musik von Wolfgang Amadeus Mozart.

der Mensch sich befassen zu müssen glaubt – und verhängt es nicht über den ewig geliebten Menschen.

Gott inthronisiert seine Gnade gegenüber dem «gefallenen» Menschen. So aber verhängt er das eindeutige und schärfste Gericht über ihn – und ein anderes Gericht als das der bedingungslosen Durchsetzung seiner Gnade gibt es nicht: Der Mensch in seinem vermeintlichen «Wie-Gott-Sein» ist ganz und gar ins Unrecht gesetzt. Sein «Glaube» an die eigene «Verantwortung» ist als elender Aberglaube entlarvt, der Machbarkeitswahn als völliger Unsinn zunichte gemacht.

Wer wollte da noch beleidigt sein – und sich der «Heiteren Wendung» nicht erfreuen!

12
Das Ende des Bekehrungszwanges

Auf die Frage am Schluss des letzten Kapitels – eine rhetorische Frage, die nicht beantwortet werden muss! – ist aus einem betrüblichen Grunde doch eine Antwort zu geben – nämlich um einer Gesellschaftsschicht willen, die an Gottes heiterer Erledigung des Machbarkeitswahnes wenig Freude haben kann. Das ist die Popanz-Kirche! Zum menschlichen Machbarkeitswahn unterhält sie die besten Beziehungen und fördert ihn mit Vorsatz und System. Sie hat sich zur eigentlichen Komplizin der Schlangenwurmlüge gemacht – und ist darum durch die Schnippchenwendung des ewig freien Gottes aufs tiefste getroffen. Man hat sich ihrer anzunehmen.

Die «kirchliche» Sonderform des Machbarkeitswahnes: der Terror des Bekehrungszwanges

Wo sich auch immer die Schein-Kirche verlauten lässt, nimmt ein gutes Verhältnis Gottes zu seiner Schöpfung und zum Menschen – als der «Krone der Schöpfung» – einen breiten Raum ein und ist auch Gegenstand begeisterter Lobpreisung. Aber so überschwenglich von der «herrlichen Liebe» und «wunderbaren Treue Gottes» gesprochen und so einschmeichelnd sie besungen wird – der Ton der Rede und des Gesanges ist falsch. Wovon man – bei aller Beteuerung – nicht spricht, ist dies: dass Gott zum Menschen ein *bedingungslos* gutes Verhältnis hat, von Ewigkeit her hatte und in Ewigkeit haben wird. Man spricht lediglich davon, dass Gott ein solches Verhältnis haben *möchte* und es auch *hätte,* wenn nur der Mensch die nötigen Voraussetzungen bereitstellte. Und solche – machbare! – Bereitstellung menschlicher Voraussetzung nennt die «Kirche» die *Bekehrung* des Menschen zu Gott. Nur für den Preis der «Bekehrung» sei Gottes Liebeserweis zu haben, sagt die «Kirche».

Eine so wichtige Sache will ihr System haben: Damit es zur Bekehrung komme, «muss» der Mensch zunächst erkennen, dass Gottes Liebe für ihn die einzige Rettung und darum heilsnotwendig ist. In einem zweiten Schritt «muss» er Gottes heilbringendes Liebesangebot annehmen. Daraufhin «muss» er die von ihm anerkannte und angenommene Liebe Gottes erwidern – und sie nun seinerseits praktizieren, das heisst: in Ausübung von Nächstenliebe sichtbar machen. Die «tätige Liebe zum Nächsten» ist der Ausweis, dass die Angelegenheit mit Gott in Ordnung gebracht ist. Als Krönung der verlangten «Bekehrung» hat sie mit durchdringender Heftigkeit zu geschehen.

Damit ist der Mensch voll verantwortlich für Gottes gutes Verhältnis zu ihm. So aber bleibt er – wie im Verschleppungsverlies des Terrors – an dem Ort, wo ihn seine törichte Täuschung hingetrieben hat:

«Und es hielt sich im Dunkeln auf der Erden-Kerl und seine Menschin: abgewandt von der Zuwendung des ewig freien Gottes – inmitten des Gehölzes im Gehege» –

und verschliesst ihm die Ohren für den

«Ton des ewig freien Gottes, der im Gehege hin und her ging – ausgerichtet auf die bewegte Luft des lichten Tages.» (1. Mose 3, 8)

Der Terror der Bedingungen in der Kirchensprache: das Hilfsverb und der Konjunktiv

Die «Kirche» setzt für ihre Botschaft der Bekehrung – und das heisst: für die Einkerkerung des Menschen – geeignete sprachliche Mittel ein und wendet sie in bemerkenswerter Beharrlichkeit an:

Ihre «kirchliche» Botschaft an den Menschen heisst nicht mehr «Gott liebt dich», sondern «Gott möchte dich liebhaben – aber er tut es nur, wenn du die Bedingungen erfüllst!»

Die «kirchliche» Sprache hat das *Hilfsverb* zum Haupt-Wort erhoben und mit einer besondern Sprachform ausgestattet: dem Konjunktiv – also der Möglichkeits-, Wunsch-, Bedingungs- und Unwirklichkeitsform[1].

Die Verbindung von *Hilfsverb* und Konjunktiv entspricht dem Inhalt des Gesagten,
– So wie die klare gültige Aussage eines Verbes durch das Hilfsverb von Bedingungen verschiedenster Art abhängig wird, so ist Gott abhängig von der Mithilfe des Menschen und also nicht fähig, von sich aus seine Gnade gültig zu verfügen.
– So wie eine bestimmte Aussage durch den Konjunktiv in den Nebel der Fraglichkeit, der bedingten Möglichkeit, der Unwirklichkeit hinein versetzt wird, so sind Gott durch die Mitsprache des Menschen nur noch bedingte, und darum immer von Unwirklichkeit bedrohte, Möglichkeiten gegeben.

Gott so zu sehen und zu behandeln ist der Traum des getäuschten Menschen, solange er dem Wahn des Selbermachens und der Machbarkeit aller entscheidenden Dinge verfallen ist. Zu Bedingungen hat die Bekehrungskirche ein bösartiges Verhältnis[2]: Bedingungen sind die Waffe des Terrorismus.

---

[1] Der Gebrauch von Hilfsverben – «müssen», «sollen», «dürfen», «mögen» – im Konjunktiv! – ist umgangssprachlich bekannt, zum Beispiel als Wendung der – hilflosen – Unverbindlichkeit («Dazu möchte ich folgendes sagen: …»).

[2] Zu diesem Zweck bemächtigt sich die «Bedingungskirche» auch einer andern Besonderheit der biblischen Sprache: der sehr häufig vorkommenden Partizipien. Ein Beispiel zeigt, was es damit auf sich hat:
Die Partizipialkonstruktion «(er tut etwas) gehend» kann in den biblischen Sprachen heissen:

«indem	er geht» :	Partizip der Art und Weise	(modal)
«weil	er geht» :	– des Grundes	(kausal)

Bekehrung ist Gottes Sache!

Die Bekehrung als eine machbare und notwendige Tat des Menschen zu bezeichnen bedeutet die berüchtigte Ausschmückung mit fremden Federn. Längst ist es ja ausgekommen: Die unendlich schöne Gottesgeschichte mit dem Menschen ist eine strahlende Reihe von Bekehrungsgeschichten *Gottes*[3], in der sich Gottes aufatmende Umkehr vom Zorn zur Rettung als die entscheidende Bekehrung erweist: Gottes Sache ist sie von Anfang an und bleibt es bis in alle Ewigkeit! Sich diese Sache Gottes aneignen zu wollen gehört in den Drang des getäuschten Menschen, «zu werden wie Gott»[4] ist also ein durch Gottes Schnippchen längst erledigter Unfug.

Er hat weder Substanz noch Format, wohl aber einige unnötige Quälerei des Menschen zur Folge: Gottes Liebe bedeutet jetzt nicht mehr die wirkliche, endgültige Rettung und Geborgenheit des Menschen, sondern lediglich ein «*Angebot*», das angenommen werden muss – wenn nicht Rettung und Geborgenheit endgültig verscherzt werden sollen. Ein «Geschenk» wird sie genannt, ist es aber nur so, wie es böse Menschen verstehen und zum «kirchlichen» (Weihnachts-!)Brauch gemacht haben: eine pädagogische Peitsche, die keine Freude bereitet, sondern nur das Gewissen unerbittlich antreiben soll, aus Gottes Zuwendung etwas zu «machen».

«damit	er gehe» :	– der Absicht	(final)
«wann (sooft)	er geht» :	– der Zeit	(temporal)
«obwohl	er geht» :	– der Einräumung	(konzessiv)
«wenn	er geht» :	– der Bedingung	(konditional)

Die «Kirche» bevorzugt mit beharrlicher Vorliebe und Absicht das bedingende, «konditionale» Verständnis und unterschlägt die ebenso möglichen modalen, kausalen, finalen, temporalen und konzessiven Bedeutungen.

[3] Vgl. S. 26 ff. und S. 30 ff.
[4] Vgl. S. 116 ff.

Es ergeht der – lächerliche – Angriff auf das Herzstück des Handelns Gottes: dass er

«*uns vorherbestimmt hat nach dem freien Entschluss seines Willens zum Lobe der Herrlichkeit seiner Gnade, mit der er uns begnadigt hat in dem Geliebten*» –
«*vorherbestimmt nach der zuvor getroffenen Entscheidung dessen, der alles nach dem Ratschluss seines Willens wirkt.* (Epheser 1, 5f. 11)

Die Gottgleichheit des Menschen steht auf dem Spiel, wenn dessen Lieblingskind – dem eigenen *freien Willen!* – weder Recht noch Kraft noch Raum eingeräumt bleibt. Also muss Gott nachgeahmt und die Bekehrung nach «freiem Entschluss» des eigenen Menschenwillens vollzogen werden – unter dem Zwang zur Bewährung: ein Terror ohne die geringste Spur von Heiterkeit!

Der Wortsinn von Bekehrung
Die Tiefe des biblischen Wortes enthüllt die wahre Schönheit der Bekehrung des ewig freien Gottes. Bereits in der Auslegung der Täuschungsgeschichte ist das biblische Wort

«SCHUB»

als Grundwort für die Heimkehr des Menschen zur Erde[5] angegeben worden – mit dem Hinweis, dass dieses Wort «fortan zum Fachausdruck des Alten Testamentes nicht nur für die Heimkehr des Gottesvolkes in das ihm verheissene Land[6], sondern auch für die Bekehrung Gottes selbst» wird[7]. Diesem Wort «*schub*» – und dann der Art, wie die Übersetzer es wiedergeben! – ist zunächst be-

---

[5] 1. Mose 3, 19
[6] Für die «Heimkehr des Gottesvolkes in das ihm verheissene Land» sei hier die Stelle Jesaja 35, 10 angegeben – um der Empfehlung willen, die Vertonung dieses Prophetenwortes durch *Johannes Brahms* in seinem «*Deutschen Requiem*» (Teil 2) anzuhören und dort das gewaltige Mass an Freude aufzunehmen, das diese Heimkehr bedeutet und so die strahlende «Heiterkeit Gottes» bezeugt …
[7] Vgl. S. 126

Bekehrung ist Gottes Sache!

sondere Beachtung zu schenken. Es bezeichnet drei Vorgänge einer «Umkehr»:

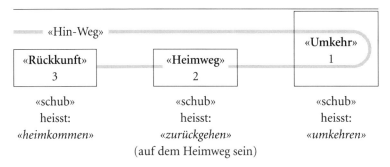

«schub» heisst: *heimkommen*	«schub» heisst: *zurückgehen* (auf dem Heimweg sein)	«schub» heisst: *umkehren*

1. *«schub»* beschreibt die an einem bestimmten Punkt vollzogene *Wendung*, in der die bisher eingehaltene Richtung verlassen und die umgekehrte Richtung eingeschlagen wird. *«schub»* heisst in diesem Sinn «umkehren». Es bezeichnet gleichsam die «Aktion Rechtsumkehr». Das Wort enthält keinen Hinweis auf das Motiv solcher «Umkehr»: Ob eigene Einsicht und Entscheidung des Umkehrenden oder eine Verfügung und die entsprechende «starke Hand» von aussen zu dieser Kehrtwendung geführt haben, lässt das Wort offen.
2. *«schub»* beschreibt die Bewegung vom Ort der Wendung zurück zum Ursprung und heisst dann «zurückgehen». Innere Beweggründe oder äussere Veranlassungen dazu liegen ausserhalb der Wortbedeutung – schon deshalb, weil im Verlauf dieses Zurückgehens die Aufmerksamkeit des Denkens und darum auch der Sprache auf das Ziel gerichtet zu sein pflegt.
3. *«schub»* bezeichnet schliesslich die *Ankunft am Ziel* des Rückweges und ist jetzt mit «zurückkommen», «heimkommen» wiederzugeben. Die Frage des Motivs stellt sich hier schon gar nicht.

Für die drei Vorgänge sind hier drei deutsche Vokabeln gebraucht: «umkehren», «zurückgehen» und «heimkommen» – nicht aber das Wort «sich bekehren»; denn es bringt gerade das mit Betonung zum Ausdruck, was im hebräischen Grundwort *«schub»* nicht enthalten ist: das Motiv der eigenen Einsicht und Entscheidung. *«schub»* lässt sich sachgemäss nur mit

Wörtern übersetzen, die den objektiven Vorgang ausdrücken und keine subjektiven Elemente enthalten.

Ist das Wort «Bekehrung» also auszumerzen? Dazu ist zu sagen: Die Übersetzung «sich bekehren» ist nur dort möglich, wo «*schub*» die Kehrtwendung (1) beschreibt und diese «Umkehr» eindeutig der eigenen Einsicht und Entschliessung entspringt. Und das ist in der gewünschten Eindeutigkeit *ausschliesslich bei der Umkehr Gottes* der Fall. So muss sie also «Bekehrung» genannt werden.

Aber gerade das «*schub*» Gottes haben die Übersetzer des Alten Testamentes – soweit ersichtlich – nie mit «sich bekehren» wiedergegeben. Dafür aber reden sie mit grosser Vorliebe auch dort von «Bekehrung», wo die Bedeutung «zurückgehen» und «heimkommen» mindestens auch möglich, wenn nicht gar vordringlich ist. Der Zwang, die menschliche Entscheidungs- und Vollzugspflicht festhalten zu müssen, hat sich bis in die Übersetzungspraxis durchgesetzt.

Als Beispiel diene das berühmte Wort in *Ezechiel 18, 23*, das in der Zürcher Übersetzung lautet:

«Habe ich etwa Wohlgefallen am Tode des Gottlosen, spricht der Herr, und nicht vielmehr daran, dass er sich von seinem Wandel bekehre und am Leben bleibe?»

Der Übersetzer setzt voraus, dass der Urtext von den drei «*schub*»-Vorgängen den ersten, die «Umkehr», im Auge habe. Die Tatsache aber, dass das Ziel der Umkehr genannt ist, legt die dritte Bedeutung nahe. Das ergibt – nach Ausmerzung des unpassenden Konjunktivs – einen Satz mit gänzlich anderem, heiterem Klang:

«*Habe ich etwa Wohlgefallen am Tode des Gottlosen, spricht der Herr, und nicht vielmehr daran, dass er von seinem Wandel heimkommt und lebt?*»

Die ganze Geschichte des Volkes Gottes, die in der Menschwerdung des *Jahwe/«kýrios»*-Gottes ihren Höhepunkt und ihre Erfüllung findet, läuft mit unerhörter Konsequenz darauf hin, dass die Umkehr des Gottesvolkes und der «Völker» (der Heiden) ausschliesslich durch die Entscheidung Gottes in die Wege geleitet und zum Ziel geführt wird.

Das Alte und das Neue Testament verwenden unzählige Male mit grosser Vorliebe die ironische Redeweise: Gelegentlich wird vorgegeben, die Umkehr sei Sache des Menschen – aber nur, damit nachher um so offenkundiger werden kann, wie sehr das gerade nicht der Fall ist. Nur so ist die Geschichte Gottes mit seinem Volk zu verstehen, die nicht in einer vollständigen Umkehr, sondern in der Selbstaufopferung Gottes zu ihrer Erfüllung kommt. Die ironische Redeweise entspricht durch und durch der Heiterkeit Gottes, der nun einmal eine besondere Neigung zum «Schnippchen» hat ...

Die Evangelien des Neuen Testamentes reden im Blick auf die Jünger nur ein einziges Mal[8] von «Bekehrung», bezeugen dort aber das genaue Gegenteil dessen, was der «kirchliche» Bekehrungszwang vertritt.

Die kräftige Lebendigkeit und Eindeutigkeit der biblischen Sprache öffnet den Blick für das wahre – göttliche! – Wesen der Bekehrung. Sie nimmt «mit lächelnder Gebärde»[9] dem Menschen den Zwang ab, durch eigene Machenschaft in ein gutes Verhältnis zu Gott kommen zu müssen. Das beglückende Verhältnis Gottes zum Menschen bleibt fest begründet in der Bekehrung Gottes, der er unwandelbare Treue hält.

Bei all seinen Anwandlungen von Zorn und selbst in den Ausbrüchen unbändigster Vernichtungsgelüste kommt Gott in ergreifender Verlässlichkeit sofort auf seine Bekehrung zurück. Ihrer «gedenkt» er unaufhör-

---

8 Lukas 22, 32 (vgl. S. 154)
9 Die Worte «mit lächelnder Gebärde» stammen aus dem Weihnachtslied des ostpreussischen Freiheitssängers Gottlob Ferdinand Maximilian Gottfried von Schenkendorf (1783–1817) «Brich an, du schönes Morgenlicht» (Kirchengesangbuch, Nr. 129), dessen 5. Strophe lautet:
«Wer ist noch, welcher sorgt und sinnt?
Hier in der Krippe liegt ein Kind
mit lächelnder Gebärde.
Wir grüssen dich, ersehnter Held.
Willkommen, Heiland aller Welt,
willkommen auf der Erde!»
Diesem Kind mit seiner «lächelnden Gebärde» entspricht die biblische Sprache durch und durch. Es ist ja der *Jahwe*/«*kýrios*»-Gott, der uns «ein Lachen bereitet hat».

lich – und lässt sich darum auch von seinem Volke bitten: «Denke daran!» Auch den Aufruf zu stets erneuerter Umkehr lässt er sich gefallen[10].

Darin erwächst die Heilszuversicht der ganzen Schöpfung. Die erzwungene Bekehrungsfrömmigkeit hat abzutreten – und es erscheint die dem Menschen längst geschenkte Freiheit, «wie Kinder fromm und fröhlich» zu sein[11].

Gerettete «Frömmigkeit»

Die erzwungene Frömmigkeit ist abgetan – und die wahre Frömmigkeit der Kinder[12] ist erschienen. So macht nun auch das arg belastete Wort «fromm» seine ursprüngliche Lebendigkeit und Eindeutigkeit offenbar:

«Fromm» bedeutet im Deutschen ursprünglich «nützlich, brauchbar, praktisch» und entspricht in dieser Bedeutung dem hebräischen Wort «*tob*» für «gut». Bereits in der Auslegung der Täuschungsgeschichte[13] ist die Bedeutung dieses Wortes – wie auch seines Gegensatzes «*ra*»/»böse» – zum Vorschein gekommen: Es hat keinen moralischen Gehalt, sondern bezeichnet das Praktische, Lebenstüchtige.

Dem deutschen Wort «fromm» liegt das althochdeutsche Wort «fruma» zugrunde – mittelhochdeutsch: «vrume», neuhochdeutsch: «Fromme» (vgl. «zu Nutz und Frommen») – das eigentlich «Anfang» bedeutet und auf das Ursprüngliche hinweist. «Fromm» ist also die unverdrehte Art, etwas gemäss dem ursprünglichen Wesen und Sinn zu sein und zu tun.

---

[10] Psalm 6, 5; 25, 6f.; 74, 2; 90, 23; 106, 4; Jesaja 63,17
[11] Das Zitat – «wie Kinder fromm und fröhlich sein» – ist eine Zeile aus dem Abendlied «Der Mond ist aufgegangen» von Matthias Claudius (1740–1815) (Kirchengesangbuch, Nr. 92,5).
[12] Vgl. S. 106 f.
[13] 1. Mose 3, 1–24; vgl. S. 112

Wo das Wort in der deutschen Bibel auftaucht, ist es Wiedergabe des griechischen «*eusebés*», einer Zusammensetzung von «eu-» («wohl») und «-sebés» («mit Scheu», eigentlich: «zurücktretend»). Das Wörterbuch gibt u. a. als Übersetzungsmöglichkeiten an: «ehrfürchtig, pflichtmässig, rechtmässig»[14]. Darin drückt sich die Haltung eines Menschen aus, der sich nicht vor, sondern hinter, nicht über, sondern unter eine Sache stellt, ihr also die gebührende Ehrfurcht und dadurch sich selbst als sachgemäss erweist. Dinge und Menschen können «fromm» sein, können «frommen», eben: sachgemäss, sachdienlich sein, der Eigentlichkeit dessen, wofür sie da sind, richtig entsprechen.

An einer Stelle[15] übersetzt die Zürcher Bibel mit «fromm» das griechische Wort «*eulabés*», was wörtlich «wohl anfassend», «vorsichtig», «gewissenhaft» bedeutet. Es wird an der erwähnten Stelle von tüchtigen – römisch-heidnischen! – Soldaten gebraucht. Auch in diesem Wort drückt sich der Respekt vor der Sache aus, der sich in der Unterwerfung unter ihr Wesen und unter ihren entsprechenden Anspruch auswirkt.

«Frömmigkeit» ist die Verfassung, die den Menschen ganz der Sache verpflichtet und ihn so daran hindert, durch eigene Entscheidung und selbstherrliche Massnahme sich dieser Sache zu bemächtigen – was nur zu ihrer Entehrung und Verderbnis führen müsste.

«... wie Kinder fromm und fröhlich» –

« ... wenn ihr nicht werdet wie die Kindlein!»

Das *Wort* befreit aus dem Terror der Kirchensprache

Die Gewalt biblischer Sprache schafft sich einen weiteren Durchbruch. Sie entlarvt das sprachliche Mittel – den Gebrauch des Hilfsverbes – mit dem die Popanz-Kirche ihren Bekehrungszwang pflegt[16]. Auf der Suche nach dem sprachlichen Gehalt der Hilfsver-

---
[14] Menge S. 302
[15] Apostelgeschichte 22, 12
[16] Vgl. S. 134

ben stellt sich nämlich heraus, dass das Alte Testament – immerhin Dreiviertel der Bibel – solche Hilfsverbkonstruktionen nicht kennt, weil es in der hebräischen Sprache gar keine Hilfsverben gibt…

Diese Feststellung schafft um so grössere Erleichterung, als die allgemein bekannten (Hilfsverb-!)Sätze mit dem strengen Anfang «Du sollst (nicht) …» – zum Beispiel die «Zehn Gebote»! – zu den bedrückendsten Erziehungsmitteln der «Kirche» gehören. Die Verben aller dieser Sätze haben in der hebräischen Sprache kein Hilfsverb (kein «sollen»!) neben sich. Sie stehen für sich – und zwar im Imperfekt, das zugleich das Futurum bildet; das heisst: sie sind zu übersetzen mit «Du wirst … !» Damit erweisen sie sich nicht als Befehle oder Verbote, welche die Bedingung einer von dem Empfänger zu leistenden und darum fraglichen Erfüllung stellen. Sie sind *Verheissungen*. Das gilt für das ganze alttestamentliche Gesetz. In ihm ergeht mehr als bloss ein moralischer Anspruch einer Vorschrift, deren Befolgung dem Willen und der – sittlichen – Kraft des Menschen aufgetragen wäre. In ihm bricht vielmehr der unbändige Wille Gottes durch, dem Menschen seine Befreiung zu verheissen und diese Verheissung in ebenso unbändiger Kraft durchzusetzen.

Die Grundbedeutung des hebräischen Wortes für «Gesetz» – «*thorá*» – legt es nahe, diese Kraft mit der Gewalt des *Todes* zu vergleichen: *thorá* ist abgeleitet vom Verb «*jaráh*» mit der Bedeutung «treffen (wie mit einem Geschoss!)». So «trifft» das Gesetz: Es «tötet» sofort, wenn der Mensch es in anmassender Weise selbst erfüllen will (was der Sinn der rätselhaften Worte in Römer 7, 7–12 sein dürfte); es trifft aber auch – und zwar ebenso «tödlich»! – alle Sklavenhalter der Menschen, wenn Gott selbst sein eigenes Gesetz erfüllt (Matthäus 5, 17).

Das Wort hat den von der «Kirche» gepflegten Bekehrungszwang in aller Heiterkeit überwunden – seine üble Sache so gut wie seine üble Sprache!

Die Würde der unbekehrten Kirche

Erst recht aber werfen die neutestamentlichen Zeugen ein heiteres Licht auf die Kirche selbst und ihre «Bekehrungslage». Sie beschreiben zunächst, wie der Herr der Kirche selbst – unter der belebenden Zeugungsgewalt seines Rufes und Auftrags – seinen Jüngern sofort jeden Bekehrungszwang aus den Händen schlägt. Eine ganze Reihe von Enthüllungstexten schildert dann in befreiender Schonungslosigkeit den durch und durch fragwürdigen Bekehrungsstand der ganzen Jüngerschar – schliesslich aber erst recht ihren *fröhlichen Gnadenstand in ihrer Bekehrungslosigkeit*. Die Heiterkeit wird grenzenlos.

Es sind freilich solcher Texte zu viele, als dass sie an dieser Stelle vollzählig in der ihnen gebührenden Gründlichkeit vorgelegt werden könnten. Für sie stehe als stellvertretendes Beispiel das Zeugnis über den erstberufenen Jünger Petrus (nach der Darstellung des Evangelisten Matthäus). Von diesem zweifellos programmatischen Portrait fällt dann das heiterste Licht auf die übrige Jüngerschar, von ihr auf das ganze «Stellvertretende Aufgebot» – und von da auf die ganze Welt.

Petrus, der Erstberufene: «Fels der Kirche» – «Satan»!

Von den zwölf Petrus-Erzählungen des Matthäusevangeliums[17] ist als erste die sechste – die entscheidende «Enthüllungsgeschichte» – zu betrachten:

**Die Geschichte vom Christusbekenner Petrus –
und von seiner Machenschaft als «Satan»**
(Matthäus 16, 13–23)

An der Stelle des Neuen Testamentes, da das Wort *«ekklesía»* zum ersten Mal genannt wird – die Kirche also zum ersten Mal unter die-

---
[17] Vgl. die Übersicht S. 161 f.

sem Namen in Erscheinung tritt – nimmt der Text eine erstaunliche Enthüllung des erstberufenen Jüngers Petrus vor – und zwar in dreifacher Weise:

1 Petrus spricht das entscheidende kirchliche Bekenntnis über den Herrn der Kirche aus – aber nicht «von innen» heraus!
2 Kaum ist dieses grosse Wort gesprochen, bricht aus eben diesem Petrus – diesmal von «innen» heraus! – der «kirchliche» Bekehrungszwang auf den Plan.
3 Augenblicklich erfolgt kraftvoll die gründliche Erledigung des Bekehrungzwanges durch den Herrn der «*ekklesía*».

Matthäus 16, 13–23

---

1. Teil: Vers 13–20

13 *Als aber Jesus in die Gegend von Caesarea Philippi gekommen war, fragte er seine Jünger:*
   «Für wen halten die Leute den Sohn des Menschen?»
14 *Da sagten sie:*
   «Etliche für Johannes den Täufer, andre für Elia, noch andre für Jeremia oder einen der Propheten.»
15 *Er sagte zu ihnen:*
   «Ihr aber, für wen haltet ihr mich?»
16 *Da antwortete Simon Petrus und sprach:*
   «Du bist der Christus, der Sohn des lebendigen Gottes.»
17 *Jesus aber antwortete und sprach zu ihm:*
   «Gut dran bist du, Simon, Sohn des Jona; denn Fleisch und Blut hat dir das nicht geoffenbart, sondern mein Vater in den Himmeln.
18 *Aber auch ich sage dir: Du bist Petrus, und auf diesen Felsen will ich meine Kirche bauen, und die Pforten des Totenreiches werden sie nicht überwältigen.*
19 *Ich will dir die Schlüssel des Reiches der Himmel geben; und was du auf Erden binden wirst, das wird in den Himmeln gebunden sein, und was du auf Erden lösen wirst, das wird in den Himmeln gelöst sein.»*
20 *Dann gab er den Jüngern strengen Befehl, sie sollten niemandem sagen, dass er der Christus sei.*

Matthäus 16, 13–23

2. Teil: Vers 21–23
21 *Von da an begann Jesus, seinen Jüngern zu zeigen, er müsse nach Jerusalem gehen und von den Ältesten und Hohenpriestern und Schriftgelehrten vieles leiden und getötet werden und am dritten Tage auferweckt werden.*
22 *Und nachdem Petrus ihn angenommen hatte, fing er an, ihn zu bedrohen, indem er zu ihm sprach:*
«Sei freundlich zu dir, Herr! Das wird nicht für dich sein!»
23 *Er aber, nachdem er sich gewendet hatte, sprach zu Petrus:*
«Verzieh dich! Mir nach, Satan! Ein Fallstrick bist du mir; denn du sinnst nicht, was göttlich, sondern was menschlich ist.»

Der Erstberufene: Offenbarungsträger ohne eigenes Verdienst
Vers 16–19

Zu Beginn der Geschichte erweist sich Petrus von grossartiger Richtigkeit: Er erkennt das wahre Wesen und das Amt Jesu und spricht es auch aus:
«Du bist Christus, der Sohn des lebendigen Gottes.»

Was er weiss und bekennt, stammt nicht aus seinem Eigenen, nicht «aus Fleisch und Blut», also nicht aus dem Wesen und nicht nach dem Willen des Menschen, sondern aus der Offenbarung des «Vaters in den Himmeln». Daraufhin wird Petrus «seliggesprochen»: Der berufene Mensch ist «gut dran», indem er für sein Jesus-Verständnis und seine Gotteserkenntnis nicht auf sein eigen «Fleisch und Blut» angewiesen ist, in dieser Sache von ihm selbst nichts gefordert wird und also auch nichts zu erwarten ist. In dieser guten Lage besteht das Fundament der Kirche. Darum nennt Jesus den «Petrus» «Fels der Kirche»[18].

---
[18] «Petrus» ist buchstäblich das griechische Wort *«pétros»* für «Fels».

Die «satanische» Machenschaft: «Jesus annehmen»
Vers 22.23

Kaum ist Petrus durch diesen Namen ausgezeichnet, beginnt er sofort seine eigene «Machenschaft» einzusetzen – zu «sinnen, was menschlich ist» – und zieht sich dadurch eine andere erschreckende Bezeichnung zu: «Satan».

Die «eigene Machenschaft» besteht darin, dass Petrus «Jesus annimmt». Im Griechischen heisst das *«proslambánesthai»*: «zu sich herannehmen», «annehmen». Luther übersetzt: «Und Petrus nahm ihn zu sich.»

Es fragt sich, warum die Zürcher Bibel dies nicht so sagt, sondern sachlich falsch mit «beiseite nehmen» übersetzt. An den zwölf Stellen, an denen das Wort *«proslambánesthai»* im Neuen Testament vorkommt, kann es nirgends den Sinn von «beiseite nehmen» haben.

Eine Vermutung drängt sich auf: Das deutsche *«annehmen»* ist ein Schlüsselbegriff *«kirchlicher»* Bekehrungssprache: Der Mensch muss seinen Gott und dessen Sohn «annehmen». Das steht nun freilich nicht in der Bibel. An den erwähnten zwölf Stellen ist zwar einmal davon die Rede, dass Christus «uns angenommen» hat – aber die Konsequenz im gleichen Vers ist nicht, dass wir auch ihn annehmen sollen, sondern lediglich, dass wir «einander annehmen, wie Christus uns angenommen hat»[19]. Dass ein Mensch Jesus «annimmt», wird nur[20] von Petrus gesagt – und von Jesus sogleich «satanisch» genannt.

Vielleicht hat die Zürcher Bibel Jesu schärfste Verurteilung des beliebtesten aller religiösen «Machbarkeitswörter» mit Rücksicht auf die gewohnte «Kirchen»sprache verheimlichen wollen und ist deshalb auf das

---
[19] Römer 15, 7
[20] Zu der in diesem Zusammenhang oft angeführten Stelle Johannes 1, 12 – an der allerdings nicht *«proslambánesthai»*/«annehmen», sondern das blosse *«lambánein»* mit der Bedeutung «aufnehmen», «empfangen» steht – vgl. S. 101 und S. 286.

unbedeutende «beiseite nehmen» ausgewichen. Damit hat sie den Text zwar seiner «Anstössigkeit», aber auch seiner eigentlichen Tragweite beraubt.

Der da Jesus «annimmt», spricht Jesus gegenüber eine fürsorgerliche Sprache: «Herr, sei freundlich zu dir! Das wird nicht für dich sein!» – aber er «bedroht» Jesus damit: Er tritt dem zum Kreuz gehenden Messias bedrohlich in den Weg. Wer glaubt, ihn annehmen zu können, wird sich an ihm nur vergreifen: verlogen freundlich, ungehörig bedrohend.

Die Zürcher Bibel übersetzt den ersten Teil des Einwandes mit «Gott verhüte es, Herr!», was völlig vom Text abweicht (der Name Gottes z. B. fehlt im Urtext!). Sie glättet die Härte des Petrus-Einwandes, indem sie das finstere «bedrohen» in ein mindestens zwielichtiges «Vorwürfe machen» mildert. (Luther erweist sich als weniger zimperlich und drückt den harten Gegensatz von Wort und Sache unverblümt aus: «Und Petrus nahm ihn zu sich, fuhr ihn an und sprach: ‹Herr, schone dein selbst!›»)

Die Annahme und ihre bedrohende Fürsorge werden von Jesus schroff zurückgewiesen, indem er sie «satanisch» nennt. Die Lieblingstätigkeit der Bekehrungskirche ist zu Tode getroffen.

«Satan» ist ein unübersetztes hebräisches Substantiv, das zum gleichlautenden Verb *satán* mit der Bedeutung «befehden», «anfeinden» gehört. Als Hauptwort bezeichnet es einen Widersacher, wie es ihn auf allen Lebensebenen gibt.

So wird der nachmalige König David von den Obersten der Philister als alliierter Mitkämpfer gegen Israel abgelehnt in der Befürchtung, er könnte während des Kampfes plötzlich zu ihrem «Satan», also zu ihrem Gegner werden (1. Samuel 29, 4).

In den ersten zwei Kapiteln des Hiobbuches und im 3. Kapitel des Buches Sacharja wird der Satan (insgesamt 14mal) gleichsam als Personifizierung aller Gegnerschaft, auch der Gegnerschaft gegen Gott, genannt. Er erscheint hier als ein Mitglied des Hofstaates

Gottes – eine Mischung von Hofnarr und Staatsanwalt, der bei dem Rapport der «Gottessöhne» Zutritt hat – und zwar «in ihrer Mitte»[21]! Er scheint zu Gott in einem nicht eigentlich feindlichen, höchstens kritischen Verhältnis zu stehen. Von Gott selbst ist ihm die Funktion zugebilligt worden, Gott und sein Verhältnis zu den Menschen dauernd in Frage zu stellen und so auch die in dieses Verhältnis Eingeschlossenen in Zweifel zu ziehen – sie anzuklagen[22].

«Satanisch» ist alles Denken, Reden und Tun, das die Grundentscheidung Gottes zugunsten des Menschen in Frage stellt und damit entscheidende Gegnerschaft gegen Gott ist: zuerst für Gott selber (dessen Anfälligkeit für eine Abkehr von seiner Grundentscheidung ebenso bekannt ist wie seine «Starrköpfigkeit», dieser Anfälligkeit nicht nachzugeben!) – dann aber auch und erst recht für den Menschen, der die Abkehr Gottes von seiner Grundentscheidung nicht nur stets für möglich, sondern bei jeder sich bietenden Gelegenheit auch gleich schon für wirklich hält. Insofern verkörpert der Satan das Widerlichste, was es gibt: die *Infragestellung der Bekehrung Gottes* und *die Anfechtung der menschlichen Gewissheit* im Blick auf seinen gnädigen Gott.

Jede Infragestellung mit dem Ziel, die Schwachstellen des Gegners herauszufinden, blosszustellen und daran die Brüchigkeit seiner Position aufzuzeigen, hat ihre Methode: Der Gegner muss in seinen «eigenen Kleidern» überrumpelt werden. So hält es auch der Satan. Er kennt Gottes Wort aufs beste und zitiert es scheinbar mit peinlicher Genauigkeit. Aber unvermerkt nimmt er kleine Verdrehungen vor: Während er Gottes eigene Sprache spricht, Gottes Wörter genau wiedergibt, stellt er sie blitzschnell um und bringt sie so zu anderer Bedeutung: Er wirft durcheinander.

LXX übersetzt das hebräische Nomen «*satán*» überwiegend mit «*diábolos*», was «Durcheinanderwerfer» heisst und durch die entsprechenden

---

[21] Hiob 1, 4
[22] Offenbarung 12, 10: der Satan als «Ankläger der Brüder».

Lautveränderungen zu französisch «diable», italienisch «diavolo» und schliesslich zum deutschen «Teufel» geworden ist.

So widerwärtig der Satan/Teufel auch in der biblischen Darstellung erscheint – richtig «ernst» genommen wird er nicht. Gott kann sich ihn in seinem Hofstaat leisten und tut es auch; er disputiert mit ihm und erlaubt ihm sogar einige recht gewagte Eskapaden – aber nur so lange, bis er seiner überdrüssig wird und ihn hinauswirft, wenn «die Zeit erfüllt» ist[23].

Vollends ausgeschlossen ist im Alten Testament die Stellung des Satans als eine Art «Gegengott», also eine Gott ebenbürtige, gefährliche «Konkurrenz» oder «negative Alternative» zu Gott, so dass der Mensch wohl gar zwischen den beiden eine Wahl zu treffen hätte. Eine solche Satansstellung konnte erst die machbarkeitsbesessene «Kirche» erfinden. Und das tat sie denn auch – mit der eindeutig bösen Absicht, die Menschen das Fürchten zu lehren und sie dadurch um so leichter zur Wahrnehmung ihrer Heilsverpflichtungen antreiben zu können.

Das «Satanische» an Petrus, der «Jesus annimmt», besteht daran, dass er Subjekt und Objekt verdreht: Es ist Christus, der uns angenommen hat; nicht wir sind es, die ihn annehmen. Petrus, mit dem es sein Herr so durch und durch «gut gemeint» hat, will es sofort auch seinerseits mit seinem Herrn «gut meinen». Er biegt das Verhältnis von Berufendem und Berufenen in eine Partnerschaft um. Darin aber flackert nur noch einmal die Verirrung des getäuschten Menschen auf: Er will «werden wie Gott»![24]

---

[23] Lukas 10, 18; Offenbarung 12, 10
[24] 1. Mose 3, 5; vgl. S. 116

Die Begnadigung des «Satans»
Vers 23

Mit der Bezeichnung «Satan» verurteilt Jesus mit letzter Schärfe, was Petrus aus eigenem Sinnen unternimmt: Jesus «anzunehmen» – eben die Tätigkeit, welcher die Bekehrungskirche die höchste Notwendigkeit und Würde zuspricht! Der Schärfe, mit der Jesus solcher «Würde» ins Gesicht schlägt, entspricht der Befehl: «Verzieh dich!»

Diese Formulierung ersetzt das «Hinweg von mir!» der Zürcher Übersetzung und das «Hebe dich von mir!» in der Lutherbibel. Das «von mir» ist eine – wie nun gleich auskommen wird: dem Gesamttext stracks zuwiderlaufende – Hinzufügung zum griechischen Verb «*hypágein*», das wörtlich «unter (der Hand) weggehen», «langsam verschwinden» oder eben: «sich verziehen» heisst.

Ein solches «*hypágein*» hat Jesus dem Satan schon in seiner ersten Begegnung mit ihm – bei der «Versuchung»[25] – befohlen. Wer «Jesus annehmen» will, hat zu weichen.

Entscheidend aber, erstaunlich und beglückend ist die Anweisung Jesu, *wohin* sich Petrus zu verziehen hat: «*Mir nach!*» Der «Satan» hat sich dorthin «zu verziehen», wohin ihn Jesus schon bei seiner Berufung «getrieben»[26] hat! Jesus wiederholt das herrschaftliche Aufgebot jener Stunde wörtlich[27]: «*opíso mu!*» – «Mir nach!» «Satan» wird nicht von Jesus weggewiesen, sondern aufs neue an den Platz gestellt, der ihm durch die Berufung zukommt.

Die Berufung wird nicht rückgängig gemacht, die Einsetzung zum «Fels der Kirche» nicht aufgehoben! Wie der ewig freie Gott – *Jahwe*/«*kýrios*» – im Garten Eden in erheiternder Unbekümmertheit der Täuschung sein Schnippchen schlägt und bei seiner Entscheidung für den Menschen bleibt[28], so beharrt der «*kýrios*» Jesus

---
[25] Matthäus 4, 9
[26] Vgl. S. 100
[27] Markus 1, 16–20 (vgl S. 99); Matthäus 4, 19; Lukas 4, 17
[28] Vgl. S. 119 ff.

auf der Berufung und Beauftragung seines Jüngers – nicht wegen, sondern trotz seiner «satanischen» Zudringlichkeit, ihn «anzunehmen»!

Zu den Schäden in den Zeiten des Machbarkeitswahnes gehört auch die qualvolle Erwartung, dass alles Schlimme zwangsläufig seine schlimmen Folgen habe, weil menschliches Versagen doch allemal prompt die Strafe Gottes nach sich ziehe! Jedermann weiss (auch ohne tiefenpsychologische Analyse), wie sehr die Furcht vor Strafe («Gott straft sofort») den Menschen wie ein böses Gespenst auf Schritt und Tritt verfolgt. Die Furcht erweist sich jetzt als unbegründet.

Damit ist der menschliche Bekehrungszwang schon in der ersten Erwähnung der Kirche gesprengt – ein Fanal der Befreiung für alle, die unter der Geissel der «Heilsverantwortung» und «Heilsverpflichtung» gelitten haben. In aller Klarheit und Helligkeit – also «Heiterkeit» in jedem Sinn – ist festgesetzt, wie es um die Beauftragten Jesu – vertreten in der Gestalt ihres Erstberufenen – steht:

Der Mensch – der «unkirchliche» so gut wie der «kirchliche» – lebt nicht von seiner Bekehrung und Bewährung. Er lebt allein von der Bekehrung Gottes zu ihm – und davon, dass Gott sich in dieser Bekehrung in alle Ewigkeit bewährt.

«Zum Lobe der Herrlichkeit seiner Gnade, durch die er uns begnadigt hat»[29] – «damit die überragende Grösse der Kraft Gott angehöre und nicht von uns stamme»[30].

Petrus: Kleingläubiger, Unverständiger, Verleugner

Die Forderung der «Kirche», Jesus sei «anzunehmen», ist als eine Verführung zu «satanisch»-überheblicher Selbstherrlichkeit gegenstandslos geworden – so aber auch ihr Aufruf zur Bewährung eines innern und äussern Bekehrungszustandes. Die weiteren biblischen

---
[29] Epheser 1, 6
[30] 2. Korinther 4, 7

Zeugnisse über den «Fels der Kirche» zeigen ihn nicht als Glaubenshelden, sondern enthüllen ihn in seinem krassen Mangel an Bewährung – und bekräftigen dadurch, dass Berufung und Beauftragung der Kirche eine persönliche Vollkommenheit (oder Vervollkommnung!) weder voraussetzen noch zur Folge haben.

Die Petrustexte bescheinigen ihrem «Helden» in aller Schonungslosigkeit nichts als *Mangel an Bewährung:*

- Während des Seesturms (14, 22–33) mutet er seinem auf dem See wandelnden Herrn zu, ihn nun gar selbst – übers Wasser – zu sich kommen zu lassen. Die Aufforderung Jesu «Komm!» aber offenbart des Jüngers tiefste innere Schwäche: Er fürchtet sich, «als er den Wind sah», und muss sich von Jesus ergreifen lassen und bekommt zu hören: «Du Kleingläubiger (wörtlich: «wenig Gläubiger»!), warum hast du gezweifelt?»
- Über das Gleichnis von der Verunreinigung des Menschen (15, 10–20) muss Petrus eine Erklärung verlangen und sich mit seinen Mitjüngern die Gegenfrage Jesu gefallen lassen: «Seid auch ihr noch so unverständig?»
- Sechs Tage nach der Bekenntnisepisode wird Petrus mit den beiden Zebedäussöhnen Johannes und Jakobus Zeuge der Verklärung Jesu. Dabei kommt es aus, dass er den gesamten Jesus-Weg grundsätzlich nicht versteht: Für die noch längst nicht offenbare Ewigkeitsgestalt Jesu will er jetzt schon «Hütten bauen», also die entscheidende Strecke des Christusweges überspringen – das heisst aber: seinem Herrn ein weiteres Mal den Weg der Passion verwehren (17, 1–9).
- Dann erkundigt sich Petrus nach der Höchstzahl notwendiger Vergebungen und erweist sich dadurch als der, welcher die unbeschränkte Geltung der Vergebung – so aber das Wesen der Vergebung selbst – so aber seinen *Herrn* – so aber das ganze Reich Gottes – nicht versteht.

Und dann erreicht Petrus den Tiefpunkt aller Mangelhaftigkeit:

Das Versagen in der Passion Christi
(Matthäus 26, 30–75)

An der entscheidenden Stelle des Christusweges – während der Passion – enthüllt sich vollends die klägliche Wertlosigkeit aller Jünger-Bekehrung und Bewährung: Jesus sagt auf dem Gang zur Gefangennahme die bevorstehende Abtrünnigkeit aller Jünger voraus. Hochgemut setzt sich Petrus von der Versagerschar ab und erklärt in ungetrübter Bewährungszuversicht:

«Wenn alle an dir Anstoss nehmen, werde ich doch niemals Anstoss nehmen!»

Sofort antwortet ihm Jesus:

«Wahrlich, ich sage dir: In dieser Nacht, ehe der Hahn kräht, wirst du mich dreimal verleugnen.»

Petrus versteigt sich:

«Auch wenn ich mit dir sterben müsste, werde ich dich nicht verleugnen!»

Und alle andern sprechen es ihm nach.

Auf Jesu Anweisung hin, während seiner bitteren Anfechtungsstunde «zu wachen und zu beten», schläft der bewährungsfreudige Petrus dann allerdings genauso wie seine Mitjünger Johannes und Jakobus wiederholt ein – damit klar werde: Nicht einmal wachbleiben kann er, der gar mit Jesus sterben wollte!

Während des Prozesses Jesu tut er nicht, was er versprochen hat, sondern er verleugnet, wie es sein Herr ihm vorausgesagt hat: dreimal den verhafteten, verhörten und bald zum Tode verurteilten Jesus – den er doch «angenommen» hat! – und erlebt darin den völligen Zusammenbruch seiner selbstbewusst behaupteten «Bewährung»:

«Und alsbald krähte der Hahn. Da erinnerte sich Petrus des Wortes Jesu, der gesagt hatte: ‹Ehe der Hahn kräht, wirst du mich dreimal verleugnen. Und er ging hinaus und weinte bitterlich.»

Es ist offenkundig nicht die Absicht dieser Petrus-Darstellung, den Erstlingsjünger herunterzumachen – um ihn als abschreckendes Beispiel darzustellen. Zu deutlich ist es, mit welcher Zärtlichkeit die Texte diesem Manne zugetan sind! Je offener nämlich das Petrusversagen dargestellt wird, um so leuchtender bringt dieser versagende Jünger das Entscheidende zur Geltung: dass ihm gerade in seinem Mangel die Zuwendung Gottes gilt – die unbedingten Vorrang vor allem menschlichen Verhalten hat. Darin besteht für alle Menschen «der einzige Trost im Leben und im Sterben»[31] – und die Hoffnung für die Überwindung ihres Versagens liegt in der Zukunft.

Ein Seitenblick in die Passionsgeschichte des Lukasevangeliums und dort auf das seltsame, jetzt aber ganz erschlossene Wort Jesu an Petrus[32] offenbart die unverbrüchliche Treue Jesu zu seinem versagenden Jünger ebenso wie die Zukünftigkeit aller Bekehrung:

«Simon, Simon, siehe, der Satan hat sich euch auserbeten, um euch im Sieb zu schütteln wie den Weizen; ich aber habe für dich gebeten, dass dein Glaube nicht aufhöre; und du, wenn du dich einst bekehrt hast, stärke deine Brüder!»
(Lukas 22, 31.32)

Wie der Primus – so die Pares
(Wie der Erste – so die, unter denen er der Erste ist)

Das Licht der Treue gegenüber dem Treulosen, das – wie oben angekündigt – vom Erstberufenen her auf die übrige Jüngerschar fällt, wird besonders in der Überlieferung des Evangelisten Markus zum Leuchten gebracht. In seiner Jüngerdarstellung rückt er den Zwölferkreis als ganzen – und damit die Kirche – in den Vordergrund. Über diese ganze Jüngerschar berichtet Markus:

---
[31] Frage und Antwort 1 des «Heidelberger Katechismus», 1563
[32] Lukas 22, 31–34

- Nach der zweiten Leidensankündigung ihres Herrn, in der er seine Erniedrigung und Entehrung betont, besprechen die Jünger unterwegs auf dem Weg nach Jerusalem – dem Ort der Kreuzigung! – in reichlich unangemessener Weise miteinander, «Wer der Grösste sei» (Markus 9,30–34).
- Nachdem sie die dritte Voraussage der Passion vernommen haben, geschieht Ähnliches: Johannes und Jakobus, die Dritt- und Viertberufenen, bitten Jesus, «in deiner Herrlichkeit» die Ehrenplätze zu seiner Rechten und zu seiner Linken einnehmen zu dürfen (Markus 10, 35–40).
- In den letzten Stunden des Leidens und Sterbens ihres Herrn bietet die Zwölferschar folgendes Bild: Einer verrät ihn, einer verleugnet ihn dreimal, und die übrigen zehn laufen von dannen, so dass in der Todesstunde Jesu *kein einziger bei seinem Herrn zu finden* ist (Markus 14, 43–72).

Nur das Johannesevangelium berichtet von «einem andern Jünger», der «mit dem Hohenpriester bekannt» war und Jesus in den Hof des Hohenpriesters begleitet hat, und bezeugt die Anwesenheit des Jüngers Johannes unter dem Kreuze. Der vierte Evangelist unterwirft aber seine Schrift im ganzen einem völlig andern Gesichtspunkt, hat darum einen sehr eigenen Aufbau und scheint sich um manche «Kirchenproblematik», welche die ersten drei Evangelien beschäftigt, nicht mehr (sofern er nach ihnen schreibt), noch nicht (sofern er älter ist) oder einfach gar nicht (weil er eben anders ist!) kümmern zu müssen.

So sieht der Glaubensstand der Urkirche aus: Durch und durch unbekehrt ist sie – und ohne jegliche Bewährung! Gerade so aber gilt in ergreifender Eindeutigkeit, dass der *Herr* der Kirche die ganze Jüngerschar mit seiner unerschütterlichen Treue umgibt und ihre Unbekehrtheit und Unbewährtheit mitsamt ihrem Versagen dadurch zu lauter Belanglosigkeiten macht:

- Mit diesen zwölf verratenden, verleugnenden und allesamt treulosen Nachfolgern hält Jesus das Abendmahl – mit niemandem sonst, wenn auch *für* die gesamte übrige Welt – und feiert mit ihnen die Vergebung der Sünden.

– Den elf Überlebenden dieser Zwölferschar lässt er nach seiner Auferstehung – völlig unbekümmert ob allem, was er von seiten dieser Schar erlebt hat – verkündigen:

«Er geht euch voran nach Galiläa; dort werdet ihr ihn sehen, wie er euch gesagt hat.» (Markus 16, 7)

– Zu guter – wirklich guter! – Letzt gilt es ernst zu nehmen, wie das letzte Kapitel des Markusevangeliums[33] diese Begegnung des Auferstandenen mit seiner gar nicht heldenhaften Truppe schildert:

«Später offenbarte er sich den Elfen selbst, als sie bei Tische sassen, und schmähte ihren Unglauben und die Härte ihres Herzens, weil sie denen, die ihn als Auferweckten geschaut, nicht geglaubt hatten. Und er sprach zu ihnen: Gehet hin in alle Welt und prediget das Evangelium allen, die erschaffen sind.» (Markus 16, 14.15)

Jesus, der Auferweckte, sendet seine – nachmals so vielgepriesene, von ihrem Herrn aber als ungläubig und hartherzig gescholtene – Ur- und Kerngemeinde sofort – in eben diesem Zustand! – in die Welt hinaus zur Erfüllung ihres Auftrages: zur Verkündigung des Evangeliums «an alle Kreatur».

Er tut es in voller Kenntnis ihrer Ungläubigkeit und Hartherzigkeit, aber gänzlich unbekümmert darob – und ohne jeden Hinweis auf die Notwendigkeit geistlich-therapeutischer Behandlung zum Zwecke ihrer Besserung! Nicht einmal jetzt, da durch die Auferstehung Jesu Christi von den Toten ein wahrhaft neues Kapi-

---

[33] Vgl. die Anmerkung der Zürcher Bibel vor Markus 16, 9: «Dieser Abschnitt ist ein Nachtrag von späterer Hand. Mehrere Textzeugen haben statt der Verse 9–20 folgendes: ‹Alles aber, was ihnen aufgetragen war, richteten sie dem Petrus und seinen Begleitern in Kürze aus. Nachher aber sandte auch Jesus selbst durch sie die heilige und unvergängliche Predigt von dem ewigen Heil aus vom Aufgang bis zum Niedergang.›»

tel in der Geschichte der Menschheit aufgeschlagen ist, hält es der *Herr* für nötig, an seine Diensttruppe hinsichtlich ihrer innern Verfassung Ansprüche zu stellen. Ihr Unglaube und ihre Herzenshärtigkeit sind kein Traktandum mehr – so wenig die Satanie des Petrus gewürdigt worden ist, eines zu werden. Von Belang ist nur, was der Herr mit ihnen vorhat: der Auftrag. Und dieser Auftrag ist nicht im geringsten betroffen davon, wie die Jünger dazu stehen. Er hat sein Gewicht und seine Bedeutung ausschliesslich darin, dass der *Herr* ihn gibt und ausführen lässt.

Das Ideal, welches die Popanz-Kirche in ihrem Bekehrungszwang dem Menschen als verpflichtendes Ziel mahnend vor Augen zu halten pflegt, ist ausserhalb des biblischen Zeugnisses entstanden und erweist sich dadurch als eine menschliche Erfindung. Das Elend aller Verpflichtungskrämpfe ist zu Ende.

Petrus, der Heuchler

Das Bild der Apostel ist über die Berichte der Evangelien hinaus zu verfolgen. Längst nach Pfingsten – also nach der Ausgiessung des Heiligen Geistes und nachdem Petrus seinen Auftrag von Mal zu Mal erfüllt hat – soll sich nach der Darstellung des Apostels Paulus in der später so vielgerühmten Urkirche ein Zwischenfall ereignet haben, der eine neue Enthüllung über Petrus gebracht hat:

«Als aber Kephas[34] nach Antiochia kam, habe ich ihm ins Angesicht widerstanden, weil er in Verdacht geraten war. Denn bevor etliche von Jakobus kamen, ass er mit den Heiden; als sie aber gekommen waren, zog er sich zurück, weil er die aus der Beschneidung fürchtete. Und es heuchelten mit ihm auch die übrigen Juden.... Als ich aber sah, dass sie nicht richtig wandelten nach der Wahrheit des Evangeliums, sagte ich zu Kephas in Gegenwart aller: ‹Wenn du, der du ein Jude bist, nach heidnischer Sitte lebst und nicht nach jüdischer, wie zwingst du da die Heiden, nach jüdischer Art zu leben?›»

(Galater 2, 11–14)

---

[34] «*kephas*» ist das hebräische Grundwort für «Fels»/«Petrus».

Zu diesem – wohl gar handgreiflichen? – Konflikt zwischen Paulus und Petrus ist es gekommen, weil Petrus von der evangelischen Grundlage abgewichen ist: dass die menschlichen Voraussetzungen angesichts des offenbarten Heiles Gottes endgültig nichts mehr zu bedeuten haben!

«Das Gute, das ich will, das tue ich nicht»

Der Apostel Paulus hat dem «Kirchenfürsten» Petrus so energisch widerstehen können, weil er die Grundverfassung der Berufenen bei sich selbst gut genug gekannt hat:

«Denn ich weiss, dass in mir, das ist in meinem Fleische, nichts Gutes wohnt. Denn das Wollen ist zwar bei mir vorhanden, das Vollbringen des Guten aber nicht. Denn nicht das Gute, das ich will, tue ich, sondern das Böse, das ich nicht will, das führe ich aus. Wenn ich aber das tue, was ich nicht will, so vollbringe nicht mehr ich es, sondern die Sünde, die in mir wohnt. Ich finde also für mich, der ich das Gute tun will, das Gesetz gültig, dass das Böse bei mir vorhanden ist. Denn nach dem inwendigen Menschen habe ich Lust an dem Gesetz Gottes; ich sehe aber ein andres Gesetz in meinen Gliedern, das dem Gesetz meines Innern widerstreitet und mich zum Gefangenen des Gesetzes der Sünde macht, das in meinen Gliedern ist.» (Römer 7, 18–23)

Der «inwendige Mensch» ist im Verständnis des Paulus nicht ein «innerer» – guter – «Kern» seiner selbst, sondern Christus (Galater 2, 20: «Ich lebe, aber nicht mehr ich, sondern Christus lebt in mir»). Paulus lebt nicht im Konflikt zwischen «zwei Seiten» seiner selbst. Er lebt überhaupt in keinem Konflikt. Er weiss: Es gibt ihn selbst – und es gibt Christus in ihm. Von Belang für die wahre Existenz des Menschen ist Christus. Christus ist jetzt schon «er selbst»[35]: der Mensch – der wahre Mensch. Was der Mensch im übrigen von sich selbst halten mag, ist nicht mehr von Belang – und schon gar nicht Gegenstand der Hoffnung!

Die ergreifende Klarstellung seines Wesens lässt Paulus übergehen in die Frage, die jegliche Erwartung auf eigene Besserung ausschliesst:

---
[35] Römer 7, 15b

«Ich elender Mensch, wer wird mich erlösen von diesem Leibe des Todes?» (Römer 7, 24)

Weil die quälende Erwartung eigener Besserungsbemühungen zusammengebrochen ist, trägt die Frage aber nichts von Verzweiflung, ja nicht einmal von Ungeduld in sich. Sie mündet vielmehr in den Ausruf:

«Dank sei Gott durch Jesus Christus, unsern Herrn!» (Römer 7, 25a)

und schliesslich in die nüchterne Feststellung:

«Also diene ich nun selbst mit meinem Innern dem Gesetz Gottes, mit dem Fleisch aber dem Gesetz der Sünde. Also gibt es jetzt keine Verurteilung mehr für die, welche in Christus Jesus sind.» (Römer 7, 25b; 8, 1)

Der Friede Gottes, der das alte, unfriedliche Herz und die verkehrten Gedanken «in Christus Jesus bewachen» wird, übersteigt des Menschen Verstand[36]. Er kann eine «Besserung» weder mit seinem Verstand wollen noch mit seinem Eifer erjagen. Denn es gilt:

«Gott ist es, der in euch sowohl das Wollen wie das Vollbringen wirkt um seines Wohlgefallens willen.» (Philipper 2,13)

«Somit kommt es nun nicht auf den an, der will, noch auf den, der läuft, sondern auf Gott, der sich erbarmt.» (Römer 9, 16)

Im Neuen Testament nichts Neues!

Es ist festzuhalten, dass das neutestamentliche Jüngerbild genau den Berichten des Alten Testamentes über die Erstberufenen des alten Gottesvolkes entspricht. Zwei Hinweise sollen an dieser Stelle genügen:
– «Abraham glaubte dem Herrn, und das rechnete er ihm als Gerechtigkeit an.»[37] Dieser Glaube entstammte so wenig wie das Christusbekenntnis des Petrus dem «menschlichen Sinnen»

---
[36] Philipper 4, 7
[37] 1. Mose 15, 6

und hat dieses auch nicht ausgemerzt. So hat der «gläubige» Abraham nicht nur dann, als das Gottvertrauen ernsthaft gefordert war, grausam versagt und wiederholt seine Frau Sara um seiner Selbsterhaltung willen fremden Machthabern preisgegeben[38], sondern auch seinem Gott offen herausgemault, als dieser nicht aufhören wollte, seine Verheissung stets zu erneuern[39] und – wie Sara auch[40] – höhnisch gelacht über die Unmöglichkeit der göttlichen Verheissung, es werde ihm im Alter ein Sohn geboren[41].

– Über den Erzvater Jakob und seinen Bruder Esau schreibt der Apostel Paulus in bezug auf ihre «Würdigkeit»:

«Denn als sie» – *die Zwillingsbrüder Esau und Jakob* – *«noch nicht geboren waren und noch nichts Gutes oder Böses getan hatten – damit die nach freier Auswahl zuvor getroffene Entscheidung Gottes bestehen bliebe, nicht abhängig von Werken, sondern von dem Berufenden – wurde ihr»* – *der Mutter Rebekka* – *«gesagt: «Der Ältere wird dem Jüngern dienstbar sein»; wie denn geschrieben steht:*
‹Den Jakob habe ich geliebt, den Esau aber habe ich gehasst.›»
(Römer 9, 11–13)

Aufgrund dieser «nach freier Auswahl zuvor getroffenen Entscheidung Gottes» ist und bleibt der erwählte Jakob der Berufene – trotz seiner schon in seinem Namen angedeuteten «Schlitzohrigkeit» – «Jakob» heisst der «Fersenhalter», der «Beinsteller», der «Hinterlistige» – und gänzlich ungefährdet durch seine bis ins hohe Alter andauernde charakterliche und moralische Fragwürdigkeit.

Im nächsten Kapitel ist der Blick auf die gewaltigen Ausmasse der biblischen *Erwählungstheologie* zu richten, die nicht nur hinter diesen letzten Ausführungen, sondern schon hinter der Offenbarung der Bekehrung Gottes steht.

---

[38] 1. Mose 12, 10 ff.; 20, 1 ff.
[39] 1. Mose 15, 2 ff.
[40] 1. Mose 18, 12 ff.
[41] 1. Mose 17, 17

Übersicht über die 12 Petrus-Perikopen im Matthäusevangelium

Stelle	Zahl	Abschnitt	Aussage über Petrus
4, 18–22 (18)	1	Berufung der ersten Jünger	als erster berufen
8, 14.15 (14)	1	Heilung der Schwiegermutter	wertfrei
10, 1–4 (2)	1	Berufung der zwölf Apostel	erster Apostel
14, 22–33 (28.29)	2	Der sinkende Petrus	«Du Kleingläubiger!»
15, 10–20 (15)	1	Das Gleichnis von der Verunreinigung	«Seid auch ihr noch unverständig?»
16, 13–23 (16.18.22.23)	4	Das Bekenntnis des Petrus Jesu erste Leidensankündigung	«Fels der Kirche» – «Satan»
17, 1–13 (1.4)	2	Verklärung Jesu	will Hütte bauen (!)
17, 24–27 (24)	1	Jesu Stellung zur Tempelsteuer	wertfrei
18, 21–35 (21)	1	Das Gleichnis vom barmherzigen König und vom unbarmherzigen	versteht die unbeschränkte Geltung der Vergebung nicht; Knecht
19, 27–30 (27)	1	Vom Lohn der Jünger	fragt nach dem «Nutzen» der Nachfolge

Übersicht über die 12 Petrus-Perikopen im Matthäusevangelium

Stelle	Zahl	Abschnitt	Aussage über Petrus
26, 30–46 (33.35. 37.40)	4	Jesus in Gethsemane	V. 33 beteuert, an Jesus V. 35 keinen Anstoss zu nehmen, und muss widerlegt werden V. 37 schläft! V. 40 «So wenig vermochtet ihr, eine Stunde mit mir zu wachen!»
26, 57–75 (58.69. 73.75)	4	Jesus wird vom Hohen Rat verurteilt und von Petrus verleugnet	dreimalige Verleugnung

13
Die Zwölf und der Dreizehnte

Ein Geheimnis von gewaltigem Ausmass steht jetzt vor seiner Eröffnung – und eine Frage, die angesichts der schwungvollen Erledigung von Machbarkeitswahn und Bekehrungszwang immer dringlicher geworden ist, wird ihre Antwort finden:

Auf welche Weise übt Gott die Verfügung über das Heil seiner Schöpfung aus – die er durchaus in seiner göttlichen Hand behält und in keiner Weise dem Menschen überlässt?

Das Geheimnis öffnet sich zunächst wiederum in der eigentümlichen Sprache der biblischen Zeugen:

Die Urkirche, welche den Zusammenbruch des Bekehrungszwanges derart drastisch an sich selbst erlebt hat, wird in der Regel mit dem Ausdruck «die Jünger Jesu» bezeichnet – und zwar vor allem dann, wenn die menschliche, persönliche Seite dieser Männer betrachtet wird. Im Hinblick auf das beherrschende Ereignis ihrer Berufung und Beauftragung werden diese «Jünger» anders bezeichnet:

«DIE ZWÖLF».

Der Ausdruck wird in der Geburtsgeschichte der «*ekklesía*» eingeführt – dort, wo Berufung und Auftrag in scharfer Klarheit beschrieben werden:

«*Und er stieg auf den Berg und rief herbei, welche er selbst wollte, und sie gingen weg – zu ihm hin. Und er machte Zwölf...* (Markus 3, 13.14)

Mit einem auffallend kräftigen Tätigkeitswort wird angegeben, dass Jesus eine Formation von Zwölfen «*herstellt*».

Das griechische Wort «*poiein*»/«machen» bedeutet in seiner Wurzel «schichten», «bauen» und bezeichnet einen handgreiflichen Vorgang, den die Übersetzer gleichsam vergeistigen, wenn sie «bestimmen» (Zürcher Bibel) oder «ordnen» (Lutherbibel) sagen.

Die Herstellung der Zwölferzahl offenbart den geheimnisvoll weitläufigen Zusammenhang der «*ekklesía*» mit der ganzen Heilsgeschichte Gottes:
– Zwölf ist die Zahl der Stämme Israels;
– Zwölf Stämme Israels sind es um der zwölf Söhne Jakobs willen;
– Zwölf Gesandte «macht» Jesus, der Sohn Israels.

In der Zwölferzahl erscheint eine Geschichte von in der Tat gewaltigem Ausmass. *Die Geschichte Israels* zeigt die eigentümliche Art auf, in der Gott seine Verfügung des Heils für die ganze Schöpfung durchführt.

Sie ist der Wurzelstock, aus dem diese Zwölf herauswachsen – und dieser Wurzelstock hat seinen Grund im bedeutenden Ereignis der Bekehrung Gottes: in der freien Entscheidung des Herrn, die er schon «vor Grundlegung der Welt» getroffen hat. Die Geschichte Israels beginnt gleichsam im Himmel: in der Ewigkeit, in die alle geschichtliche Wirklichkeit eingebettet ist.

Zwischen diesem himmlischen, ewigen Ursprung und der historisch fassbaren Gestaltwerdung der Geschichte Israels auf dieser Erde liegt eine Reihe von «Geschichten», die als Vorstufen der Israelgeschichte zu betrachten sind.

Das 1. Buch Mose, die «Genesis» (das Buch der «Werdung»), ist so aufgebaut, dass es in den ersten 11 Kapiteln die landläufig sogenannte «Urgeschichte» erzählt und daran – im Übergang zum 12. Kapitel – die Geschichte des Volkes Israel anschliesst, der dann das Alte Testament bis zum Schluss gewidmet ist. Diese «Urgeschichte» ist aber eigentlich eine Reihe von Vorgeschichten, die der Geschichte Israels als der Hauptgeschichte vorausgehen und thematisch von ihr bestimmt sind. Sie sind in märchenhafter Gestalt geschrieben worden von Verfassern, die als Israeliten das Thema ihrer Volksgeschichte in die sogenannte «Urgeschichte» hineingetragen haben.

Die Bekehrung Gottes – die entscheidende Wendung Gottes zur Heiterkeit! – ist ein Ereignis von solch durchschlagender Bedeutung, dass sie nicht in einem einzigen Akt (oder gar nur in einer einzigen Episode) offenbar werden kann – und von einer Schönheit, die sich nicht mit einer einzigen Darstellung genügen lassen darf. Die Offenbarung der «Heiteren Wendung» Gottes kommt in immer neuen Schüben über die erschaffene Welt.

Noch einmal sei diese Kette von Vorgeschichten, die bereits in früheren Kapiteln dieses Buches durchschritten worden sind, kurz in Erinnerung gerufen:

Die Schöpfungsgeschichte (1. Mose 1)
von der Verfügung Gottes, dass die von ihm zuvor so wüst erschaffene Todeserde aus der Finsternis befreit werde und durch sein Wort zum lichterfüllten Lebensraum zu machen sei;

Die Überlistungsgeschichte (1. Mose 3)
von der Begnadigung des getäuschten Menschen;

Die Stammbaumgeschichte (1. Mose 5)
von der ungeheuren Langlebigkeit des dem Tode verfallenen Menschen;

Die Sintflutgeschichte (1. Mose 6–9)
von der Überwindung des Zornes Gottes, durch die der «Aufatmer» Noah mitsamt der ganzen Schöpfung über die Sintflut hinweggerettet wird.

Das alles ist in seiner heiteren Gewichtigkeit erst das «Vorspiel», gleichsam ein «Prolog», der zwar nicht mehr «im Himmel», aber auch noch nicht ganz auf Erden, sozusagen auf der untersten Treppenstufe zwischen Himmel und Erde seinen Platz hat. Es erscheint darum auch in märchenhafter Gestalt. Das heisst: Es zeugt von tiefster Wahrheit und besitzt allgemeine und ewige Gültigkeit, steht aber über den historischen Gegebenheiten. Die Schöpfung und ihre Erhellung; die Täuschung im Paradies, die Vertreibung und die Begnadigung der Vertriebenen; die Sintflut und die Rettung der «Aufatmer-Arche» – sie bestimmen die Umrisse der Lebensgestalt, die durch Gottes Bekehrung der geretteten Schöpfung für Zeit und Ewigkeit eigen sein wird. Die Gestalt selbst ist in diesen Vorgeschichten noch verschleiert. Sie schreitet aber unaufhaltsam durch alle Verschleierung hindurch – unheimlich vorwärtsdrängend auf die geschichtlich erfassbaren Ereignisse des menschlichen Erdbodens zu – und am Ende des 11. Kapitels (dicht vor dem 12. Kapitel!) des 1. Buches Mose, beginnt sich der Schleier zu heben. Irdische Verhältnisse werden erkennbar:

«Tharah zeugte den Abram, den Nahor und den Haran; und Haran zeugte den Lot. Haran aber starb bei Lebzeiten seines Vaters Tharah in seiner Heimat, zu Ur in Chaldäa. Da nahmen sich Abram und Nahor Frauen; Abrams Weib hiess Sarai, und Nahors Weib hiess Milka, die Tochter Harans, des Vaters der Milka und der Jiska. Sarai aber war unfruchtbar; sie hatte keine Kinder. Da nahm Tharah seinen Sohn Abram und seinen Enkel Lot, den Sohn Harans, und seine Schwiegertochter Sarai, das Weib seines Sohnes Abram, und führte sie hinweg aus Ur in Chaldäa, um ins Land Kanaan zu ziehen; und sie kamen bis Haran und liessen sich dort nieder. Und Tharahs Lebenszeit betrug 205 Jahre; dann starb Tharah in Haran.» (1. Mose 11, 27–32)

«Abraham» wird bis 1. Mose 17, 5 «Abram» genannt, was «berühmter Vater» heisst und für den kinderlosen Mann bitteren Spott bedeutet. Als die Verheissung Gottes nach 24 Jahren gegenüber dem 99jährigen Gatten der immer noch kinderlosen Sara erneuert wird, bekommt Abram einen neuen Namen: «Ab-raham», was eigentlich «Vater einer – grossen – Menge» bedeutet, an dieser Stelle aber mit «Vater vieler Völker» – hebräisch *«gojím»* – erklärt wird. Dieses *«gojím»* hat im Hinblick auf die eigentliche Bedeutung der ganzen Abrahamsgeschichte ein besonderes Gewicht.[1]

---
[1] Vgl. S. 172 f.

Chaldäa – am Unterlauf des Euphrat, nahe dem Persischen Golf – ist der heutige Irak! Kanaan – Küstenland am Mittelmeer, an das Asien, Afrika und Europa grenzen – ist das Land der Palästinenser und der Israeli! Dazwischen Haran, eine Stadt im Zweistromland Mesopotamien – in Syrien!

Wenn das nicht Welt ist! Im Augenblick, da diese Zeilen geschrieben werden, ist soeben der Kampf Amerikas gegen den Irak im «Golfkrieg» des Jahres 1991 nach Christi Geburt zu Ende gegangen...

In dieser «Welt» wird eine Familie ins Auge gefasst, in der menschliches Elend an allen Ecken und Enden zu greifen ist: Heimat-, Vater- und Kinderlosigkeit, Unfruchtbarkeit, Frühsterblichkeit, Aussterben!

Da hinein ergeht – 1. Buch Mose, Kapitel zwölf! – die Stimme des *Jahwe*/«*kýrios*»-Gottes: ein Ruf, ein Aufruf, eine Berufung, ein Auftrag, eine Verheissung:

«Und der Herr sprach zu Abram: Ziehe hinweg aus deinem Vaterlande und aus deiner Verwandtschaft und aus deines Vaters Hause in das Land, das ich dir zeigen werde! Ich werde dich zu einem grossen Volke machen, und ich werde dich segnen und deinen Namen gross machen – und er wird ein Zuspruch des Segens sein.» (1. Mose 12, 1. 2)

Durchbrochen wird die Sackgasse aussichtsloser Erstorbenheit des 75 Jahre alten, kinderlosen Mannes und seiner unfruchtbaren Frau Sara. Ihre Zukunft hat begonnen.

Und das bedeutet Gottes Segen: ein Niederknien Gottes vor einem darniederliegenden elenden Menschenpaar – wie das eines Dieners vor seinem Herrn, den er preist und so zu Ehren kommen lässt!

Die Ausdrücke «niederknien», «zu Ehre kommen lassen», «preisen» geben das sehr häufig vorkommende hebräische Wort «*barák*»/«niederknien»[1] wieder, das von der LXX fast durchwegs mit dem griechischen «*eu-*

---

[1] Vgl. den jüdischen Namen «Baruch»

logeín» mit der wörtlichen Bedeutung «gut reden», «(für und über jemanden) Gutes sagen» und im Deutschen allgemein mit «segnen» übersetzt wird.

Im gesamten biblischen Text wird dieses Wort für drei verschiedene Beziehungen gebraucht:
1. für die einzig gültige Beziehung Gottes zum Menschen, die in «Verehrung», das heisst Anerkennung und Wertschätzung besteht;
2. für die einzig gültige Beziehung des Menschen zu Gott;
3. als Ausdruck der einzig gültigen Beziehung von Mensch zu Mensch, wie Jesus sie in der Bergpredigt festgelegt hat: «Segnet, die euch fluchen.»[2]

Entscheidend an dieser Wechselseitigkeit der Preisungen Gottes und des Menschen ist dies, dass *Gott damit angefangen hat:* Er hat zuerst die Fische und die Vögel[3] gepriesen: Den ersten lebenden Wesen in den Abgründen des Chaosmeeres und am Zenit des unheimlichen Himmelsraumes hat der Schöpfer die Würde zuerkannt, die Abbilder der göttlichen Lebenslustigkeit zu sein, und ihnen durch den Zuspruch der Fruchtbarkeit verheissen, das auch zu bleiben. Dann folgt der Segen für den Menschen[4], der sich erstaunlicherweise nicht auf irgendeine geistliche Innerlichkeit beschränkt, sondern in erster Linie – wie bei Fischen und Vögeln – auf Fruchtbarkeit und Vermehrung bezogen ist und in zweiter Linie die Herrschaft über die Schöpfung im Auge hat.

Bis der erste Mensch den Segen Gottes mit seinem Gotteslob beantwortet, dauert es ziemlich lange – nach der märchenhaften Zeitrechnung der biblischen Urgeschichte rund 1700 Jahre! Bezeichnenderweise ist Noah – der «Aufatmer» – dieser erste Mensch, dessen Mund es bekennt: «*Barúk jahwé*» – «*Eulogetós kýrios*» – «Gepriesen sei der Herr!»[5]

Das längst angedeutete Schnippchen Gottes gegenüber allen Anzeichen von bedrohlichem Untergang nimmt welthistorische Gestalt an – und der weltbeherrschende Wahn zur Machbarkeit und

---

[2] Lukas 6, 28. «Fluchen» übersetzt hier das griechische «*kataráomai*», das wörtlich «(für jemanden) schlecht (nämlich in die Tiefe hinab) bitten», «Schlechtes herbeiwünschen» heisst.
[3] 1. Mose 1, 22
[4] 1. Mose 1, 28
[5] 1. Mose 9, 26

der Zwang zur religiösen Bekehrung wird unterlaufen und überholt: Bevor da ein Mensch auf die Erde kniet und seinem Gott die schuldige Verehrung erweist, kniet Gott selbst vor den – darf man sagen: «hergelaufenen»? – Chaldäer hin, preist ihn, gibt ihm die Ehre und sagt ihm alles Gute zu.

«Alles Gute» – für wen? Für «Abram», den «Iraker»? Und warum für ihn? Und wozu? Damit da einmal einer aus der Masse gewöhnlicher Jammerleider herausgeholt und in eine Vorzugsstellung versetzt werde: Sei es, um ihm nach jahrzehntelanger Zurücksetzung eine ausgleichende Gerechtigkeit widerfahren zu lassen – sei es, um an dieser Vorzugsbehandlung eines einzelnen allen andern erst recht das Elend ihrer Existenz vor Augen zu halten?

Die Fragen sind nicht erfunden. Diejenigen, die da aus diesem «Segen» hervorgegangen sind, haben oft genug ihre Sonderstellung auf die eine oder andere Art begründet und sich Entsprechendes darauf eingebildet – vergessend, dass dieser Segen einem «Iraker» zugesprochen worden ist…

Und die, welche der Sonderstellung der Abrahamsnachkommen nicht teilhaftig waren, haben sie durch alle Zeiten hindurch als schlimmste Provokation empfunden und darum alles «Jüdische» aus dem Grunde ihres Herzens gehasst und verfolgt, was zu der schrecklichen Erscheinung des Antisemitismus geführt hat.

Man hat, wenn man so fragt und antwortet, den Segenszuspruch an Abram nur ungenügend verstanden. Die Verheissungen des Herrn sind mit der Ankündigung von Landnahme, Volkwerdung und Segnung für den «Chaldäer» keineswegs erschöpft. Ihr Ziel ist gerade nicht die Vorzugsbehandlung des Berufenen und seiner Nachkommen. Das Entscheidende der Berufungs-, Auftrags- und Verheissungsgeschichte kündigt sich in der geheimnisvollen Erwähnung des Namens Abrams an:

«Ich werde deinen Namen gross machen,
und er wird ein Zuspruch des Segens sein ...» (1. Mose 12, 2b)

«... *und mit deinem Namen werden alle Geschlechter der Erde gesegnet werden.*» (1. Mose 12, 3b)

Die Übersetzung «... werden gesegnet werden» gibt die Nifal-Form – das Passiv! – des hebräischen Verbes «*barák*» wieder und verlässt den Wortlaut der Zürcher Bibel, die hier ein Aktiv übersetzt: «... werden sich Segen wünschen (alle Geschlechter der Erde).»[6] Das Nifal von «*barák*» findet sich im Alten Testament nur an vier Stellen des 1. Buches Mose – und dort ausschliesslich im Zusammenhang mit den Segnungen Abrams, Jakobs und seiner Söhne Ephraim und Manasse[7]. Es ist nicht einzusehen, warum an diesen Stellen nicht wie üblich das einfache Passivum von «segnen» gelesen werden soll – es sei denn, man unterstelle den Übersetzern einen inneren Widerstand gegen die Konsequenzen dieses Passiv-Satzes! – Die LXX hält sich wie die Lutherbibel an das Passivum – ebenso der Apostel Paulus, der bei der Zitierung von 1. Mose 12, 3b den passiven Wortlaut der LXX wörtlich übernimmt[8].

Die Einzigartigkeit dieser Passivform entspricht dem höchst besonderen Sachverhalt, den sie auszudrücken hat: Abram/Abraham und das ihm verheissene Volk haben als «Stellvertretendes Aufgebot» für alle Geschlechter der Erde darzustellen, dass die ganze Menschheit aus aller aussichtslosen Erstorbenheit hinaus und in die Zukunft des Lebens hinein gerettet *wird (passiv!)* – nicht durch ihre eigene religiös-sittliche Aktivität, sondern allein durch die freie, bedingungslose Entscheidung des «ewig freien Gottes» – Jahwes, des Herrn!

Der Bestimmung dieses Volkes entspricht seine Entstehung: Sara gebiert dem Abraham, als dieser hundert Jahre alt ist, nach 25jähriger Wartezeit den verheissenen Sohn und nennt ihn «Isaak» – («Gelächter»-Bub) – mit der Begründung: «Ein Lachen hat mir

---

[6] Es ist nicht erfindlich, worauf sich diese seltsame Formulierung gründet, die auch in Ludwig Köhler «Lexicon in Veteris Testamenti libros» (1953) vertreten wird.
[7] 1. Mose 12, 3; 18, 18; 28, 14; 48, 20
[8] Galater 3, 8

Gott bereitet.»[9] Isaak wird seinerseits Vater: Seine Frau Rebekka bringt die Zwillinge Esau und Jakob zur Welt. Durch göttlichen Entscheid wird aber schon im Mutterleib nicht der Ältere, sondern der Jüngere – der dann bei der Geburt seinen älteren Bruder bei der Ferse hält und darum «Jakob» («Fersenhalter», der «Hinterlistige») genannt wird[10] – zum Stammvater des «Stellvertretenden Aufgebotes» –

«damit die nach freier Auswahl zuvor getroffene Entscheidung Gottes bestehen bliebe, nicht abhängig von Werken, sondern von dem Berufenden.»
(Römer 9, 11.12)

Dann beginnt das Wachstum dieses Volkes in den zwölf Söhnen Jakobs – und wenn es ausgewachsen sein wird, ist es nicht nur ein Volk, sondern das Zwölf-Stämme-Volk.

«Zwölf» bedeutet die Vollzahl, das «volle Dutzend». Diese Vollzahl beschränkt sich nicht auf die Nachkommen Abrahams – als ob Israel in sich selbst alle Fülle besässe und allen andern «Völkern» nichts als die bedeutungslose Leere bliebe. Der berufende Herr hat bestimmt, dass im Namen Abrahams *«allen Geschlechtern der Erde»* ihr volles Gewicht zugesprochen wird – eben: alle Völker «gesegnet» werden. Die symbolkräftige Zahl Zwölf bekräftigt den Auftrag an das Zwölf-Stämme-Volk, die «Vollzahl der Heiden»[11] zu vertreten.

Israel, das Zwölf-Stämme-Volk: die alttestamentliche «*ekklesía*» für die Heiden: «*qahál*»!

Wiederum ist es die Sprache, welche die grundlegende Zweckbestimmung des Volkes Israel in aller Deutlichkeit erkennen lässt. Das Alte Testament bezeichnet an unzähligen Stellen Israel als Ganzes

---
[9] 1. Mose 21, 6; vgl. S. 160
[10] Römer 9, 11–13; vgl. S. 160
[11] Römer 11, 25

mit dem hebräischen Wort «*qahál*». Auch einzelne repräsentative Volksteile werden so genannt: die Volksversammlung von Männern, die Versammlung der Ältesten und «Fürsten», der Heerbann, das Offizierskorps, die im Gottesdienst Versammelten. Die LXX übersetzt «*qahál*» fast durchgehend mit dem griechischen Wort «*ekklesía*» – «Stellvertretendes Aufgebot».

Diese Übersetzung entspringt nicht etwa dem Bestreben, mit dem griechischen Wort «*ekklesía*» auch dessen weltlich-politische Bedeutung in das Alte Testament und damit die Ordnung des griechischen Staatswesens[12] in das jüdische Gemeinwesen hineinzutragen. Vielmehr haben «*qahál*» und «*ekklesía*» von ihrer jeweiligen Sprachwurzel her die völlig gleiche Bedeutung, so dass das hebräische «*qahál*» gar nicht anders als mit «*ekklesía*» ins Griechische übersetzt werden konnte.

Das hebräische «*qahál*» ist – wahrscheinlich – vom Wort «*qol*» abgeleitet, was «Stimme» bedeutet. Die «*qahál*» kommt durch den «Ruf einer Stimme» zustande und wird durch die Einberufung ihrer Mitglieder versammelt. Sie hat ein Aufgebot und wird selbst ein «Aufgebot» mit einem bestimmten Auftrag. Sie verdankt ihre Entstehung nicht einer freiwilligen Entschliessung Gleichgesinnter und ist in der Wahl ihres Zweckes nicht frei. – Genau das trifft auch für die griechische «*ekklesía*» zu, die von «*kaleín*», «rufen», ihren Namen hat.

Es ergibt sich der erstaunliche Sachverhalt, dass in zwei so verschiedenen Welten – hier in der griechisch-europäischen Staatswelt, dort in der jüdisch-asiatischen Gotteswelt – die gleiche Struktur der Stellvertretung gilt und mit der gleichen sprachlichen Benennung versehen wird. Das erhärtet nicht nur die bereits früher gemachte Feststellung von der «Weltlichkeit der Kirche»[13], sondern offenbart darüber hinaus, dass von einer grundsätzlichen Scheidung eines jüdisch-biblischen von einem heidnisch-weltlichen Bereich nicht

---
[12] Vgl. S. 64
[13] Vgl. S. 69

mehr die Rede sein kann. Im hebräischen und im griechischen Sprachraum ist der Gleichklang der beiden Wörter zu vernehmen, die je an ihrem Ort die eine entscheidende Sache zu bezeugen haben:

Das Wunder der Stellvertretung im Aufgebot für die andern

In den beiden Wörtern «*qahál*» und «*ekklesía*» ist bereits vorausgewiesen auf das, was später über Heiden und Juden ausgerufen werden wird:

«Friede euch, den Fernen – Friede den Nahen!
Abgebrochen ist die Scheidewand des Zaunes,
abgebrochen die Feindschaft»! (nach Epheser 2, 13–22)

Dieser «Friede» ist vorgezeichnet in dem Auftrag des Zwölf-Stämme-Volkes, «Stellvertretendes Aufgebot» für die Heiden zu sein.

Mit welch ungeheurer Lebenskraft sich dieser Auftrag durchsetzt, kommt in einer weiteren sprachlichen Eigentümlichkeit des hebräischen Bibeltextes zum Vorschein. Wie bereits erwähnt[14], wird dem neuen Namen des Stammvaters Israels, «Ab-raham», die Bedeutung «Vater vieler Völker» zuerkannt – und diese «Völker» werden als «*gojím*» – griechisch: «*éthnoi*» – bezeichnet!

Dieses hebräische Wort brauchen die Juden – in völliger Übereinstimmung mit dem Alten und dem Neuen Testament – bis zum heutigen Tag für die «Nichtjuden», also für die «Heiden». Ein Nichtjude wird von den Juden – oft mit abschätzigem Ton – ein «*goj*» genannt. Ein «Heide» ist im Gegensatz zum «christlichen» Sprachgebrauch nicht ein «ungläubiger Nicht-Christ», sondern lediglich ein «Fremder», der nicht der Nachkommenschaft Abrahams angehört – im übrigen aber sehr wohl ein «gläubiger» Mensch sein kann.

---
[14] Vgl. S. 166

Das Alte Testament hält an der Unterscheidung zwischen Juden und Nichtjuden streng fest und bezeichnet das Volk der Juden in der Regel anders als die «heidnischen» Völker: mit dem Wort *«am»* (von der LXX mit *«láos»* übersetzt). Es ist deshalb höchst bedeutsam, dass ausgerechnet dort, wo dem Abram sein eigenes – also wahrhaftig «jüdisches» – «Volk» versprochen wird, das (heidnische) *«goi»* anzutreffen ist und nicht das (jüdische) *«am»* – und die LXX sich in ihrer Übersetzung genau daran hält!

Diese Bezeichnung an dieser Stelle ist wahrhaft ungeheuerlich! Man höre, wie das tönt: «Ich werde dich – Abraham! *Juden*vater! – zu einem grossen *Heiden*volk machen!»

Die Unterscheidung des Alten Testamentes zwischen «Juden» und «Heiden» lässt von Anfang an *keine grundsätzliche Scheidung* der beiden zu. Die Ausrichtung des Abraham-Volkes auf die Heiden-Völker ist für das Alte Testament zwingend verbindlich.

Das Geheimnis der Erwählung

(Zu diesem Abschnitt sind zu lesen
die grundlegenden Kapitel 9 bis 11 des Römerbriefes)

Die «Geburtsgeschichte» Israels geht zwar verschlungene Wege, verläuft aber nach einem klaren, einsichtigen Plan: Sie ist dem einzigen Gedanken Gottes an sein Geschöpf unterworfen, das er in Zärtlichkeit und Treue ebenso behutsam wie beharrlich der beglückenden Lebensfülle entgegenführen will und darum auch entgegenführen wird. Die Verwirklichung von Gottes Liebesgedanken trägt von altersher die Bezeichnung

Erwählung.

Erwählung ist das «principium» – der Vor- und Grundsatz, auf den Jahwe in freier Selbstverpflichtung seinen für ihn verbindlichen Eid abgelegt hat: Alles, was er im Hinblick auf seine Schöpfung tut, geschieht aufgrund seiner göttlichen Erwählung.

Das Hauptwort «Erwählung» – ein abstraktes Substantiv – kommt im Neuen Testament allerdings nur selten, im Alten Testament gar nicht vor.

«Abstraktes» Denken ist nicht biblisch. Die hebräische Sprache benennt nur «dingliche», handfeste Tätigkeiten und Tatsächlichkeiten, kennt darum keine Wörter für philosophische Abstraktheiten – das heisst: für alles, was von der Wirklichkeit «weggezogen», losgelöst ist.

Sehr häufig erscheint im Alten und im Neuen Testament das Tätigkeitswort «erwählen». Es heisst auf griechisch *«eklégein»* mit dem Partizip *«eklektós»*, womit die LXX das hebräische *«bachár»* bzw. das Substaniv *«bachír»* übersetzt.

«bachár» gehört der Hirten- und Jägersprache an und bedeutet dort «plötzlich erblicken», «scharf ins Auge fassen». Es bezeichnet den willentlichen Entschluss, seine ganze Aufmerksamkeit auf eine Sache zu richten – und damit von allem andern, was es auch noch zu sehen gäbe, abzusehen.

Das griechische *«eklégein»* betont den Willens- und Entscheidungsakt, heisst es doch wörtlich «herauslesen»: aus bestehenden Möglichkeiten die eine vor den andern vor-ziehen, die andern also zurückstellen, sich die eine vor-nehmen und die andern liegen lassen.

Solche «Erwählung» geschieht von Anfang an in Gottes Bekehrung – und dann in den unaufhörlichen Bewährungen dieser Bekehrung[15]: der freie Willensentschluss, die eine Möglichkeit – zu zürnen, zu hassen, zu verderben! – loszulassen und die andere – «aufzuatmen», zu lieben und zu retten! – in letzter Ausschliesslichkeit ins Auge zu fassen und festzuhalten.

«Erwählung» ist kein «Dogma», sondern ein «Drama»: keine «Lehrmeinung», sondern ein «aufregendes, erschütterndes Geschehen»[16] in der lebendigen Gottesperson. Sie entspringt der schweren Auseinandersetzung Gottes mit sich selbst und der ewig freien Entscheidung in sich selbst, das Heil der Schöpfung zu erwählen – und alle gegenteiligen Möglichkeiten zu verwerfen.

Was in Gott selbst seinen Anfang genommen hat, findet seine Fortsetzung und Entsprechung in seiner Geschichte mit dem Men-

---
[15] Vgl. S. 30–47
[16] Duden Bd. 7 («Dogma», «Drama»)

schen: die sichtbare Erwählung von Menschen und Ereignissen – als Licht! – ist stets begleitet durch die sichtbare Verwerfung von Menschen und Ereignissen – als Schatten!

Das Wort «Verwerfung» – griechisch «*apobolé*», abgeleitet von «*apobállein*» «weg-werfen»[17] – bezeichnet die schrecklichste Möglichkeit, die Gott in der Erwählung verwirft: dass der Mensch und die ganze Schöpfung von Gott weg und damit ins Verderben geschleudert werden, wozu Gott Recht, Freiheit und Macht besitzt. Davon spricht Jesus in dem Satz:
«*Fürchtet den, der, nachdem er getötet hat, Vollmacht besitzt, in die Hölle zu werfen. Ja, ich sage euch: Den fürchtet!*» (Lukas 12, 5)

Die Verworfenen werden zurückgestellt, haben die Zeichen des Unheils zu tragen und in der ganzen Schwere ihrer verworfenen Existenz aller Welt vor Augen zu stellen, dass das Heil einzig und allein von dem Gott abhängt, der da spricht:
«*Ich werde mich erbarmen, wessen ich mich erbarme, und werde barmherzig sein, gegen wen ich barmherzig bin*» (Römer 9, 15)

und von dem es heisst:
«*Also erbarmt er sich nun, wessen er will, verhärtet aber, wen er will.*»
(Römer 9, 19)

Durch diese Erwählungs- und Verwerfungsordnung setzt sich der immer neu aufleuchtende Kernsatz des bekehrten Gottes[18] durch:
«*Somit kommt es nun nicht auf den an, der will, noch auf den, der läuft, sondern auf Gott, der sich erbarmt.*» (Römer 9, 16)

Darum stehen in den biblischen Geschichten in unüberschaubarer Zahl solche *Paare von Erwählten und Verworfenen* nebeneinander und gegeneinander. Sie verkörpern die Erwählungs- und

---
[17] Römer 11, 15
[18] Vgl. S. 159

Verwerfungsordnung Gottes, die allein den Schlüssel für das Verständnis des Alten Testamentes bildet – und auch allein den Zusammenhang zwischen ihm und dem Neuen Testament bis hin zum Verständnis Jesu Christi[19] selbst zu erschliessen vermag. Es können hier nur deren wenige angeführt werden:

1. Mose 1	erwähltes Licht	und	verworfene Finsternis
	erwähltes Land	und	verworfenes Meer
1. Mose 4	erwählter Abel	und	verworfener Kain
1. Mose 6–8	erwählter Noah	und	verworfene Menschheit
1. Mose 12ff.	erwählter Abraham	und	verworfener Kananäer
1. Mose 16	erwählter Isaak	und	verworfener Ismael
1. Mose 25	erwählter Jakob	und	verworfener Esau
1. Samuel 10 –2. Samuel			
	erwählter David	und	verworfener Saul –

und in dem allem:
        erwähltes Israel   *und* verworfene Heiden.

***   ***   ***

In der Offenbarung der Erwählung findet Gott – wie schon bei seiner Bekehrung, so nun auch in deren geschichtlicher Bewährung – seine göttliche Heiterkeit, die unaufhaltsam und unaufhebbar sofort auf die Erwählten übergreift:
– dass ihnen das Heil gilt, macht sie in ihrer Angst vor dem Untergang ein für allemal *getrost;*

---
[19] Vgl. S. 179 ff.

– dass ihnen dieses Heil einzig kraft der Erwählung durch ihren bekehrten Gott gilt, *befreit* sie ein für allemal von dem fürchterlichen *Zwang*, sich das Heil selbst erwerben und erhalten zu müssen.

Aber das allein genügt in entscheidender Weise nicht. Trost in der Angst und Befreiung vom Zwang, das Heil selbst erwerben zu müssen, beziehen sich ja nur auf die eigene Person und ihr Wohlbefinden. So aber haben sie weder Format noch Dimension. Denn Gott ist nicht nur der Erwählten Tröster und Befreier.

In den biblischen Darstellungen der ungeheuren Spannung zwischen den Erwählten und den Verworfenen widerspiegelt sich auch und gerade *gegenüber den Verworfenen* das Geschehen der göttlichen Bekehrung: über ihnen geht das hellste Licht der *Heiterkeit* auf:

– Gott lässt die Verworfenen keineswegs fallen, sondern gewährt ihnen – mitten in aller Strenge – in ergreifender Zärtlichkeit und Fürsorglichkeit seine besondere Zuwendung[20];
– Gott löscht gegenüber den Verworfenen die Verheissung der zukünftigen Erwählung nicht aus. Vielmehr stürmt er geradezu dem Tag entgegen, da er die einmal getroffene Entscheidung über Erwählung der einen und Verwerfung der andern umkehren wird, um schliesslich alle Verwerfung selbst aufzuheben – so, wie er es an seinem Volk Israel nach der endgültigen Selbstoffenbarung in seinem Sohn denn auch wirklich tut: Die Vollzahl der Heiden wird in die Herrlichkeit des Reiches Gottes zuerst eingehen – und erst dann wird Israel (über das «einem Teil nach Verstockung gekommen ist»!) nachfolgen – und nur «auf diese Weise ganz Israel gerettet werden»[21]. Denn:

---
[20] Es braucht ein kräftiges Gemüt, dem innigen Verhältnis Gottes zum verworfenen Kain (1. Mose 4; vgl. S. 36), zum verworfenen Ismael (1. Mose 16), zum verworfenen Saul (1. Samuel 10–2. Samuel 1) standzuhalten.
[21] Römer 11, 25. 26

«*Gott hat alle in den Ungehorsam hineingebannt, um an allen Barmherzigkeit zu erweisen.*» (Römer 11, 32)

Die endgültige Erwählung *aller* – das ist Gottes Ziel!

Darum haben die Erwählten allen Trost und alle Freiheit nicht für sich auszuleben und zu feiern, sondern dies alles immerzu und überall stellvertretend für die Verworfenen zu tun – den Verworfenen zum Zeugnis, dass ihre Verworfenheit aufgehoben ist und der ewigen Erwählung Platz machen muss:

Es ist der Auftrag an das erwählte Zwölf-Stämme-Volk in seiner Erwählung, als «*qahál*»/«*ekklesía*» – als «Stellvertretendes Aufgebot» für alle Heiden – fortwährend die Hoffnung für die Verworfenen zu bezeugen.

Die Zwölf: Gesandte des erwählten Verworfenen

Die Zwölferschar der Jünger Jesu erscheint durch ihre Zahl als *Entsprechung zum Volk Israel:* in ihrer Erwählung[22], ihrem Auftrag und in ihrer Bedeutung für die ganze Welt. Die Zwölf haben die eine grundlegende Entscheidung Gottes darzustellen, die er zugunsten seiner Schöpfung, aber ohne ihr geringstes Dazutun, getroffen hat. – Darzustellen aber haben sie auch, wie diese Entscheidung in ihrer besonderen Gestalt von Erwählung und Verwerfung die ganze Welt durchzieht. Die Grundlinien und Umrisse der Zwölf-Stämme-Volksgeschichte werden jetzt von den Zwölfen Jesu in einer neuen Gestalt weitergezogen.

Die Sprache, in welcher der Evangelist Markus die «Herstellung» der Zwölf beschreibt, ist eindeutig auf eine Entsprechung der Zwölf zu dem Zwölfervolk ausgerichtet. Das ist an der Stelle Mar-

---
[22] Vgl. das Wort Jesu an seine Jünger: «Nicht ihr habt mich erwählt, sondern ich habe euch erwählt…» (Johannes 15, 16)

kus 3, 13–15, die bereits am Anfang dieses Kapitels eingeführt worden ist, deutlich zu erkennen.

«*Und er stieg auf den Berg ...*»
(Markus 3, 13)

Der Berg! Ohne Namen oder vorherige Erwähnung wird er als bekannt vorausgesetzt: *der* Berg! Er ist bekannt – der «Berg aller Berge», der sich nicht an einer bestimmten Stelle dieses Erdbodens zufällig aus Niederung oder Ebene erhebt, sondern als hintergründiges Sinnbild zu dienen hat. In diesem «Berg» sind anzuschauen:
– die zum Himmel aufragende Erde;
– die – schmerzlich empfundene oder erleichtert begrüsste – Grenze zwischen dem Irdischen und dem Himmlischen;
– der unheimliche Ort, auf den der Gott des Himmels seinen Fuss setzt und in freier göttlicher Entscheidung diese Grenze vom Himmel her überschreitet;
– die Stelle der Offenbarung Gottes, wo seine Fürchterlichkeit in Donner, Blitz, Rauch und Gewölk ebenso in Erscheinung tritt wie seine
– «Bekehrung» zur Freundlichkeit, wenn er in seinem Wort den Liebesbund mit seinem Volke schliesst und ihn zugleich der ganzen Welt in Aussicht stellt[23] – und seinen Höhepunkt und Abschluss findet in der Ausrufung Gottes:

«*Der Herr, der Herr – ein barmherziger und gnädiger Gott, langmütig und reich an Huld und Treue!*» (2. Mose 34, 7)

«Der» Berg ist die Erdenhöhe und die Himmelstiefe, die den Namen Sinai oder Horeb trägt. Hier hat Gott mit seinem Volke Israel auf der Wüstenwanderung den «alten Bund» geschlossen – so ein-

---
[23] 2. Mose 19–34

seitig, dass er ausschliesslich auf des Volkes Wohl und Heil ausgerichtet ist. Auf diesem «Bundesberg» hat sich der Gott Abrahams, Isaaks und Jakobs geoffenbart als der, welcher die Erwählung gegen alle Verwerfung durchsetzt und seine Liebe über all seinen Zorn triumphieren lässt – dort, auf «dem» Berg!

In der Geburtsstunde der Kirche steigt nun Jesus auf «den» Berg – wie der *Jahwe*/«*kýrios*»-Gott, der von der Himmelshöhe seiner ewigen Gottessohnschaft in die Niedrigung von Menschengestalt und Menschengefilde herniedergestiegen ist. Damit kündigt er an, dass sich in ihm eine erneute – und wie gleich offenbar werden wird: die endgültige – Zuwendung Gottes zur Welt ereignen wird.

«… und rief herbei, welche er selbst wollte …»

Es erhebt sich die Stimme des «Rufes», die von jeher die Entscheidung Gottes gegen seinen eigenen Missmut verkündet hat:

– die Stimme, die in das Tohuwabohu der verworfenen Erde das «Es werde Licht» hineingerufen hat;
– die Stimme, welche vor dem «aufatmenden» Noah die Bekehrung Gottes ausgerufen hat;
– die Stimme, die das Gottesvolk aus den erstorbenen Leibern Abrams und seiner unfruchtbaren Frau auferweckt hat;
– die Stimme, die das Getöse des in Aufruhr geratenen Sinai-Berges durchbrochen und in den «Zehn Weisungen» dem erwählten Volke der Juden die liebevolle Zärtlichkeit seines Gottes zugerufen hat.

Diese Stimme setzt die alles bestimmende und zugleich alles befreiende Herrschaftlichkeit Gottes durch: Gerufen und berufen werden nicht die, welche kommen wollen, sondern die, «welche er selbst wollte». Sie zerbricht den Zwang, an die Hoheit des «freien

Willens» im Menschen glauben zu müssen, und *beendet den «Freiwilligkeitskult»*. In blitzender Strenge und in strahlender Schönheit zugleich gebietet der Herr, der «alles nach dem Ratschluss seines Willens» wirkt. Was die erwählten und zum «Stellvertretenden Aufgebot» berufenen Zwölf zu sein und zu bleiben haben, werden sie allein durch den Ruf dieser Stimme –

– nicht aufgrund ihres Wollens und Laufens,
– nicht in eigener Verantwortung.

Sie haben es allein der freien Verfügung des Berufenden zu verdanken, der dafür auch allein die Verantwortung übernimmt.

«… und sie gingen weg – zu ihm hin …»

Die Macht des Auftrages ist erneut zum Ziel gekommen: Der Gehorsam der Zwölf wird nicht als eigenes Werk der Beauftragten geleistet, sondern gezeugt und geboren von dem, der beruft – so wie es eh und je bei den Berufungen durch den Herrn geschehen ist:

– bei der Berufung des Lichtes am ersten Schöpfungstag;
– bei der Berufung des Noah am Tage der Bekehrung Gottes aus der Finsternis des Sintflutzornes;
– bei der Berufung des Abram in der Zeugungsstunde des Zwölf-Stämme-Volkes;
– bei der Berufung der ersten Jünger in der Zeugungsstunde der *«ekklesía»* am See Genezareth –

ohne Diskussion – ohne dass der Berufende irgendeine wie auch immer geartetete Entscheidung der Berufenen gefordert und erwartet hätte.

Die Entsprechungen sind eindeutig. Aber das Abbild, das auf diesem Jesus-Berg aufleuchtet, rückt noch einen Schritt näher an die Ur-Mitte heran:

Die Zwölf: Gesandte des erwählten Verworfenen

«*Und er machte Zwölf – die er auch ‹Gesandte› nannte –*»
«*... damit er sie aussende ...*»

Der handfeste Ausdruck, dass die Zwölf zu dem «gemacht» werden, was sie inskünftig sind, ist befremdlich, aber uralt. Er kommt schon in der Schöpfungsgeschichte vor. In ihrer griechischen Übersetzung erscheint er buchstäblich so, wie Markus ihn gebraucht:

«*Im Anfang ‹machte› Gott den Himmel und die Erde.*» (1. Mose 1, 1)

Einem urtümlichen Schöpfungsakt – einer «creatio ex nihilo» («Schöpfung aus dem Nichts») – entspringt die ganze Zwölferschar; und der sie «macht», ist der Schöpfer selbst: das ewige Wort, von dem der Evangelist Johannes bezeugt:

«*Alle Dinge sind durch dasselbe geworden, und ohne das Wort ist auch nicht eines geworden, das geworden ist.*» (Johannes 1, 3)

Auch die zweimalige Nennung des Berufungszweckes ist auffallend: «Gesandte» werden sie genannt, und zur «Aussendung» sind sie berufen. In dieser unverhohlenen Deutlichkeit ist das Amt der Berufenen bis jetzt nie ausgesprochen worden – obwohl es auch dem Noah, dem Abram und ganz Israel im Grunde genauso verliehen worden ist.

Aber etwas daran ist anders, neu – und wird in der fast derbunvermittelten Sprache angedeutet und schliesslich vollends enthüllt in dem einen Satzteilchen:

«*... damit sie mit ihm seien ...*»

Mit ihm, Jesus, dem «*kýrios*», sind sie, was sie sind: «Gesandte». Ohne ihn sind sie nichts. Er selbst ist ihre Wesensart. Was heisst das? Und wie muss man es ausdrücken, um nicht in kirchlich-unverbindlich-frommes Gerede zu verfallen, das nichts aussagt, weil es nichts zu sagen hat?

Es wird alles sofort klar, sobald man die Hauptgestalt der ganzen Berufungsgeschichte nicht übergeht: Jesus, den «kýrios». An ihm liegt dieses «andere», «Neue», welches die Berufung der Zwölf von allen bisherigen Berufungen unterscheidet. *Wer ist er?*

Wir sind in diesem Abschnitt schon zweimal ganz nahe an sein Geheimnis herangekommen: zum ersten Mal dort, wo wir *ihn* «auf den Berg steigen» sahen, und zum zweiten Mal bei dem Ausdruck, aus dem die Schöpfertat Gottes aus der Tiefe der Urgeschichte heraufklang: «…und er machte die Zwölf.» Bisher war «der» Berg der Ort, da der herniedersteigende Gott von oben her die Erde (als den «Schemel seiner Füsse»[24]) berührte, um ihr seine Zuwendung zu bezeugen. Jetzt begibt sich an diesen Ort zwar kein anderer als eben dieser Gott; aber es ist nun der bereits herniedergestiegene, menschgewordene Gott:

«Und das Wort ward Fleisch und wohnte unter uns, und wir schauten seine Herrlichkeit, eine Herrlichkeit, wie sie der einzige Sohn von seinem Vater hat, voll Gnade und Wahrheit.» (Johannes 1, 14)

Was bedeutet diese Menschwerdung? Genügt die landesübliche Weihnachtsliederauskunft, dass Gott «ein wenig unter uns» sein wollte? Wenn Gott ein Mensch wird, so nimmt er – wie nun freilich auch ein Weihnachtslied bezeugt! – «an unserer ganzen Menschheit teil»[25]. Nach dem freien Urteil des bekehrten Gottes aber ist diese «ganze Menschheit» dadurch ausgezeichnet, dass sie *der Erwählung oder der Verwerfung untersteht.* In der Menschwerdung Gottes ereignet sich also das Ungeheure, das «allen Verstand überragt»[26]:

---

[24] Jesaja 66, 1
[25] «Damit der Sünder Gnad erhält,
 erniedrigst du dich, Herr der Welt;
 nimmst selbst an unsrer Menschheit teil,
 erscheinst im Fleisch, wirst unser Heil.»
 (Christian Fürchtegott Gellert, 1715–1769: «Dies ist der Tag, den Gott gemacht»,
 KGB Nr. 126, Strophe 4)
[26] Philipper 4, 7

– Gott nimmt alle seine Verfügungen von Erwählung und Verwerfung, denen die ganze Menschheit unterworfen ist, *selbst auf sich*;
– vereinigt in der Gestalt seines fleischgewordenen Wortes alle Erwählung und Verwerfung *in sich selbst*:
Er wird in seinem Sohn der Verworfene und der Erwählte zugleich!

Der tiefste Sinn und das letzte Ziel aller Erwählung und aller Verwerfung, die in der alttestamentlichen Geschichte so ergreifende Gestalt angenommen hatten, stehen unmittelbar vor ihrer Enthüllung:

Gott selbst verlässt die Erhabenheit seiner himmlischen Herrlichkeit. In der Gestalt seines eingeborenen Sohnes verlässt er die ihm zukommende Vorzugsstellung, geht in dem heruntergekommenen Landstrich Galiläa in die erst recht heruntergekommene Nachkommenschaft Davids ein und wird zum unehelichen Sohn der Jungfrau Maria – zu «Jesus von Nazareth». Der erste Schritt zur «Schattenseite» – zur Verworfenheit – ist getan. Dann stellt er sich, der göttlich Schuldlose, an den Ort, da er die Verurteilung und Hinrichtung aller Schuldigen zu tragen hat – und versinkt in die *dunkelste Tiefe der Hölle* (den Ort der Verdammten); gehängt wird er an den «Stamm des Kreuzes», wo er – «des ewgen Vaters einig Kind»! – aufschreit:

«**Mein Gott, mein Gott – warum hast du mich verlassen?**»
(Markus 15, 34)

Jesus von Nazareth, der Sohn des lebendigen Gottes, ist der endgültig Verworfene. Auf *ihn* hin sind von jeher alle Verworfenen dieser Erde zugelaufen. In *ihm* hat ihre Verwerfung ihr Ziel gefunden. So gehen nun aber auch alle Verworfenen dieser Erde in *ihm* seinen Weg weiter:

Der verworfene, in die Hölle gefahrene Gottessohn wird zu Grabe gelegt – Hölle und Grab mit schwerem Stein verschlossen. In diesem Verlies des Verderbens wird er am dritten Tage von den Toten auferweckt und des ewigen Lebens teilhaftig. Nach vierzig Tagen wird er von der Erde emporgehoben und nimmt seinen Platz ein «zur Rechten des Vaters» – und seine Herrlichkeit nimmt kein Ende in alle Ewigkeit:

Jesus von Nazareth – der Gekreuzigte, Verworfene, Verdammte – ist der endgültig Erwählte! So kommen denn auch alle Erwählten dieser Erde in ihm zu ihrem Ziel – und treffen in ihm mit den Verworfenen zusammen, die in ihm, dem erwählten Verworfenen, geworden sind wie er: Erwählte, deren Verworfenheit aufgehoben ist.

Das ist uraltes kirchliches Erkenntnisgut. Ein uralter «Christushymnus» – vom Apostel Paulus überliefert – beschreibt Christus in gewaltiger Sprache als den,

«welcher, als er in Gottes Gestalt war, es nicht für einen Raub hielt, wie Gott zu sein, sondern sich selbst entäusserte, indem er Knechtsgestalt annahm und den Menschen ähnlich wurde; und der Erscheinung nach wie ein Mensch erfunden, erniedrigte er sich selbst und wurde gehorsam bis zum Tode – bis zum Tode am Kreuz. Daher hat ihn auch Gott über die Massen erhöht und ihm den Namen geschenkt, der über jeden Namen ist, damit in dem Namen Jesu sich beuge jedes Knie derer, die im Himmel und auf Erden und unter der Erde sind, und jede Zunge bekenne, dass Herr ist Jesus Christus – zur Ehre Gottes, des Vaters.» (Philipper 2, 5–11)

Auf diesen einen hin war die Erwählung Abrahams und mit ihm die Erwählung Israels angelegt. Ihr Amt als «Stellvertretendes Aufgebot» deutete voraus auf den, der die Verwerfung der Verworfenen stellvertretend tragen, aufheben und in ihre Erwählung hinüberführen würde. Jetzt, da Jesus von Nazareth das getan hat, erweist er sich als *der entscheidende Stellvertreter*, auf den von Anfang an jede «qahál» und «ekklesía» ausgerichtet gewesen ist:

«Als aber die Erfüllung der Zeit gekommen war, sandte Gott seinen Sohn ...»
(Galater 4, 4)

***   ***   ***

Diese «Erfüllung der Zeit» aber hat sich in langer Entwicklung der «*qahál*» vorbereitet – und zwar in ihrer zahlenmässigen Besetzung: Sie wird – je näher sie dem entscheidenden Zeitpunkt kommt – immer kleiner!

Da es bei der «*qahál*» um die Kirche geht, ist an dieser Stelle daran zu erinnern, wie sehr die Popanz-Kirche mit geradezu krankhafter Fixierung auf die Wichtigkeit der zahlenmässigen Besetzung eingeschworen ist! Die bohrende Frage, wie viele man denn (noch) habe, erfüllt den kleinen Kirchenalltag wie die grosse Kirchenpolitik mit zerquälenden Albträumen. – Nun kommt es aus, dass eine *Verkleinerung* der «*qahál*»/«*ekklesía*»-Kirche von altersher *höchst bedeutsam* gewesen ist – freilich ganz anders, als es die Popanz-Kirche in ihren Ängsten um die «schrumpfenden Zahlen» zitternd befürchtet …

Zuerst ist alles Sache von einzelnen: Abrahams – Isaaks – Jakobs. Dann vermehrt sich das «Stellvertretende Aufgebot»: zuerst zu der Zwölf-Söhne-Familie, dann zu dem Zwölf-Stämme-Volk, das zu Hunderttausenden die Verheissung der Erwählung «in ein schönes, weites Land, wo Milch und Honig fliesst»[27] zu tragen und dort während Jahrhunderten vor den Augen und unter der Bedrohung der «Heiden»völker auszuleben hat. Aber schon zu dieser Zeit kündigt sich an, dass dieses Volk nicht mehr als Ganzes seinen Auftrag erfüllen wird: einzelne Volksteile haben jetzt als «*qahál*»/«*ekklesía*» zu dienen[28].

Dann tritt der Augenblick ein, da dieses – erwählte! – Volk die Umkehrung von Gottes Erwählungsverfügung zu erleben und – wenn auch zunächst nur einem Teile nach – die Verwerfung zu erleiden hat: Das eine Reich zerfällt – rund 250 Jahre nach der Eroberung Kanaans durch die Israeliten unter Josua – in zwei Teile[29], von denen der eine – das Reich «Israel» – nach weiteren 200 Jahren[30] von

---

[27] 2. Mose 3, 8
[28] Vgl. die Bedeutungsbereiche von «*qahál*» (S. 172)
[29] ca. 930 v. Chr.

den Assyrern, der andere – das Reich «Juda» – rund 150 Jahre darnach[31] von den Babyloniern erobert wird und durch Verbannung («babylonisches Exil») seines Bestandes zum grössten Teil verlustig geht.

Dann geht Verheissung und Auftrag des «Stellvertretenden Aufgebotes» durch den Spruch des Propheten Gottes an den «Rest» über[32], der aus der babylonischen Gefangenschaft wieder in sein Land zurückkehren und sogar – im 6. Jahrhundert v. Chr. – den Tempel zu Jerusalem neu aufbauen kann. Aber zur Wurzel eines «Neuen Reiches» wird der «Rest» nicht. Israel hat seine Bedeutung als Volk und (Gottes-)Staat nicht mehr erlangt. Die «Heiden» behalten die Oberhand: so, wie den Assyrern die Babylonier gefolgt sind, werden diese von den Persern, den Griechen und schliesslich von den Römern abgelöst. Die wiederholten Versuche der Juden, in blutigen Aufständen ihre Eigenständigkeit zu erlangen (Makkabäerkriege), schlagen fehl: Die Verwerfung Israels und damit seine Absetzung als «Stellvertretendes Aufgebot» scheint endgültig zu sein. Und bald ergibt sich die Aussicht auf einen letzten «einzelnen», der noch übrigbleibt.[33]

Die bange Frage taucht auf: Wer wird am Ende dieser – letzte – einzelne sein? Und wird – wenn auch dieser Letzte am Ende sein wird! – die ganze Herrlichkeit des «Stellvertretenden Aufgebotes» zu Ende sein?

Aber es sieht nur so aus! Der Fraglichkeit dieses einzelnen hat das Wort der Jahwe-Prophetie nämlich schon längst ein Ende gemacht. Zu der Zeit, da die nationale und entscheidend auch die *«qahál»*-Existenz Israels am Zerbrechen ist, offenbart sich eine prophetische Schau unter dem Namen *«Jeschajahu»* – *«Jesaja»*.

---

[30] 722 v. Chr.
[31] 586 v. Chr.
[32] Jesaja 7, 3 u. ö.
[33] z. B. Jesaja 11, 1 u. ö.

Graphisch dargestellt sieht das so aus:

```
     ■              Abraham
     ■              Isaak
     ■              Jakob
    ■ ■
    ■   ■           die zwölf Söhne Jakobs
   ■     ■
  ■       ■
 ■         ■
■           ■
■           ■       ganz Israel
 ■         ■
 ■         ■        Versammlung von Männern,
  ■       ■         Ältesten, Truppen, Generälen, Fürsten
   ■     ■          der «Rest»
    ■   ■
    ■ ■             Gottesdienstgemeinde
     ■ ■
     [?]            der letzte einzelne?
```

Es ist unter diesem Namen mit der Bedeutung «Jahwe rettet – *er!*» kaum nur an eine einzelne Prophetengestalt zu denken, da im alttestamentlichen Buch «Jesaja» mindestens drei zu verschiedenen Zeiten lebende «Propheten» zu Worte kommen. Der Name «Jesaja» mag also für ein prophetisches Programm stehen, das mit immer stärkerer Betonung eben auf diesen «einzelnen» hinweist und in ihm die endgültige – und ewige – Erfüllung sämtlicher bisheriger Verheissungen und Beauftragungen in Aussicht stellt.

Insbesondere sind die jesajanischen Lieder über den «Gottesknecht»[34] zu nennen. Wen sie besingen, ist ungewiss. Denkbar ist, dass damit nicht

---
[34] Jesaja 42; 49–55

eine Einzelperson, sondern das Gottesvolk als Ganzes gemeint ist – dann aber eben so, dass dieses Volk in einem einzelnen seine – letzte und entscheidende? – Vertretung findet. Damit aber erweist sich erst recht die geradezu «schematische» Planmässigkeit der Entwicklung, durch die Gott von jeher sein erwähltes Volk zur endgültigen Erfüllung seines Auftrages zu führen gedacht hat.

Aus der Riesenfülle dieser Prophetie – das biblische Jesajabuch enthält 66 Kapitel und ist damit weitaus das umfangreichste aller Prophetenbücher – sei hier lediglich das eine Wort ausdrücklich wiedergegeben:

«Ein Reis wird hervorgehen aus dem Stumpf Isais[35], und ein Schoss aus seinen Wurzeln Frucht tragen. ... An jenem Tage wird es geschehen, dass sich die Heiden wenden an das Wurzelschoss Isais, das als Banner der Völker dasteht...» (Jesaja 11, 1.10)

Für die neutestamentlichen Zeugen Jesu besteht kein Zweifel: Jesus von Narareth ist das «Wurzelschoss» – der «einzige»!

In kühner Weise leitet der Evangelist Matthäus den Namen der Stadt «Nazareth», in der Jesus aufgewachsen ist, von dem hebräischen Wort *«nézer»* ab, mit dem Jesaja eben jenes «Wurzelschoss» bezeichnet[36].

Und nachdem Lukas berichtet hat, dass Jesus von Nazareth von Maria, der Jungfrau aus dem Geschlechte David geboren worden ist, lässt er den Engel des Herrn zu den Hirten auf Bethlehems Felde sagen:

«Euch ist heute der Heiland geboren, welcher der Christus ist, der Herr, in der Stadt Davids.» (Lukas 2, 11)

---

[35] «Isai» ist der Vater des Königs David, dem zur Blütezeit Israels verheissen worden war: «Dein Haus und dein Königtum sollen immerdar vor mir Bestand haben; dein Thron soll in Ewigkeit feststehen» (2. Samuel 7,16).
[36] Matthäus 2, 23

In den Worten «*Heiland*» und «*Christus*» ist alles enthalten, was die zum «Stellvertretenden Aufgebot» Erwählten – die einzelnen wie die vielen – jemals zu bezeugen hatten. Das, worauf die alttestamentliche «*qahál*» zugunsten des ersterwählten Volkes und der ganzen übrigen Welt hinzuweisen hatte, ist in diesem «letzten einzelnen» Person geworden. Und diese Person hat die Gültigkeit jenes Zeugnisses persönlich zu vertreten – als der letztgültig beauftragte Stellvertreter:

«*Heiland*» ist die seit Jahrhunderten geläufige, aber in unserer Sprache nicht mehr verständliche Übersetzung des griechischen Wortes «*sotér*», der *Retter*. Ihm entspricht im hebräischen Alten Testament das Wort mit dem Stamm «*jaschá*», das die Wurzel der Namen Josua (auf griechisch: Jesus), Jesaja, Hosea bildet. Das Verbum «*jaschà*» entstammt der Hirtensprache und bedeutet, ein in die Enge geratenes Tier herauszuholen und es auf «weiten Raum» zu bringen, wo es aufatmen und also aufleben kann.

Der zu Bethlehem Geborene hat den einzig gültigen Gottesplan endgültig zu vollziehen: nämlich seine Schöpfung zu *retten*: sie aus der erdrückenden Engigkeit des Todes herauszuholen und zur grenzenlosen Weite des ewigen Lebens zu befreien.

«Christus» ist das unübersetzte griechische Wort mit der Bedeutung «der/die/das Gesalbte» (nämlich der zum König, Prophet und Priester Bestellte, aber auch das zum Opfer erkorene Tier!). LXX übersetzt damit das hebräische «*maschíach*» (verdeutscht: «Messias»), abgeleitet von «*maschách*», das heisst: mit flüssigem Stoff bestreichen», «salben». Mit diesem Wort wird bezeichnet, wer von Gott eingesetzt ist, um sein Heilswerk zu vollbringen («der Gesalbte des Herrn»). Bezeichnenderweise werden nicht nur die jüdischen Könige, Propheten und Priester so genannt; auch der heidnische Perserkönig Cyrus erhält den Titel «Christus»[37]!

Dadurch, dass dem «*Heiland*» (Retter) und «*Christus*» (Gesalbter) der Gottesname «*kýrios*» (Jahwe») – der Herr! – beigefügt ist, wird nicht nur den Hirten von Bethlehem, sondern auch «allem Volk» und darüber hinaus – man ahnt es! – aller Welt zugerufen:

---
[37] Jesaja 45, 1

Jahwe, Gott, der Herr, selber löst in der Gestalt des im Stall geborenen Kindes – seines eigenen, Mensch gewordenen ewigen Sohnes – sämtliche bisherigen Amtsträger mit ihrer Bezeugung von Rettung, Heilung, Wohlfahrt und Versöhnung («Opfertier»!) ab.

So, wie Jesus von Nazareth als der «einzige» alle Erwählung und alle Verwerfung, welche diese Amtsträger zu vertreten und selbst zu erfahren hatten, in sich selbst zusammenfasst –

– so ist er auch der entscheidend und letztgültig Aufgebotene: jener «einzelne Stellvertreter» der ganzen Schöpfung: Noah, Abraham, Isaak, Jakob, die zwölf Söhne und die zwölf Stämme Israels mit ihrer ganzen Geschichte haben in ihm ihre erfüllende Spitze gefunden.

(Siehe nebenstehende Graphik)

Das Ziel Gottes ist erreicht:
«Und er» – Christus – «ist das Ebenbild des unsichtbaren Gottes, der Erstgeborene der ganzen Schöpfung; denn in ihm ist alles, was in den Himmeln und auf Erden ist, erschaffen worden, das Sichtbare und das Unsichtbare, seien es Throne oder Hoheiten oder Gewalten oder Mächte: Alles ist durch ihn und auf ihn hin erschaffen; und er ist vor allem, und alles hat in ihm seinen Bestand. Und er ist das Haupt des Leibes, der Kirche, er, der der Anfang ist, der Erstgeborene von den Toten, damit in allem er den Vorrang hat.
Denn in ihm beschloss er die ganze Fülle wohnen zu lassen und durch ihn alles mit sich selbst zu versöhnen, indem er durch sein Kreuzesblut Frieden stiftete – durch ihn – sei es, was auf Erden, sei es, was in den Himmeln ist.»
(Kolosser 1, 15–20)

***   ***   ****

Jesus Christus ist aber dadurch, dass er die Erwählung zu ewiger, unwiderruflicher Gültigkeit für alle gebracht hat, alles andere als ein Schlusspunkt! Dass sich diese Gültigkeit nun von ihm, dem einzigen, her ausbreite auf die ganze Welt – dazu beruft er zu sich die Zwölf und sendet sie. Das «Stellvertretende Aufgebot» dehnt

Die Zwölf: Gesandte des erwählten Verworfenen

Die Graphik sieht nun so aus:

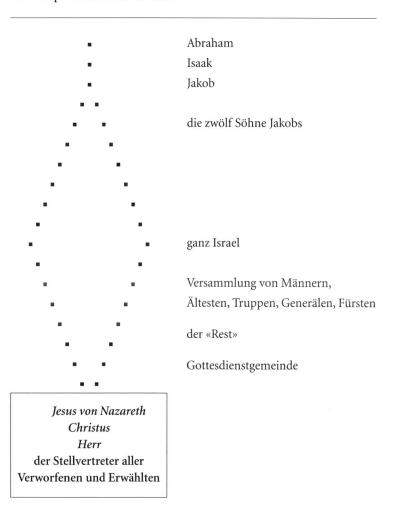

sich also wieder aus – zunächst auf die zwölf Apostel, die das Christusereignis zu bezeugen haben: dass in Jesus von Nazareth sämtliche Verwerfungen der ganzen Welt bereits in die ewige Erwählung übergegangen sind.

Die Graphik sieht nun so aus:

```
            ■     Abraham
            ■     Isaak
            ■     Jakob
          ■  ■
         ■    ■   die zwölf Söhne Jakobs
        ■      ■
       ■        ■
      ■          ■
     ■            ■   ganz Israel
    ■              ■
   ■                ■  Versammlung von Männern,
  ■                  ■ Ältesten, Truppen, Generälen, Fürsten
   ■                ■  der «Rest»
    ■              ■   Gottesdienstgemeinde
     ■  ■
```

| *Jesus von Nazareth* |
| *Christus* |
| *Herr* |
| **der Stellvertreter aller** |
| **Verworfenen und Erwählten** |

```
     ■  ■
    ■    ■            die ersten Jünger
   ■      ■
  ■ Zwölf  ■          Gesandte der endgültigen Erwählung
```

Der Schritt über das «volle Dutzend» hinaus: Der Dreizehnte für die Heiden

«Darum stellet ein die Klagen.
Man wird noch einst zu Zion sagen:
Wie mehrt sich deiner Bürger Zahl!
Voll Erstaunen wird man schauen,
wie Gott sein Zion mächtig bauen
und herrlich weitern wird einmal.
Erhebet Herz und Sinn.
Es ist die Nacht schier hin
für die Heiden;
es kommt ihr Tag,
sie werden wach,
und Israel folgt ihnen nach.»[38]

Bei den Zwölfen kann es nicht bleiben. «Zwölf» ist in seiner Bedeutung als «Ganzheit» – durch die jahrhundertalte Geschichte des Zwölf-Stämme-Volkes – zu sehr auf Israel beschränkt. Diese Beschränkung ist freilich – zunächst – nicht nur ein Mangel. Jesus selbst betont sie mit Nachdruck und Strenge, indem er die Zwölf gebieterisch nicht über das «Haus Israel» hinaus wirken lässt:

«Gehet nicht auf eine Strasse der Heiden und gehet nicht in eine Stadt der Samariter, sondern gehet vielmehr zu den verlorenen Schafen des Hauses Israel!» (Matthäus 10, 5.6)

Dieselbe Strenge wendet Jesus auf seine eigene Sendung an:

«Ich bin nur zu den verlorenen Schafen Israels gesandt.» (Matthäus 15, 24)

Die Beschränkung auf Israel hat zwar nur vorläufige Bedeutung, ist aber in dieser Vorläufigkeit von hoher Bedeutung. Sie ist das deutliche Zeichen dafür, dass die *Ersterwählung Israels unbe-*

---
[38] Karl Johann Philipp Spitta (1801–1859); KGB Nr. 22, Strophe 5

dingte Gültigkeit besitzt und behält – gerade deshalb, weil in ihr die Zuwendung Gottes zu den Nichterwählten eingeleitet ist!

Das Vorläufige hat jedoch dem Endgültigen zu weichen – und das kann in diesem Falle nicht die geringste Schwierigkeit bereiten: Israel ist ja gerade in seiner Eigenschaft als ersterwähltes Volk von Anfang an nicht auf sich allein bezogen. Seine Erwählung und Berufung drängte von Anfang an zu den Heiden, den «*gojim*» – den Verworfenen. Jetzt, da der verworfene Davidssohn durch seine endgültige Erwählung alle Verwerfung überwunden hat, muss die Beschränkung auf Israel ebenso endgültig aufgehoben werden.

Die erwähnte Selbstbeschränkung Jesu – des Davidssohnes! – spricht Jesus einer «kanaanäischen», also heidnischen Frau zu – und zwar daraufhin, dass sie ihn mit dem zutreffenden Titel anspricht: «Herr, du Sohn Davids.» Als sie aber dann den Vorrang Israels vorbehaltlos anerkennt und von diesem Vorrang her das Anrecht der Heiden ableitet, gibt ihr Jesus sofort recht und lässt das den «verlorenen Schafen des Hauses Israel» zugedachte Heil auch ihr, der Heidin, zukommen:

«*Sie aber sagte: ‹Gewiss, Herr, auch die Hunde zehren ja nur von den Brosamen, die vom Tisch ihrer Herren fallen.› Da antwortete Jesus und sprach zu ihr: ‹O Weib, dein Glaube ist gross; dir geschehe, wie du willst.› Und ihre Tochter war geheilt von jener Stunde an.*» (Matthäus 15, 27.28)

Diese Zuwendung zu den Heiden wird jetzt sinnenfällig: Der Kreis der Zwölf – der den Vorrang der Juden anzeigt – wird gesprengt und durch einen Dreizehnten ergänzt, der den endgültigen Durchbruch der endgültigen Bekehrung Gottes in die Völkerwelt darstellt.

Die Zahl 13 – schon in vorchristlicher Zeit als Unglückszahl berüchtigt – erhält ihre Bedeutung dadurch, dass sie in der Zahlenreihe der Zahl 12 nachfolgt. Da 12 eine abgeschlossene, in sich vollendete Einheit bedeutet, so bezeichnet die 13 den Übergang von dieser Einheit in einen neuen Bereich. Übergänge von Bisherigem, Vertrautem zu Neuem, Fremdem sind unheimlich, oft mit Straucheln und Stürzen verbunden oder gar zum

Scheitern verurteilt. So ist die Zahl 13 in ihrer Bedeutung als «Übergangszahl» in schlechten Ruf geraten und zur «Unglückszahl» geworden.

Dass auch die Bestimmung eines 13. Apostels an dieser Unheimlichkeit teil hat, haben die jüdischen Gemeinden in Kleinasien und insbesondere die von Ephesus mit sicherem Instinkt herausgespürt:

Die Einberufung eines dreizehnten Apostels sprengte das altvertraute Gefühl des elitären Unter-sich-Seins und erlaubte es der «qahál»/«ekklesía» nicht mehr, sich als Gemeinschaft zu verstehen und zu geniessen[39]. Fenster und Türen werden aufgestossen, und es gibt Durchzug! Buchstäblich die ganze Welt wird hereingelassen. Man mag das sehr wohl als ein «Unglück» empfinden…

Der Auftritt dieses Dreizehnten erfolgt auf dramatische Weise[40]: Als blutrünstiger Verfolger der Christusleute, «Drohung und Mord schnaubend wider die Jünger des Herrn», stürmt er auf die Bühne dieser Welt – der Jude Saulus, der römischer Bürger ist und deshalb den lateinischen Zunamen Paulus trägt. Seinen hebräischen Namen teilt er mit Saul, dem ersten König Israels, der als ein von Gott Erwählter in der Verworfenheit endet. Paulus hat einen römischen Vater, kommt von Tarsus im heidnischen Kleinasien, ist von Hause aus Zeltmacher, wird dann Gelehrter der jüdischen Heiligen Schrift, gehört zur religiösen Partei der Pharisäer[41] strengster Richtung, «in hohem Masse ein Eiferer für die Überlieferungen» seiner Väter: Moralist also und Besessener der Machbarkeit, der «im Judentum weiter ging als viele Altersgenossen» in seinem Volk. Er zieht nach Damaskus in Syrien, um – wenn er solche fände, die «des Weges»[42] sind – «Männer sowohl als Frauen, sie gefesselt nach Jerusalem zu

---

[39] Vgl. S. 74 ff.
[40] Die Angaben über die Person und den Werdegang dieses Dreizehnten stammen aus der Darstellung in Apostelgeschichte 9 und aus den autobiographischen «Enthüllungen» in den Paulusbriefen (Galater 1; Römer 9; Philipper 3).
[41] Vgl. Anm. 1, S. 99
[42] Mit dem Ausdruck «die des Weges sind» bezeichnet die Apostelgeschichte die, welche in nachbiblischer Zeit rundweg «Christen» genannt werden. Sie vermeidet hier – wie das Neue Testament durchwegs – diese fragwürdige Bezeichnung (vgl. S. 96).

führen.» Vor den Toren der Stadt wird er in gleissendes Licht getaucht, geblendet, zu Boden geworfen. Eine Stimme ruft: «Saul, Saul, was verfolgst du mich?» Der so ruft, ist die Spitze aller Verwerfung und Erwählung – *er*, der das Ende aller Scheidung zwischen den verworfenen Heiden und erwählten Juden ist und darum allem Pharisäismus ein Ende gemacht hat.

Der Pharisäer Saulus wird durch den Anruf dessen, der allen Pharisäismus zerbrochen hat, selbst ein gebrochener Mann: drei Tage lang kann er nicht sehen, isst nicht und trinkt nicht. Derweil tut der Herr einem «Jünger mit Namen Ananias» den entscheidenden Auftrag an Saulus kund:

«Dieser ist mir ein Werkzeug der Erwählung, um meinen Namen vor Heiden und die königlichen Söhne Israels zu tragen.» (Apostelgeschichte 9, 15)

Und das tut er denn auch. Er wird zum dreizehnten Apostel, der die Grenze des erstwählten Gottesvolkes grundsätzlich überschreitet. Zwar hält er sich nach wie vor an die ursprüngliche Reihenfolge der Erwählungsordnung Gottes und erfüllt seine Sendung – zunächst ausschliesslich, dann immer wieder – in den Synagogen der Juden. Anlässlich des jüdischen Widerspruchs in der Synagoge zu Antiochia in Pisidien (Türkei) vollzieht er den Durchbruch zu den Heiden – und zwar unter feierlicher Berufung auf die alttestamentlichen Prophetenworte:

«Da ihr (das Wort Gottes) von euch stösst und euch des ewigen Lebens nicht für würdig achtet – siehe, so wenden wir uns zu den Heiden. Denn so hat uns der Herr geboten:
‹Ich habe dich zum Licht der Heiden gesetzt, damit du zum Heil gereichest bis an das Ende der Erde.›»[43] (Apostelgeschichte 13, 46.47)

---

[43] Bezeichnenderweise greift der biblische Kommentator dieser Berufung auf ein Wort aus der jesajanischen Prophetie – Jesaja 49, 6 – zurück.

Zum Zeichen dessen wird der dreizehnte Apostel – bisher stets unter seinem jüdischen Namen «Saulus» aufgeführt – ab sofort bei seinem lateinischen Namen «Paulus» genannt, der dem römischen Weltreich angehört.

Der Namenswechsel des Apostels gehört also nicht in den Zusammenhang eines «Gesinnungswandels», wie das die Redewendung «aus einem Saulus zu einem Paulus werden» – unter Missachtung des biblischen Sachverhaltes – voraussetzt. Er geschieht ausschliesslich im Zeichen einer «Amtsübernahme» – in Entsprechung zur entscheidenden Titelbezeichnung Jesu Christi selbst und in der Nachfolge dessen, was bereits an den Zwölfen geschehen ist[44].

Jetzt ist die Kirche herausgewachsen aus ihrer Beschränkung auf Israel, die in der Zwölferzahl der Apostel dargestellt war. Sie hat weltweite Dimension erreicht – so dass sie dann später in ihren Glaubensbekenntnissen die «alles umfassende»[45] Kirche genannt wird. Sie hat die ganze Schöpfung zu vertreten, die um Christi willen unterschiedslos in die endgültige Erwählung durch ihren bekehrten Gott hineingenommen ist.

Aber es ist noch mehr zu sagen: Die ganze Schöpfung – mit all denen, «die im Himmel und auf der Erde und unter der Erde sind» – ist jetzt in die Kirche eingeschlossen. Die Grenze zwischen «Kirche» und «Nicht-Kirche» ist grundsätzlich fliessend geworden. Denn für die ganze Schöpfung kann nichts anderes mehr gelten als das, was auch für die Kirche gilt:

«Christus alles in allem»
(Kolosser 3,11)

---

[44] Siehe S. 179 ff.
[45] «Alles umfassend» übersetzt den griechischen Begriff «katholikós» (vgl. S. 209).

Jetzt erst ist das «Schema» der Erwählung und Verwerfung zu Ende geführt:

Abraham
Isaak
Jakob

Die zwölf Söhne Jakobs

Die zwölf Stämme Israels

König Davids
Grossisrael

Versammlung von
Männern, Ältesten, Truppen,
Generälen, Fürsten

der «Rest»

Gottesdienstgemeinde

Jesus Christus – Herr
der Stellvertreter
aller Verworfenen und Erwählten

Die
Zwölf
und der
Dreizehnte

Die
alles umfassende Kirche

Alle
Juden und **Heiden**

«Christus alles in allem»

14
Die Kirche:
«heilig»,
«alles umfassend»,
«apostolisch»

In der Weitläufigkeit der letzten drei Kapitel ist keineswegs der Faden verlorengegangen – im Gegenteil! Sah es am Anfang so aus, als hinge die Kirche am letzten Fädchen, so hat sich seither dieses letzte Fädchen zu einem kunstvoll gedrehten, starken Seil entwickelt und ist zu einer Richtschnur geworden.

«Wie viele nur immer dicht an dieser Richtschnur in langer Reihe heraufsteigen werden – Friede über ihnen und Erbarmen! Auch und gerade über dem Israel Gottes!» (Galater 6, 16)

«Richtschnur» heisst im griechischen Urtext *«kanón»*. Das bedeutet ursprünglich einen geraden Rohrstab, der als Messstab und Richtscheit dient, und bezeichnet die «Handhabe», die «Richtschnur», welche den richtigen Verlauf eines Vorganges angibt. Im übertragenen Sinn heisst es «Norm» und «Gesetz» und wird auch für ein «Verzeichnis der mustergültigen Schriftsteller» gebraucht. So werden die Bücher des Alten und des Neuen Testamentes «Der Kanon» genannt.

«In langer Reihe heraufsteigen» ist die wörtliche Übersetzung des griechischen Wortes *«stoichéo»* mit der Wurzel «steigh» («steigen»). Die Wiedergabe «wandeln» (Zürcher Bibel) oder «einhergehen» (Lutherbibel) verlässt die Vorstellung des «Heraufsteigens», welches Paulus an dieser Stelle offenbar im Hinblick auf das erwähnte «Israel Gottes» vor Augen hat: dass es aus den nicht klar durchschaubaren Tiefen der Ur- und Vorgeschichte «heraufgestiegen» ist in die Klarheit historischer Existenz.

Das war in der nötigen Weitläufigkeit darzustellen: Die Kirche ist in einer langen Reihe aus der Tiefe der Vorgeschichten heraus-, durch die gewaltige Hauptgeschichte des erwählten Gottesvolkes hindurch- zu ihrem Auftrag hinaufgestiegen – und zwar immer dicht an der Richtschnur, die von der ewigen Urentscheidung des bekehrten Gottes her zur ewigen Erfüllung seines unveränderlichen Heilsplanes führt.

Die Merkmale der Kirche, des «Stellvertretenden Aufgebotes» des Herrn, sind schon in den alten Texten der Schrift hervorgetreten in der handfesten Griffigkeit, die einer brauchbaren Richtschnur eigen sind. Die für jedes «Stellvertretende Aufgebot» selbstverständlichen Bestimmungen erscheinen in einer Einfachheit, die zu grosser innerer und äusserer Heiterkeit führt. Diese Einfachheit und Heiterkeit bezeugen die altkirchlichen Glaubensbekenntnisse, wenn sie in ihrem Dritten Artikel die Kirche mit den drei Worten bezeichnen: *heilig – alles umfassend – apostolisch.*

Die drei Bezeichnungen finden sich im sogenannten «Nicäno-Constantinopolitanium» – einem Glaubensbekenntnis, wodurch das Konzil von Konstantinopel im Jahre 381 das frühere Bekenntnis des 1. Ökumenischen Konzils zu Nicäa im Jahre 325 erweitert hat. Letztlich liegt ihm das wesentlich kürzere «Apostolische Glaubensbekenntnis» zugrunde, das trotz seines Namens nicht aus der Zeit der biblischen Apostel stammt, sondern im Jahre 215 (217?) n. Chr. in Rom unter Bischof Hippolyt in lateinischer Sprache formuliert worden ist.

Alle drei Bekenntnisse sind in drei «Artikel» eingeteilt, deren dritter zuerst den Heiligen Geist und in unmittelbarem Anschluss daran die Kirche als Gegenstand des Glaubens bekennt. Es scheint, dass die Kirche ursprünglich nur «heilig» genannt worden ist und die Bezeichnungen «alles umfassend» und «apostolisch» später hinzugefügt worden sind. Die im Protestantismus gebräuchliche Fassung des Apostolicums ersetzt diese Zufügungen auf fragwürdige[1] Weise mit der Bezeichnung «christlich».

---

[1] Vgl. S. 96

Die Kirche ist «heilig»

Die Kirche ist berufen durch den Auftrag[2], der den Gehorsam selbst erschafft. Dadurch ist sie – wie schon in ihrer Zeugung und Geburt, so auch in ihrer Auftragserfüllung – grundsätzlich nicht sich selbst überlassen, also weder auf ihre eigenen innern und äussern Voraussetzungen und Machenschaften angewiesen noch gar von ihnen abhängig. Sie ist ganz und gar dem überantwortet, der sie berufen hat. «Auf Gedeih und Verderb» ist die Kirche dem verfallen, der sie sich angeeignet hat. Sein Eigentum ist sie. Seiner Fürsorge teilhaftig ist sie. Seiner Verfügung und Verantwortung untersteht sie. Der biblische Sprachgebrauch nennt das: «heilig» ist sie!

Was heisst «heilig»?

Das Wort bedeutet etwas grundsätzlich anderes als sein volkstümliches Verständnis und sein volkssprachlicher Gebrauch, wonach es soviel wie tugendhaft, brav bedeutet. In diesem landläufigen Sinn ist ein durch und durch moralistischer Ausdruck mit dem aller Moralität eigenen Anflug von Langweiligkeit, Dümmlichkeit, Leblosigkeit[3].

Die Herkunft des deutschen Wortes «heilig» ist nicht ganz eindeutig zu bestimmen. Die zwei in Frage kommenden Wurzeln weisen aber beide in eine beglückend «unlangweilige» Richtung. Zugrunde liegt entweder das Wort «heil», das «gesund», «ganz» («unversehrt») heisst – oder ein germanisches Substantiv «heila», das soviel wie «Zauber», «günstiges Vorzeichen», «Glück» bedeutet. «Heilig» kündet von einem wundersamen Geschehen, in dem einem Menschen oder einem Ding ein besonderer *Schutz vor Schaden* gewährt wird. Jedenfalls bezeichnet die «Heiligkeit» in keiner Weise

---
[2] Vgl. S. 99 ff.
[3] Diese «kümmerliche» Bedeutung ist nicht ohne gewalttätige Einwirkung popanzkirchlichen Sprachgebrauchs entstanden...

eine moralische Qualität, die man sich erwerben könnte oder gar müsste, sondern eine besondere Glückhaftigkeit, die gnadenhaft zugesprochen und verliehen wird.

Das gilt erst recht von den griechischen und hebräischen Grundlagen des deutschen Wortes «heilig». Das griechische Wort *«hágios»* entstammt der Wurzel «jag», die «Verehrung» ausdrückt. «Heilig» ist das, was «verehrt», dem also «Gewicht» gegeben und damit vor Bedeutungslosigkeit, «Ver-Nicht-ung» oder auch nur – schweizerisch-mundartlich – «Ver-nüüt-igung» bewahrt wird.

Eine eigentümliche Erscheinung biblischer Sprache ist an dieser Stelle hervorzuheben: In den gleichen Sinnzusammenhang der «Verehrung» wie das griechische Wort *«hágios»* gehören auch die biblischen Grundwörter für «segnen»![4]

Mit *«hágios»* übersetzt LXX vorzugsweise das hebräische Wort *«qadósch»*. Das Verb dazu – «qadásch» – heisst «dem gewöhnlichen Gebrauch entzogen, besonderer Behandlung unterworfen, dem Heiligtum verfallen sein»[5]. «Heiligung» bedeutet die zärtliche, aber auch – weil die Zärtlichkeit aufs tiefste ernst gemeint ist – äusserst strenge Zuwendung zu Menschen und Dingen, um sie vor jeder Abwertung und Entwürdigung zu schützen. Dass niemand sich an ihnen vergreife, ja sie nicht einmal anrühre – das ist die Würde und der Wohlstand derer, die «geheiligt» werden. Sie werden durch Verfügung ihres Eigentümers für «unantastbar» erklärt.

Gott ist heilig

Diese Heiligkeit ist zuerst und entscheidend die Würde Gottes: *Jahwe* ist heilig[6]. Sein Name bedeutet ja: «Ich bin, der ich bin, und werde sein, der ich sein werde». Es war seine eigene freie Entschei-

---

[4] Vgl. S. 167 f.
[5] L. Köhler: Lexikon in veteris testamenti libros, 1953, S. 825
[6] Nach Jesaja 6, 3 ist ER – als der «Jahwe Zebaoth», der «Herr der Heerscharen» – der «Tris-Hagios», der dreimal Heilige!

dung, als Gott unantastbar, unbeeinflussbar und also unveränderlich seiner Bekehrung und damit sich selbst treu zu bleiben. Seine Heiligkeit besteht darin, dass er nie mehr zum unwürdig willfährigen Spielball – weder seiner eigenen göttlichen Anwandlungen noch des menschlichen Verhaltens – werden wird. Diese Heiligkeit bedeutet seine «Ehre», seine «Gewichtigkeit», die von niemandem angetastet, eingeschränkt oder verändert werden kann, sondern unweigerlich von seiner ganzen Schöpfung anerkannt werden muss:

«Gross und wunderbar sind deine Werke, Herr, allmächtiger Gott; gerecht und wahr sind deine Wege, König der Völker. Wer sollte nicht fürchten, Herr, und preisen deinen Namen? Denn du bist allein heilig; denn alle Völker werden kommen und vor dir anbeten, weil deine gerechten Taten offenbar geworden sind.» (Offenbarung 15, 3.4)

Die Heiligkeit des Volkes Israel

Zur Heiligkeit Gottes gehört, dass er sie nicht für sich behält, sondern sie – ebenfalls allein nach eigener freier Entscheidung – seinem Volk und darin seiner ganzen Schöpfung verleiht:

*«Und der Herr redete mit Mose und sprach:
Rede mit der ganzen Gemeinde der Israeliten und sprich:
‹Ihr werdet heilig werden –
denn heilig [bin] ich, Jahwe, euer Gott.›»* (3. Mose 19, 2)

Dieser Satz findet sich so und ähnlich mehrfach im 3. Buch Mose und ist dort regelmässig umgeben von einer grossen Zahl von «Geboten». Das sind nicht «Allerlei religiöse und sittliche Vorschriften»[7]. «Gebot» und «Gesetz» sind im Alten und im Neuen Testament ja keine moralistischen Begriffe, sondern beschreiben organische Lebens-, Zeugungs- und Geburtsvorgänge[8].

---

[7] So die Überschrift zu 3. Mose 19 in der Zürcher Bibel
[8] Vgl. S. 100 f.

Die «Satzungen», welche der Heiligsprechung des Volkes folgen, werden 3. Mose 19, 19 *«chuqqóth»* – Einzahl *«chuqqáh»* – genannt, was wörtlich das «Eingegrabene, Festgeschriebene» heisst und keine durch moralische Bemühungen zu erfüllenden «Vorschriften» meint.

LXX übersetzt *«chuqqóth»* mit *«nómoi»* («Gesetze»). *«nómos»* ist das bevorzugte Übersetzungswort der LXX für das hebräische *«thorá»*[9] und stammt vom Verb *«némein»*, «zuteilen». Die *«thorá»*, das Gesetz Gottes, ist letztlich keine «Vorschrift», die erst durch ihre Einhaltung zu lebendiger Wirklichkeit wird, sondern in sich selbst die entscheidende, gute, schöne Lebenswirklichkeit, die dem Menschen zugeteilt wird – und zwar so, dass sich diese Zuteilung gegen alle törichte Weigerung des Menschen durchsetzt.

Die Erfüllung von «Satzungen» durch den Menschen ist keineswegs die Voraussetzung für die Heiligsprechung. Das Volk wird nicht dadurch heilig, dass es «gesetzliche Vorschriften» erfüllt. Es ist umgekehrt: Es wird geheiligt, damit es aus aller Abirrung in die «festgeschriebenen» Gültigkeiten des Lebens zurückgeholt werde und das ihm von seinem Gott «Zugeteilte» empfange und auslebe:

«Von Gott aber kommt es, dass ihr in Christus Jesus seid, der uns zur Weisheit gemacht worden ist von Gott, zur Gerechtigkeit und zur Heiligung und zur Erlösung, damit [es geschehe], wie geschrieben steht: ‹Wer sich rühmen will, der rühme sich des Herrn.›» (1. Korinther 1, 30)

Es war und ist nach wie vor das Werk der vom Machbarkeitswahn beherrschten Popanz-Kirche, diese beglückende Sache zu verdrehen und zu verwüsten: die Heiligung gewaltsam zu einer «Verbesserung des moralischen Lebensstandes» und zur Vorleistung für den Erwerb der Heiligkeit zu entwürdigen.

Die Heiligkeit der ganzen Welt

Am Fuss des Sinai-Berges wird die Heiligkeit dem versammelten Volk Israel zugesprochen. Da dieses Volk aber nichts anderes ist als die Vertretung der ganzen Menschheit und Schöpfung, so kündigt

---
[9] Vgl. S. 142

sich darin die Heiligkeit der ganzen Welt an: Nicht einen moralisch einwandfreien Zustand, sondern ihre Gottzugehörigkeit, die ihr trotz ihres schlechten Zustandes zuteil wird – so wahr sich Israel in der Wüste nicht durch Bravheit ausgezeichnet hat!

Auch das Neue Testament denkt in seinem grosszügigen Umgang mit dem Wort «heilig» in keiner Weise an eine – gar nicht vorhandene! – moralische Tadellosigkeit der Heiligen. Der Apostel Paulus bezeichnet die Empfänger seiner Briefe durchwegs als «Heilige» – um ihnen dann gleich schonungslos ihre moralische Minderwertigkeit zu bezeugen!

Die Heiligkeit der Kirche

In diesen Zusammenhängen ist es zu verstehen, dass alte Glaubensbekenntnisse – in Weiterführung neutestamentlicher Wendungen – die Kirche «heilig» nennen. Damit sprechen sie ihr weder eine unantastbare Richtigkeit noch gar die Unbestreitbarkeit einer zu beanspruchenden Vorrechts- und Machtstellung zu. Sie bezeugen vielmehr, dass der heilige Gott dieses «Stellvertretende Aufgebot» um seines einzigartigen Auftrages willen unter den Schutz der Unantastbarkeit stellt – so wahr dieser Auftrag ja nur darin besteht, eben diesen Schutz der Unantastbarkeit für die ganze Welt zu vertreten.

Jetzt ist auf die Worte Jesu an den «Kirchenfelsen» Petrus zurückzukommen, die an früherer Stelle[10] scheinbar achtlos übergangen worden sind. In seiner Antwort auf das «Christusbekenntnis» des Petrus lässt es Jesus nicht bewenden mit den Worten: «Du bist Petrus, und auf diesen Felsen will ich meine Kirche bauen...», sondern fügt hinzu:

«... und die Pforten des Totenreiches werden sie nicht überwältigen. Ich will dir die Schlüssel des Reiches der Himmel geben; und was du auf Erden binden wirst, das wird in den Himmeln gebunden sein, und was du auf Erden lösen wirst, das wird in den Himmeln gelöst sein.» (Matthäus 16, 18.19)

---
[10] Vgl. S. 145

Das Wort «Heiligkeit» fehlt – aber seine ergreifende Bedeutung ist ausgesprochen. Dass die «Pforten des Totenreiches» sich vor der Kirche nicht auftun und ihre Lebendigkeit nicht vom Rachen des Todes verschlungen werde – das ist die der *ekklesía* zärtlich zugesprochene Heiligkeit! Diese Unantastbarkeit ist ihr allerdings nicht um ihrer selbst willen gegeben, sondern weil sie den Auftrag hat, «zu lösen» und «zu binden»:

– einerseits der Welt ihre Er-Lösung zuzusprechen, die «im Himmel» – «vor Grundlegung der Welt» – ein für allemal festgesetzt ist, jetzt auf Erden ausgerufen und im Himmel aufs neue vernommen und ernst genommen wird;

– andererseits die alte Lüge und ihre stetige Infragestellung dieser Erlösung zu «binden» – so wahr der «Vater der Lüge»[11] längst überwunden ist:

«Ich sah den Satan wie einen Blitz vom Himmel fallen. Siehe, ich habe euch die Macht gegeben, auf Schlangen und Skorpione zu treten, und über alle Gewalt des Feindes; und er wird euch keinen Schaden zufügen.»
(Lukas 10, 18.19)

Das muss, wie auf der Erde ausgerufen, so im Himmel gehört werden:

«Jetzt nämlich soll den Gewalten und den Mächten in den himmlischen Regionen durch die Kirche die mannigfaltige Weisheit Gottes kundgetan werden nach der von Ewigkeit her zuvor getroffenen Entscheidung, die er ausgeführt hat in Christus Jesus, unserm Herrn.» (Epheser 3, 10)

Als eine recht vergnügliche Sache muss dieses «Lösen» und «Binden» im Himmel betrachtet werden, wenn die «Kundgabe» der Kirche in geradezu rokokohafter Vorstellung bezeichnet wird als «Dinge, in welche die Engel hineinzublicken gelüstet».[12] Wie gar nichts hat diese himmlische Heiterkeit zu tun mit dem finstern «Kirchenbann», der sich auf den Auftrag Jesu an Petrus berufen zu müssen glaubt!

---

[11] Johannes 8, 44
[12] 1. Petrus 1, 12

Die Kirche ist «alles umfassend»
(«katholisch»)

Die Kirche hat in der ganzen Welt diese ganze Welt zu vertreten:
- die Heiden und die Juden
- die Verworfenen und die Erwählten
- die Unbekehrten und die angeblich Bekehrten
- die Unbewährten und die angeblich Bewährten.

Dieser ganzen Welt hat sie das Schönste und Heiterste, Einfachste und zugleich Gewichtigste zu bezeugen: die unterschiedslose Gültigkeit der endgültigen Erwählung und die endgültige Überwindung aller Verwerfung in dem Einen – dem Christus, dem Kýrios, dem Herrn – und zwar
- für die Heiden und für die Juden
- für die Verworfenen und für die Erwählten
- für die Unbekehrten und für die angeblich Bekehrten
- für die Unbewährten und für die angeblich Bewährten.

Diese alles umfassende Bedeutung des kirchlichen Auftrages bezeichnen die alten Glaubensbekenntnisse mit dem griechischen Wort *«katholikós»*.

Das Wort kommt im Neuen Testament nicht vor, obwohl es das neutestamentliche Kirchenverständnis aufs treffendste zum Ausdruck bringt. Es muss erst im nachbiblischen, «kirchlichen» Sprachgebrauch aufgetaucht sein, im Glaubensbekenntnis seinen festen Sitz bekommen haben und – unübersetzt – als fremdsprachliches Fachwort «katholisch» für die Kirche gebraucht worden sein. Sein Wortsinn ist aber einfach zu erkennen und leicht ins Deutsche zu übersetzen. Das ist um so nötiger, als das Wort «katholisch» zu einer konfessionellen Bezeichnung geworden ist, die das Gegenteil des eigentlichen Wortsinnes wachruft:

«katholikós» ist eine Zusammensetzung aus der (verkürzten) Vorsilbe «katá-» und dem Adjektiv *«holikós»*, einer (im Griechi-

schen sonst nicht vorkommenden) Erweiterung von «*hólos*». Die Bedeutung dieses Wortes im Zusammenhang mit «Kirche» ist so befreiend, dass die Übersetzungs- und Herkunftsangaben des Wörterbuches zitiert werden sollen:

«*hólos*» heisst «ganz (= mit Inbegriff aller Teile, ungeteilt), vollständig, vollendet, völlig, unversehrt, heil, gänzlich, gesamt». Als Wurzel erweist sich «sol*f*os» = sanskritisch «sárvas»/«unversehrt, ganz» (= lateinisch «salvus»); vgl. lateinisch «sollus» (aus *solnus)/«ganz» und «solidus»/«fest», althochdeutsch «salig» = neuhochdeutsch «selig».[13]

Man hört aus jedem Wort die Üppigkeit des kirchlichen Zeugnisses – und die Grenzenlosigkeit des Bereiches, den es zu vertreten hat: lauter Fülle, lauter «Ganzes» (nicht: «Ganzheitlichkeit»!), «lauter Heil und Segen»!

Das zweifellos hässliche Wort «Ganzheitlichkeit» ist im Leichenzug für die Popanz-Kirche eine beliebte, fast liturgische Formel geworden. Darin äussert sich die Sehnsucht nach dem «Ganzen» der «Fülle», die unter der Fuchtel des Machbarkeits- und Bekehrungswahnes aus dem Herzen und aus den Augen verlorengegangen ist. Man weiss es zwar im Gefolge dieser Kirchenleiche nicht, dass es hier auf dieser ganzen Erde und darum in einer «Kirche für diese ganze Erde» von Ewigkeit her ein «ganz» gegebenes «Ganzes» gibt. Aber immerhin: man ahnt es – allerdings nicht als Greifbares, sondern als «Abstraktum»[14], das nur mit dem aus mehrfachen Abstraktheiten zusammengeschraubten Wort «Ganz-heit-lich-keit» benannt werden kann.

«Lauter Heil und Segen» hingegen singen buchstäblich die «Vögel des Himmels»...[15]

---

[13] Menge S. 487
[14] Vgl. S. 175
[15] Aus dem Lied des deutschen Dichters und Germanisten August Heinrich Hoffmann von Fallersleben (1794–1874) «Alle Vögel sind schon da»:
«Wie sie alle lustig sind, / flink und froh sich regen! / Amsel, Drossel, Fink und Star / und die ganze Vogelschar, / wünschen dir ein frohes Jahr: / lauter Heil und Segen.»
Es scheint angebracht, nicht nur den Vögeln, sondern auch den durchaus zweifelhaften Dichterseelen des 19. Jahrhunderts mehr innere Richtigkeit, natürliche Kräftigkeit und lebenslustige Heiterkeit zuzusprechen als den gespreizten Trauergästen mit ihren «ganzheitlichkeitlichen» Wiederbelebungsversuchen.

Die Vorsilbe «katá-» ist eine Präposition, die einen sehr weiten Bedeutungsbereich umschliesst. Eigentlich heisst das Wörtchen «herab», «nieder». Die Erkenntnis des unaufhaltbaren Dranges aller irdischen Dinge, «in die Tiefe zu sinken», verschafft ihm wohl die Bedeutung «ganz und gar», «zwangsläufig», «gemäss», «folgerichtig bis in die letzten Tiefen».

Setzt man die verkürzte Vorsilbe «katá» vor das Hauptwort «*hólos*», erweitert es durch die Endsilbe «-ikos» und wendet das Ganze auf die Kirche an, so ergibt sich die Aussage:
«katholisch» ist die Kirche als «Stellvertretendes Aufgebot» des *Herrn* insofern, als sie
– die ganze, volle Welt – einschliesslich der in die letzten Tiefen Versunkenen zu vertreten hat,
– für diese ganze, volle Welt bis in ihre untersten Tiefen hinunter die unverlierbare innere und äussere «Ganzheit», «Fülle» und «Seligkeit» zu vertreten hat,
– und dies mit einer Folgerichtigkeit und Gründlichkeit, die alles umfasst und also nichts verlorengehen lässt.

Ein Aussendungswort Jesu an die Zwölferschar, deren Stellvertretungspflicht noch ganz auf Israel beschränkt ist, richtet die kirchliche Tätigkeit in letzter Folgerichtigkeit auf die Menschen «in der Tiefe» – bis hin zu den Toten:
«*Heilet Kranke, wecket Tote auf, machet Aussätzige rein, treibet Dämonen aus!*» (Matthäus 10, 8)

Die Kirche ist alles – alle Lebendigen und alle Toten – umfassend!

So wenig wie ihre Heiligkeit ist ihre «Katholizität» ein Vorrecht der Kirche, das sie über die «gewöhnliche» Welt erhöbe. Sie hat nirgends auf dieser Welt Anrecht auf die Respektierung solcher – eingebildeter! – Erhabenheit. Ihre Heiligkeit und ihre alles umfassende Bedeutung auferlegen ihr vielmehr die äusserst strenge Dienstverpflichtung, ihren Heiligkeitsschutz und ihren unendlichen Geltungsbereich ausschliesslich zugunsten der ganzen Welt auszuleben: unterschiedslos, bedingungslos, «gratis» – gnadenhalber!

Die Kirche ist «apostolisch»
(«einer Sendung halber»)

Die Kirche ist von ihrer Geburtsstunde her eine *Gesandtschaft*[16]. Sie untersteht dauernd der höheren Instanz, die sie gesandt hat. Sowohl ihre Heiligkeit als auch ihren unendlich weiten Stellvertretungsbereich hat sie ausschliesslich von dem, der sie berufen hat. So wird sie nun auch in ihrer weiteren Existenz und Tätigkeit gänzlich von ihm bestimmt. Nichts wird sie sagen, was ihr nicht gesagt ist. Nirgends wird sie hingehen, wohin sie nicht geschickt wird – von dem, der ihr Herr und der Herr der Welt ist.

Man wird streng zu unterscheiden haben, ob sie wirklich gesandt *ist* – oder ob sie sich lediglich gesandt *fühlt*. Nur das erstere zählt. Grundsätzlich belanglos ist ein «kirchliches Sendungsbewusstsein» – das immer ein sicherer Ausweis ist, dass eine wirkliche Sendung gerade fehlt und dieser Mangel durch ein blosses «Bewusstsein» ersetzt wird. Ein solches «Sendungs(selbst)bewusstsein» der «Kirche» führt unweigerlich zum schlimmen Missbrauch ihrer Heiligkeit und ihrer alles umfassenden Bedeutung: Sie überhebt sich – als die unterste Dienerin der Welt – über die Welt und verliert damit ihre Existenzberechtigung. Selbstherrlich geworden, hat sie sich grundsätzlich von ihrem *Herrn* entfernt.

Ihr Herr aber ist selbst ein Gesandter, dem darum jede Selbstherrlichkeit und Überhebung fehlt. Mit fast unerträglicher Eintönigkeit lässt ihn das Neue Testament – vornehmlich das Johannesevangelium – einhämmernd davon sprechen, was hier wenigstens in siebenfacher Weise wiedergegeben sei:

---
[16] Vgl. S. 183

Die Kirche ist «apostolisch»

«Meine Speise ist es, dass ich den Willen dessen tue, der mich gesandt hat.»
(Johannes 4, 34)

«Denn ich suche nicht meinen Willen, sondern den Willen dessen, der mich gesandt hat.» (Johannes 5, 30)

«Denn ich bin aus dem Himmel herabgekommen, nicht damit ich meinen Willen tue, sondern den Willen dessen, der mich gesandt hat.»
(Johannes 6, 38)

«Das ist der Wille dessen, der mich gesandt hat.» (Johannes 6, 39)

«Niemand kann zum Vater kommen, es ziehe ihn denn der Vater, der mich gesandt hat.» (Johannes 6, 44)

«Meine Lehre ist nicht mein, sondern dessen, der mich gesandt hat.»
(Johannes 7, 16)

«Das Wort, das ihr hört, ist nicht mein, sondern des Vaters, der mich gesandt hat.» (Johannes 14, 24)

In der Gemeinsamkeit der Sendung sind der Herr und seine Kirche aufs engste verbunden:

«Wie mich der Vater gesandt hat, sende ich euch.» (Johannes 20, 21)

Will sie sich dieser Verbundenheit entziehen und für sich eine grössere «Freiheit, Selbständigkeit und Unabhängigkeit» beanspruchen, so wird sie zur Ordnung gerufen und in Schranken gewiesen durch das Wort ihres Herrn:
«Wahrlich, wahrlich, ich sage euch:
‹Ein Knecht ist nicht grösser als sein Herr, noch ein Gesandter grösser als der, der ihn gesandt hat. Wenn ihr dies wisst – selig seid ihr, wenn ihr es tut.›»
(Johannes 13, 16)

Um dieses Wortes willen leuchtet die Heiterkeit auf, die ob der Strenge der Sendung sich gänzlich zu verfinstern drohte (da doch des Menschen Lieblingskind, seine Freiheit und insbesondere die Freiheit seines Willens, gänzlich verloren schien). Wer das Leben kennt, weiss es: Wo dessen Strenge anerkannt, das dem Menschen Zugeordnete eingehalten und das Aufgetragene getan wird, da erst greift wahre Heiterkeit um sich – und die ersehnte Freiheit gerade auch!

Denn darin besteht das wahre Wesen echter Freiheit:
nicht mehr das tun zu müssen, was man will, sondern das zu wollen, was man muss.

Die Kirche ist nicht nur darin, dass sie heilig und alles umfassend ist, unendlich gut dran. Daraus, dass sie «apostolisch» ist, erwächst ihr der heiterste Friede. Denn Gesandte wissen genau, was sie zu tun haben – und tun es auch!

Wohlan denn: Hinein ins nächste Kapitel «Vom gebotenen Tun der Kirche»!

15
«Predigen»? *Predigen!*

Als Thema dieses Kapitels ist angekündigt worden: «Vom gebotenen Tun der Kirche». Nun steht ein anderer Titel da. Es gibt einen gewichtigen Grund, das «Tun der Kirche» nicht zu einer Kapitelüberschrift zu machen.

Das eigene Tun ist im Leichenzeremoniell der Popanz-Kirche das Haupt- und Lieblingsthema. Die Gier, mit der man sich ihm dort hingibt, ist die natürliche Folge des Machbarkeitswahns. Insofern hat das leidenschaftliche Interesse an allem Tun etwas «Wahn»-sinniges, dem jede Heiterkeit und Lebenslustigkeit fehlt.

In einem Buch «Von der Heiteren Wendung der Kirche», welches das Ende des Machbarkeitswahnes zu bezeugen hat, kann das «Tun der Kirche» nicht zu einer eigenen, programmatischen Kapitelüberschrift gemacht werden. Doch es muss davon geredet werden. Zur «Heiteren Wendung der Kirche» hat ja auch die Neuentdeckung geführt, dass die Kirche unter einen Auftrag gestellt ist, der mit urtümlicher Zeugungs- und Geburtskraft menschliche Lebendigkeit hervorbringt. Wie sollte da lebendige Tätigkeit ausgeschlossen sein!

In der Geburtsgeschichte der Kirche[1] wird davon gesprochen – aber ohne jede Begehrlichkeit und Verbissenheit. Menschliches Tun ist ja ganz und gar in das Tun Gottes hineingenommen. Dadurch ist

---
[1] Markus 3, 13–15

dem verquälten Tatendurst des Menschen das heilsame Schnippchen Gottes geschlagen: Das «gebotene Tun der Kirche» ist nicht mehr in wilder Gier nach Machbarem und in brennender Sorge um die Seligkeit der Menschen anzustreben. – Es wird ihr heiter beschert.

Bevor der Text, der diese Geburtsgeschichte beschreibt, zum Reden kommt, ist eine Warnung auszusprechen. Es steht eine Überraschung bevor, die sehr wohl eine «heitere Bescherung» genannt werden kann – aber nur so, wie der Volksmund ein ausgesprochen unschönes Ereignis ironisch als eine «heitere Bescherung» bezeichnet.

In der Geburtsgeschichte der Kirche wird das «Tun der Kirche» nämlich mit einem einzigen Wort beschrieben – und dieses eine Wort lässt nicht die geringste Spur von Heiterkeit erkennen; ja, es droht gar, mit einem Schlage die Heiterkeit der ganzen Geschichte auszulöschen, die so heiter begann und so heiter fortfuhr:

«Und er stieg auf den Berg
und rief herbei,
welche er selbst wollte,
und sie gingen weg – zu ihm hin.
Und er machte Zwölf
– die er auch ‹Gesandte› nannte –
damit sie mit ihm seien
und damit er sie aussende,…
… zu predigen!» (Markus 3, 13–15)

Als ein wahrer Schrecken wird dieses Wort zum Schluss der Geburtsgeschichte geradezu hingeschmettert: «Predigen!» Das «gebotene Tun der Kirche» besteht im «Predigen»! Das Wort ist ein «Kirchen»wort schlechthin – und unter allen «Kirchenwörtern» wohl das mit dem übelsten Ruf. Von ihm geht der alles durchdringende Leichengeruch der Popanz-Kirche aus: Nichts als tödliche Langeweile und griesgrämige Menschenfeindlichkeit entströmt ihm!

Wie schlimm es um den Ruf der «Predigt» steht, ist freilich im treuen Gefolge der Popanz-Kirche kaum bekannt. Um so besser weiss es der Volksmund, dessen alltäglicher Sprachgebrauch von dem tief ins unbewusste Empfinden eingedrungenen schlechten Geruch der «Predigt» redet:

«Predigen» heisst im Volksmund:
– die Schlechtigkeit der Menschen tadelnd aufdecken,
– mit moralischen Belehrungen Besserung verlangen,
– im Verweigerungsfall die verdiente Strafe und für die Bewährung die verdiente Belohnung in Aussicht stellen.

Dieses Urteil ist zweifellos in der «Predigt»praxis der Popanz-Kirche begründet und also nicht unberechtigt.

Das Bestreben des vorliegenden Buches, die Schäden der Popanz-Kirche nicht zum Hauptthema zu machen und ihnen darum keinen beherrschenden Raum zu geben, muss an dieser Stelle aufgegeben werden. Die «Predigt»not der «Kirche» ist zu gross und zu verbreitet, als dass sie nach kurzer Andeutung übergangen werden könnte.

Die Missgestalt der Popanz-Predigt

So viele «Predigt»arten es auch geben mag – in der Hauptsache sind sie alle Varianten des einen Grundmusters, das der «Predigt» ihren üblen Geruch und schlechten Ruf verschafft hat: Sie verfolgt eine grundsätzlich moralistisch-belehrende Absicht, dient ausschliesslich der Durchsetzung des Machbarkeitswahnes mit dem Ziel, die Menschen in die Knechtschaft der Heilsverantwortung und der Weltverbesserung hineinzustossen. Auf dieses Ziel geht sie in drei Schritten zu:

1. In einem ersten Schritt spricht sie die Hörer auf die Mangelhaftigkeit, ja wohl gar *Schlechtigkeit der Welt* an und weist sie auf die sich daraus ergebenden Sorgen und «Probleme» des einzel-

nen Menschen, der ganzen menschlichen Gesellschaft und ihrer Umwelt hin. Dabei kann der «Prediger» entweder die allgemein menschlichen und gesellschaftlichen Aktualitäten zum «Predigtthema» machen oder aber sich den rein religiösen Anliegen zuwenden, nach Bedarf auch beides vermischen – je nach seiner persönlichen Anschauung oder in Berücksichtigung der wirklichen oder vermeintlichen Interessenlage der Zuhörer. Das notwendige Material zur Aufweisung menschlicher Mangelhaftigkeiten und Missstände in der Welt lässt sich unter jedem Thema mühelos finden.

Soll Religiöses behandelt werden, so befasst sich der Prediger mit dem Verhältnis des Menschen zu Gott, legt dieses auf den Prüfstand und stellt sogleich alle nur erdenklichen Missstände in diesem Verhältnis fest. Unermesslich ist ja die Zahl göttlicher Forderungen, hinter denen die menschliche Fehlerhaftigkeit stets zurückbleibt.

Stammt das «Predigtthema» aus einem weltlichen Bereich, gibt es erst recht unbeschränkte Möglichkeiten, die Missständigkeiten der Welt und ihrer Bewohner zu beklagen. Auch der nicht-religiöse Mensch empfindet stets eine tiefe Kluft zwischen den angestrebten Idealen und der bösen Wirklichkeit. Da er sich im Besitze der «Erkenntnis des Guten und des Bösen» glaubt, ist er an einer solchen Kluft auch brennend interessiert, ja auf sie dringend angewiesen: Sie verschafft ihm den begehrten Anlass, sich als Vertreter der hohen Ideale und zugleich als Wächter über die mangelhafte Wirklichkeit zu betätigen. Er hegt auch insgeheim die Hoffnung, dass die hochgesteckten Ideale nicht erreicht werden und die Wirklichkeit sich nicht verbessert – woran sich die Ideale wie die Wirklichkeit denn auch getreulich halten. Die unüberbrückbare Kluft zwischen Ideal und Wirklichkeit bleibt so als geliebtes Dauerthema erhalten.

Aktualität erreicht diese «Predigt», wenn sie die Anklage der jeweilig vorherrschenden – modischen! – Unzufriedenheit zum Gebot der Stunde erklärt und der «Betroffenheit» durch die bejammernswerten Übelstände, Unglücksfälle und Verbrechen der Menschheit Ausdruck gibt.

Die Arglist der Zeit, ihre Lebens- und Glaubensschwierigkeiten sind vom «Prediger» feinfühlig, aber anschaulich darzustellen. Ziel des ersten Predigtteiles ist es, die Missstände so ergreifend zu beklagen, milde zu tadeln oder empört zu geisseln, dass der Zuhörer klar erkennt, wie schlecht es um die Welt steht, und dass es «so nicht mehr weitergehen» kann.

Dabei dürfen – um des erforderlichen Predigternstes willen – die drohenden Unter- oder Obertöne nicht fehlen, für die der Mensch seit seiner grundsätzlichen Täuschung ausserordentlich hellhörig ist. Bei der Behandlung von weltlichen Bereichen kann mit der ständigen Zukunftsangst des Menschen und den zu allen Zeiten geliebten und gepflegten Katastrophenvisionen gerechnet werden. In religiöser Hinsicht steht die tief im Menschen steckende Höllenangst als Anknüpfungspunkt für Drohungen zur Verfügung.

Der geschickte «Prediger» wird in seinen Schilderungen der schlechten Welt allerdings den Eindruck wachhalten, die Anwesenden trügen für diese Schlechtigkeit persönlich nur geringe oder gar keine Schuld – sehr im Gegensatz zur übrigen Welt! Damit streichelt er anerkennend das Gefühl des «kirchlichen» Zuhörers, besser zu sein als diejenigen, die nicht da sind, und gibt Gelegenheit zu dem wohligen Seufzer, es möchten doch alle das werden, wofür der «Predigt»hörer sich selber hält. Ernst gemeint ist dieser Wunsch freilich nicht, da seine Erfüllung die eigene, geliebte Überlegenheit über die andern zunichte machen würde...

2. Die zweite Aufgabe der «Predigt» besteht darin, den Zuhörern eine *bessere Welt* aufzuzeigen – sei es im Bereich des Glaubens, sei es im alltäglichen, privaten und öffentlichen Leben. Es gehört zur besondern «Predigt»kunst, den Gegensatz dieser «bessern Welt» zu der eben geschilderten schlechten möglichst verlockend darzustellen. Daran anzuschliessen ist dann die Beschreibung von Machbarkeiten, diese bessere Welt in eigener Tat zu verwirklichen. Gangbare Wege dazu werden dargestellt – wenn auch in der Regel bei weitem nicht so anschaulich wie die beklagte Arglist der Zeit.

Immerhin gibt man sich den Anschein, konkret werden zu wollen, und bedient sich dazu eines reichen Schatzes von Beispielen für vorbildliches Denken, Reden und Handeln – aus dem Leben gegriffen! Persönlichkeiten aus Legende und Geschichte, allseits anerkannte und beliebte Idole eines tätig gelebten Christentums, aber auch unscheinbare Gestalten aus dem Erlebnisbereich des «Predigers» werden zur Nachahmung empfohlen.

Die Wirksamkeit solcher Beispiele ist freilich beschränkt. Sind sie historisch, so haben sie Antiquitätscharakter und dienen lediglich der Bestätigung, die Welt sei früher besser gewesen als heute – was ohnehin die feststehende Überzeugung aller Anwesenden ist. «Predigt»beispiele aus dem kirchlichen Legendenbereich sind in ihrem Wahrheitsgehalt zweifelhaft und belegen mehr die idealen Vorstellungen als reale Gegebenheiten. Die berühmten Idole der Nächstenliebe besitzen schon längst den Nimbus der Unerreichbarkeit und dämpfen den Nachahmungseifer. Persönliche Erlebnisse des «Predigers» schliesslich lösen oft nur Verwunderung aus über die seltsam «heile Welt», in der die Pfarrer verkehren, und mögen so den gewünschten Eindruck verfehlen.

Über diese Nachteile setzt man sich grosszügig hinweg, da den treuen Hörern solcher «Predigten» an wirklich brauchbaren Anweisungen zu einer tätigen Veränderung der Welt im Ernst nichts gelegen ist und da die Gefahr einer tatsächlichen Weltverbesserung tunlichst vermieden werden muss ...

3. Im dritten Teil jeder rechten «Predigt» ergeht als Höhe- und Schlusspunkt die Ermahnung, die bisher etwas unscharf aufgezeigten Wege zur Verbesserung der schlechten Welt entschlossen zu beschreiten und beharrlich darauf zu bleiben. Die Aufforderung, bei sich selbst anzufangen – «Auf dich kommt es an!» –, macht sich zwar gut, muss aber behutsam vorgebracht werden. Der Zuhörer verlangt Schonung seiner stolzen Überzeugung, diese Ermahnung sei von ihm bereits ein vorbildliches Stück weit befolgt worden und gelte vor allem den mit einem abschätzigen Seitenblick bedachten Abwesenden.

Der erbauliche Abschluss der «Predigt» erlaubt schliesslich einen tröstlichen Hinweis auf die gütige Zuwendung Gottes, der allen, die guten und tätigen Willens sind, die verdiente Belohnung nicht vorenthalten werde – gemäss dem dichterischen Engelswort:

«Wer immer strebend sich bemüht,
den können wir erlösen.»[2]

Die «*Predigt*»*sprache* dieses Schlussteils ist unterschiedlich. Einem weltlichen Thema entspricht persönliche, liebevoll werbende Aufforderung. Die Sprache hält sich an wohleinstudierte Propagandamethoden, die überall zur Anwendung kommen, wo unbedingt etwas an den Mann gebracht werden soll. Sie erinnert an einen Vertreterbesuch an der Haustüre.

Härter ist der Tonfall bei einem streng religiösen Thema, wenn die Aufforderung zur Glaubensentscheidung an den armen Sünder ergeht: sich vor Gott zu bessern oder samt der übrigen Welt in ihrer Verstockung elendiglich unterzugehen – «in die Hölle zu fahren». «Gott» erscheint hier als der Scharfrichter, der dem Reuigen und Besserungswilligen zwar als Retter die Hand reicht, sich aber zum unbarmherzigen Rächer wandelt, wenn diese angebotene Hand ausgeschlagen wird. Die Angst vor der Furchtbarkeit der Rache Gottes zu schüren und dadurch die Bereitschaft zur geforderten Besserung voranzutreiben ist hier vonnöten. Die dergestalt «predigende» «Kirche» stürmt wie ein eisern gepanzertes Ritterheer mit unendlich langen Speeren in furchterregender Schlachtformation gegen den Gegner an, um ihn zur Unterwerfung zu zwingen oder – sollte dies misslingen – auf- und totzuspiessen.

Die Kraft für eine derart aggressiv-polternde «Predigt» hat die ihrem Ende entgegengehende Popanz-Kirche durch zunehmende Verweichlichung freilich weitgehend verloren. Sie versucht nun – in Anpassung an den allgemeinen Zeitgeschmack – ihren «Predigt»-tonfall zu mässigen und bildet sich zu diesem Zweck in psychologisch verfeinerten Methoden aus, bringt ihre moralischen Forde-

---
[2] Vgl. J. W. von Goethe: «Faust», Zweiter Teil, V. Akt, letzte Szene

rungen als motivierende Argumentationen vor und macht sie so zu «günstigen Angeboten». In einer Zeit, da sich besondere Geistigkeit durch stimmliche Zurückhaltung zu markieren beliebt, ersetzt sie den dröhnenden Kanzelton durch ein fast tonloses, geisterhaft beschwörendes Geflüster. Auch in den kleinsten Kirchen sind Lautsprecheranlagen installiert worden...

In der Sache ist diese «Predigt» nach wie vor steinhart: Sie behaftet die Menschen bei ihrer «Verantwortlichkeit» für ihr zeitliches Wohl und ewiges Heil, ja wohl gar für den ewigen Fortbestand der ganzen Schöpfung und verweist sie streng auf das von ihr geforderte Tun. «Gnadenzuspruch» wird das Ganze genannt; in Tat und Wahrheit erfolgt der harsche *Anspruch*, der alles Entscheidende vom Menschen abhängig macht und fordert – gnadenlos, wenn auch meist in süss-samtener Manier. Es bleibt die «Predigt» im Moralismus erstarrt und eingefroren – auch dort, wo das entsprechende Vokabular nicht mehr benützt wird.

So ist die Volksmeinung über das, was eine «Predigt» sei, geprägt worden. Das «arm verführt Volk»[3] versteht unter «Predigt» eine moralische Zurechtweisung von säuerlicher oder gar vernichtender Schärfe, die den Menschen in seinem Fehlverhalten angreift und auspeitscht, um ihn zur schleunigen und radikalen Besserung seines innern und äussern Verhaltens anzutreiben.

Umgangssprachlich hat diese unschöne Vorstellung auch auf den Ort der Predigt übergegriffen: Von der «Kanzel» herab erwartet das Volk nichts anderes als eine zurechtweisende, strafandrohende Züchtigungsrede – und setzt darum «predigen» mit «*abkanzeln*» oder «herunterkanzeln» gleich.

Man wird freilich auch hier nicht ungerecht sein wollen! Die «Predigt» als moralisch-belehrende Zurechtweisungsrede kommt

---

[3] Martin Luther: «Vater unser im Himmelreich», Kirchengesangbuch Nr. 62, 2. Strophe, Zeile 5 und 6:
  «Behüt uns Herr, vor falscher Lehr,
  das arm verführt Volk bekehr.»

einem *tiefen Bedürfnis des Menschen* entgegen. Aber so allgemein verbreitet das menschliche Verlangen nach selbsttätiger Schmiedung des eigenen Glückes auch ist, so wenig kann ein allgemeines Bedürfnis nach öffentlicher Belehrung vorausgesetzt werden.

Dieser paradoxe Sachverhalt ist in der Gespaltenheit des «getäuschten» Menschen begründet. Gerade in seinem krankhaften Streben nach selbstgemachter Besserung ist er in der Regel allen Belehrungen gegenüber höchst empfindlich. Sie verdächtigen ihn, es in Sachen Besserung von sich aus noch nicht weit genug gebracht zu haben und darum fremder, belehrender Hilfe bedürftig zu sein – also von sich aus nicht zu wissen, «was er zu tun habe». Das schätzt er nicht. So gilt im kritischen Umkreis der Popanz-Kirche der allgemeine Grundsatz, «z Predigt» sollte nur gehen, «wer es nötig hat». Und dazu will man nur ungern gezählt werden.

Lediglich in Zeiten panischer Zukunftsangst – sei es in mittelalterlicher Weltuntergangsstimmung oder neumodischer Zivilisationsverdrossenheit – lässt sich mit der «Predigt» einige Publikumswirksamkeit erzielen. Im übrigen greift die Popanz-Kirche auf die alte Regel zurück, dass nicht vorhandene Bedürfnisse künstlich geschaffen werden können, wenn es das Interesse derer, die sich der Befriedigung solcher Bedürfnisse verschrieben haben, erfordert. Trotzdem will es der «Kirche» nicht gelingen, in der Bedürfniserzeugung einige Fertigkeit zu erreichen; ihre «Predigt» findet zu ihrem grossen Leidwesen nach wie vor nur geringen Zuspruch.

Das hat allerdings wieder den Vorteil, eben dieses «Leidwesen» zu einem weiteren «Predigt»thema machen zu können. Und «Leidwesen» passt ja allemal zu einem Leichenzug …

Die fortwährend beklagten «leeren Kirchen» sind ein deutliches Zeichen dafür, dass dem Machbarkeitswahn schon längst das entscheidende Schnippchen Gottes geschlagen ist. Der Mensch ist diesem Wahn in Wahrheit nicht mehr verfallen, so sehr er auch in der ihm bewussten Überzeugung nach wie vor daran festhält. Seine wirkliche Lebenshaltung richtet sich keineswegs darnach: als «gewöhnlicher», lebensstarker und lebenslustiger Erdenbürger – der er ja um Gottes Bekehrung und Bewährung willen ist und bleibt! – kann er an der moralisch-belehrenden Popanz-Predigt keine Freude haben. Die ständigen Schilderungen der Schlechtigkeit der Welt passen nicht zu der natürlichen Zuversicht, die allem wirklich Lebendigen eigen ist. Es ist ja weder zu übersehen noch zu bestreiten: Die stets bejammerte Unvollkommenheit der Menschen und der ganzen Welt hat offensichtlich nicht verhindern können, dass eben diese unvollkommenen Menschen und ihre ganze verdorbene Welt nach wie vor *leben*, mit erstaunlicher Widerstandskraft die ganze Schlechtigkeit der Welt beharrlich *überleben* – und dies trotz ihrer Mangelhaftigkeit im Ganzen gesehen nicht nur schlecht! Auf die Dauer kann niemandem verborgen bleiben, dass sich die angestrebte «bessere Welt» kaum je zu zeigen beliebt – bei denen, die der «Predigt» am treuesten zusprechen, schon gar nicht. Darum hält sich in der Volksmeinung auch die Ansicht, die Schar der «Kirchenspringer» unter Einschluss des «Predigers» sei um kein Haar besser als die Abwesenden – und das ganze «Predigtunternehmen» eigentlich lauter Heuchelei. Auch das hat sich herumgesprochen, dass die Drohungen der «Predigt» selten oder nie wahrgemacht werden. Dadurch gewitzigt, vermag sich das gesunde Volk dem dramatischen Angriff der Kanzelrede zu entziehen – mit der spöttischen Frage:

«Pfarrer, sag mir ehrlich:
Ist's denn so gefährlich?»

Der «Predigt» ist die Spitze gebrochen – und ernst genommen wird sie nicht mehr.

Neben dieser moralistischen «Belehrungspredigt» gibt es auch die «Trost- und Erbauungspredigt» als Zuspruch an solche, die es in ihrer persönlichen Lebenstrübsal nötig haben. Ausserdem ist zu hören – vor allem in Kirchen mit «gehobener» Zuhörerschaft – die geistig anspruchsvolle Kanzelrede zur Erörterung philosophischer und weltanschaulicher Fragen. Von durchschlagender Bedeutung sind diese «Predigten» aber offenbar nicht. Den volkstümlichen Predigtbegriff haben sie jedenfalls nicht zu bestimmen vermocht. Bei genauerem Hinhören lässt sich das Grundmuster der moralistischen «Belehrungspredigten» – wenn auch in vornehm-feinen Linien – auch hier deutlich erkennen.

So bleibt denn der «kirchlichen Predigt» das, was sie selbst angerichtet hat: ein übler Geruch und ein schlechter Ruf.

«…triffst du nur das Zauberwort!»

Und dieses übelriechende, schlecht beleumdete Wort «predigen» sitzt jetzt in dem heiter lebendigen Geburtsbericht der Kirche drin – wie eine dicke, hässliche Kröte unter frischen, muntern Kinderchen! Und aus ihren bösen Augen glast der hämische Triumph: «Jetzt ist es mit der Heiterkeit aus!» Die grossartig angekündigte «Heitere Wendung der Kirche» scheint ausgerechnet im Bereich des menschlichen Tuns zum Stillstand gekommen zu sein.

Aber man ahnt es ja längst: Die «hässliche Kröte» ist in Wahrheit gar keine! «Wider die Wand geworfen» verwandelt sie sich in den «Königssohn mit schönen und freundlichen Augen»[4]. Die Entdeckung des Wortes, die stets die befreiende «Heitere Wendung» gebracht hat, bleibt auch hier nicht aus. Die Erlösung des Wortes «predigen» steht bevor – wie es der zauberhaft schönen und gerade so grundwahren Poesie entspricht:

«Schläft ein Lied in allen Dingen,
die da träumen fort und fort,
und die Welt hebt an zu singen,
triffst du nur das Zauberwort.»[5]

---
[4] Zitate aus dem Märchen «Der Froschkönig» der Brüder Grimm
[5] Joseph Freiherr von Eichendorff (1733–1857)

Das «Zauberwort» spricht der Urtext in biblischer Sprache. Ihm ist jetzt volle Aufmerksamkeit zu schenken.

Hinter dem übelbeleumdeten Wort «predigen» steht im Neuen Testament – an 61 Stellen – das griechische Wort
«KERÝSSEIN».

Es entstammt – wie auch das Wort *«ekklesía»*[6] – dem ausserbiblischen, nicht-religiösen Sprachbereich und ist von gesunder, weltlicher – «heidnischer»! – Alltäglichkeit. (Es lebe das Heidentum!)

Die Predigt im «heidnischen» Griechentum

Das Wort *«keryssein»* entspringt entweder der Wurzel «kar», die «tönen», «preisen» bedeutet, oder dem Sanskritwort «xraúsa», das «mit lauter Stimme ausrufen» heisst. Daraus ergibt sich die Bedeutung *«mit lauter Stimme in die Welt hinauszurufen»*.

So haben die alten Griechen von solchen «Ausrufern» – «Herolden» oder «Weibeln» – zunächst etwas ganz Äusserliches gefordert: dass sie eine gute, weittragende, wohllautende («Stentor»-)Stimme haben[7].

Warum eine laute – und vor allem: warum eine *wohllautende* Stimme? Die Wurzel «kar» mit ihrer Bedeutung «preisen» – das heisst «rühmen, verherrlichen, hochschätzen, loben» – gibt den Grund an:

Wer das *«keryssein»* ausübt, hat eine *gute, erfreuliche Sache* von entscheidender, heilsamer Bedeutung so auszurufen, dass sie überall und von jedermann gehört und verstanden wird, weil sie überall und für jedermann gilt.

---
6 Vgl. S. 62 ff. – Es ist auch hier ernst zu nehmen: «Das Neue Testament hat seine Worte nicht aus der beschaulichen Betrachtung der Philosophen, sondern aus der Sprache des öffentlichen Lebens genommen» (G. Friedrich in: Kittel «Theologisches Wörterbuch zum Neuen Testament» Bd. III, 1957, S. 697, 2).
7 G. Friedrich a.a.O. (siehe Anm. 6) S. 685 f.

«Laut» muss ausgerufen werden, weil die ausgerufene Meldung allgemeine, uneingeschränkte Gültigkeit hat und darum in aller Öffentlichkeit gehört werden muss. Denn dahinter steht eine Autoritätsperson oder eine autorisierte Gesandtschaft, die eine solche allgemeine, uneingeschränkte Gültigkeit verfügt hat:

«*kerýssein*» ist die öffentliche Verkündung durch einen Herrn oder durch einen Herold («*kéryx*») im Auftrag seines Herrn. Ausgerufen wird eine herrschaftliche Entscheidung, welche im ganzen Herrschaftsbereich Gültigkeit hat und darum allgemein zur Kenntnis genommen werden muss.

Das deutsche Wort «predigen» gibt «*kerýssein*» treffend wieder. Es ist ein Lehnwort aus dem Lateinischen, «*praedicare*», das ebenfalls «öffentlich ausrufen» heisst. – Um dieses sprachlichen Zusammenhanges willen ist auf das Wort «predigen» trotz seiner schweren Belastungen nicht zu verzichten.

An die schöne Grundbedeutung von «*kerýssein*» hat sich die Vorstellung angeschlossen, dass die herrschaftliche Entscheidung im Augenblick ihrer Ausrufung in Kraft tritt: Jedesmal, wenn ein Herr oder sein Herold «predigt», erhält diese Entscheidung an dem Ort, da sie «mit lauter Stimme ausgerufen» wird, Gültigkeit.[8]

Die Predigt im jüdischen Griechisch

Bei der Untersuchung des Wortes «*kerýssein*» in der LXX treten einige Auffälligkeiten zutage, die – im Hinblick auf die entscheidende Befreiung des von der «Kirche» misshandelten Wortes «predigen» – besondere Aufmerksamkeit fordern:

---

[8] «Nachdem er aber in der Schlacht den Philippus besiegt hatte, predigte er an den Isthmischen (Spielen), dass er die Griechen als Freie und Autonome freigebe» (Plutarch in: Apophthegmata Regum et Imperatorum, Titus Quinctius 2, II 197b»). *Vor* der «Predigt» galt die Freiheit der Griechen nicht. *Mit* der «Predigt» trat sie in Kraft (vgl. G. Friedrich a. a. O., S. 692, 2).

1. Seltsamer Gleichklang der Wortstämme

LXX braucht das Wort «*kerýssein*» an 26 Stellen und übersetzt damit 6 hebräische Verben und Ausdrücke, denen die Grundbedeutung von «rufen», «ausrufen» gemeinsam ist. In mehr als Zweidritteln der Stellen steht es für das hebräische «*qará*»/«rufen». Das ist deshalb bemerkenswert, weil dieses – semitische! – Wort die beiden gleichen Konsonanten q-r enthält wie die Wurzel «kar» des – indogermanischen! – Wortes «*kerýssein*». Auch das an einer Stelle mit «*kerýssein*» wiedergegebene aramäische[9] Verb «*qerás*»/«öffentlich ausrufen» enthält diese beiden Grundkonsonanten.

Obwohl die indogermanischen Sprachen, zu denen das Griechische gehört, mit den semitischen Sprachen nicht verwandt sind, verwenden in seltenen Fällen beide Sprachfamilien für einen urtümlichen Bedeutungsinhalt den gleichen Wortstamm.

Die Vermutung sei gewagt: Die öffentliche Ausrufung einer guten Meldung ist ein derart urtümliches, für die ganze Menschheit entscheidendes Geschehen, dass schon eine menschliche «Ursprache» vor ihrer Aufteilung in Sprachfamilien dafür eine Wortform mit den Konsonanten «q-r» gekannt hat.

2. Die «Erfreulichkeit» des alttestamentlichen «*kerýssein*»

In den «*kerýssein*»-Stellen der LXX gelangen fast durchwegs heilsbestimmende Ereignisse zur öffentlichen Ausrufung: Feste, Festversammlungen, Not wendende Fastenzeiten werden «gepredigt». Aber auch an den wenigen Stellen, da Gerichtsvollzüge, Kriege und

---

[9] Die dem Hebräischen verwandte aramäische Sprache gehört als besonderer Dialekt in die Familie der semitischen Sprachen. Sie hat immer mehr auf den hebräischen Sprachbereich Israels übergegriffen und war dort zur Zeit Jesu die allgemeine Volks- und seine Muttersprache (vgl. «Die Religion in Geschichte und Gegenwart» Bd. I, 1957, S. 534).

Katastrophen «verkündigt» werden, ergibt der engere oder weitere Zusammenhang, dass die Predigt stets den Durchbruch des Heils und den Abbruch von Unheil zum Gegenstand hat: Um eine «Heitere Wendung» geht es allemal!

3. Die Häufung von «Predigt» im Allversöhnungsbuch Jona

Die Bedeutung der Predigt als Ausrufung einer «Heiteren Wendung» bei «Juden und Griechen» wird dadurch bestätigt, dass das Wort «*ker*ýssein» gleich fünfmal in dem winzigen Buch Jona vorkommt – einer Schrift, die als Ganzes den bedingungslosen Durchbruch des Erbarmens Gottes gegenüber der ganzen – weder bekehrten noch bekehrungsfähigen! – Schöpfung «predigt»; schliesst es doch mit den Worten:

«Da sprach der Jahwe/‹kýrios› (der «ewig freie Gott»):
‹Dich jammert des Rhizinus, um den du doch keine Mühe gehabt und den du nicht grossgezogen hast, der in einer Nacht geworden und in einer Nacht verdorben ist. Und mich sollte der grossen Stadt Ninive nicht jammern, in der über 120 000 Menschen sind», (zwölfmal hundertmal hundert!), *«die zwischen rechts und links nicht unterscheiden können»* (also nicht entscheidungsfähig sind!), *«dazu die Menge Vieh?»»* (Jona 3, 11)

In keinem alttestamentlichen Buch wird so oft gepredigt wie in diesem Büchlein, das nur dazu geschrieben zu sein scheint, um den Sieg Gottes über seinen eigenen Unheilsentschluss zu predigen.

Diese klassische «Märchen»schrift unter den «Zwölf kleinen Propheten» – von der nur die vergleichsweise nebensächliche «Walfischgeschichte» allgemein bekannt ist – wird an späterer Stelle[10] noch einmal anzuhören sein, weil es die Befreiung eines weiteren, arg misshandelten «Kirchenwortes» vollzieht und so das Wesen der Bekehrungs Gottes und die ihr folgende «Heitere Wendung» nicht nur der Kirche, sondern der ganzen Welt offenbart.

---
[10] Vgl. S. 243 ff.

4. Der Anfang wie das Ende – und so das Ganze: Die seltsame Umrahmung aller «*kerýssein*»-Stellen

Fast unheimlich ist die verblüffende Ähnlichkeit der ersten mit der letzten «*kerýssein*»-Stelle des Alten Testamentes (LXX). Sie haben folgenden Wortlaut:

Die erste Stelle im ersten Buch des Alten Testamentes:
1. Mose 41, 41–44
«Dann sprach der Pharao zu Joseph: ‹Siehe, ich setze dich hiermit über das ganze Land Ägypten.› Und der Pharao zog seinen Siegelring vom Finger und steckte ihn Joseph an die Hand, kleidete ihn in Gewänder von Byssus und hängte ihm die goldene Kette um den Hals. Dann liess er ihn auf seinem zweiten Wagen fahren, und man predigte vor ihm her: ‹Abrek!›» (was heissen mag: «Auf die Knie!») «So setzte er ihn über das ganze Land Ägypten. Und der Pharao sprach zu Joseph: Ich bin der Pharao, und ohne deinen Willen soll niemand im ganzen Land Ägypten die Hand oder den Fuss regen.»

Die letzte Stelle im letzten Buch des Alten Testamentes[11]*:*
Daniel 5, 29:
«Da gab Belsazzar Befehl, und man bekleidete Daniel mit Purpur und legte ihm die goldene Kette um den Hals; auch predigte man, dass er als einer der drei obersten Beamten im Reiche herrschen solle.»

Die Übereinstimmungen der Berichte sind deutlich: Beide Male wird ein Mann vom Herrscher des Landes als sein bevollmächtigter Stellvertreter eingesetzt, dazu entsprechend eingekleidet, mit den Herrscherinsignien ausgerüstet – und dann wird dem Land *gepredigt*, dass es in diesem Manne seinen mit allen Vollmachten des Herrschers ausgerüsteten Regenten erhalte. Mit diesen beiden Regenten aber hat es seine besondere Bewandtnis:

---
[11] In der LXX steht am Schluss des Alten Testamentes das Buch Daniel. (Das hebräische Alte Testament schliesst mit dem 2. Chronikbuch, das deutsche mit dem Buch Maleachi.)

- Beide sind Juden: *Joseph,* der zweitjüngste der zwölf Söhne Jakobs, der Enkel Isaaks und Urenkel Abrahams, gehört der *aufsteigenden* Linie des erwählten Gottesvolkes Israel an; *Daniel* aber ist einer der aus dem «Lande der Väter» Vertriebenen zu der Zeit, da Israel aus der Höhe der Erwählung in die Verworfenheit *abzusteigen* hatte. Der eine steht am Anfang, der andere am Ende der heilsgeschichtlichen Geltung Israels. Und so stehen sie nun auch am Anfang und am Ende der Predigtstellen.

- Der «Aufsteigende» aus der Anfangs- und der «Absteigende» aus der Endzeit befinden sich beide unter den *Heiden:* der eine als hebräischer Sklave in Ägypten, der andere als jüdischer Verbannter in Babylon. Beide erfüllen dort den für Israel bezeichnenden Auftrag: Sie werden zu *Wohltätern der Heiden.* Joseph wird als ägyptischer Ernährungsminister während der sieben «mageren Jahre» zum Retter der Hungrigen (der hungrigen Heiden!); Daniel erhält – zur Zeit des Zerfalls Israels! – als Zeuge der allumfassenden Herrschaft des «*kýrios*»[12] die höchste Beamtenwürde.

- Dass den beiden das «Israel-Amt» als «Stellvertretendes Aufgebot für die Heiden» aufgetragen ist, wird nun dem jeweiligen Heidenvolk gepredigt. Öffentlich ausgerufen wird die Entscheidung des heidnischen Landesherrn, dass der Bevölkerung der lebenswichtige Dienst durch den beauftragten jüdischen «Minister» erwiesen wird: Sei es die Errettung vor dem Hungertod, sei es die Unterstellung des Landes unter den «höchsten Gott». *Gepredigt* wird in beiden Fällen die entscheidende Wende der Not des Volkes.

---

[12] So LXX in Daniel 5, 23

Joseph – Daniel – Christus

Beim ersten wie beim letzten Zeugen der Predigt ist ein Letztes zu beachten und besonders hervorzuheben, obwohl es zunächst nur eine äusserliche Belanglosigkeit zu betreffen scheint: die Beschreibung nämlich, dass die beiden jüdischen Nothelfer für die «Heiden» besonders *eingekleidet* werden. Aus dieser scheinbaren Nebensächlichkeit heraus aber fällt ein Lichtstrahl auf sämtliche alttestamentlichen «*keryssein*»-Stellen und darüber hinaus in das ganze Elend einer verdorbenen «Kirchenpredigt» hinein – und überwindet es!

Dort, wo Israel als das «Stellvertretende Aufgebot» nur noch in dem einzelnen und einzigen besteht, wird Daniels «*Purpur*» nämlich zum auszeichnenden *Amtsgewand Jesu Christi*:

«Die Soldaten aber führten Jesus hinein in den Palast – das ist die Burg des Statthalters – und riefen die ganze Kohorte zusammen. Und sie zogen ihm ein Purpurgewand an, flochten eine Dornenkrone und setzten sie ihm auf. Dann fingen sie an, ihn zu begrüssen: ‹Heil dir, König der Juden!›, und schlugen ihn mit einem Rohr auf das Haupt, spieen ihn an, beugten die Kniee und huldigten ihm.» (Markus 15, 16–19)

Da taucht es wieder auf: «Sie beugten die Kniee» – so, wie es schon (wenn der Ausdruck in 1. Mose 41, 43 richtig gedeutet ist) in Ägypten vor Joseph her gepredigt worden ist – und wie es in jenem alten Christushymnus von dem einzigen bezeugt wird, der alle Verworfenheit in die Erwählung hineinrettet:

«Daher hat ihn Gott über die Massen erhöht und ihm den Namen geschenkt, der über jeden Namen ist, damit in dem Namen Jesu sich beuge jedes Knie derer, die im Himmel und auf Erden und unter der Erde sind, und jede Zunge bekenne, dass Jesus Christus Herr ist, zur Ehre Gottes, des Vaters.»
(Philipper 2, 9–11)

So unterwirft sich denn als einziger unter allen anwesenden Juden, aber als erster der ganzen Schöpfung der heidnisch-römische

Hauptmann dem Gekreuzigten – samt seiner Exekutionstruppe, die Jesus ans Kreuz zu schlagen hatte – mit den Worten:

«Dieser Mensch war in Wahrheit Gottes Sohn.» (Markus 15, 39)

Wer sich von der Spannweite dieses Bekenntnisses einen mehr als nur intellektuellen Begriff machen will, höre die gewaltige Tonsprache Johann Sebastian Bachs, der in seiner «Matthäus-Passion» den Hauptmann und mit ihm seine bluthändigen Soldaten diesen einen Satz in gewaltig weit gespanntem Bogen singen lässt: «Wahrlich, dieser ist Gottes Sohn gewesen!»[13]

Der Übergang ins Neue Testament zu dem einen, der dort bezeugt wird, hat sich vollzogen. Doch drängt sich nun noch *eine* von den 26 «*keryssein*»-Stellen – die vierundzwanzigste (zweimal zwölf!) – in den Vordergrund. Sie steht im Buch der *jesajanischen* Prophetie in den Versen, die in der deutschen Wiedergabe des griechischen Textes so lauten:

«Geist des Herrn auf mir! Um deswillen,
dass er mich gesalbt hat!
Gute Meldung zu bringen den Armen, hat er mich gesandt:
wieder herzustellen, die zerschlagenen Herzens sind –
den Gefangenen Befreiung zu predigen
und den Blinden, dass sie wieder sehen werden –
auszurufen eine erfreuliche Jahreswende des Herrn
und einen Tag der Zurückerstattung –
herbeizurufen alle Trauernden…» (Jesaja 61, 1.2)

Indem der Prophet *predigt*, «bringt er das, was er verkündigt»[14]: Er ruft die Freiheit aus – und die Gefangenen sind frei; er verkündigt das Augenlicht – und die Blinden sehen. Sein Wort ist Gottes Wort, das nicht fordert, sondern aus Gnaden *schenkt*. Die befreiten Atemzüge der aufatmenden Schöpfung, die so lange unter der Fuchtel moralisierender «Predigt» gelitten hat, künden sich an:

---
[13] J. S. Bach: «Matthäuspassion», BWV 244, Nr. 73 (Chorus)
[14] Vgl. G. Friedrich a. a. O., S. 701, 2

«Denn wir wissen, dass alles Geschaffene insgesamt seufzt und sich ängstigt bis jetzt.» (Römer 8, 22)

«… bis jetzt»? Die alttestamentlichen Zeugen der Predigt – vom ersten bis zum letzten mitsamt dem jesajanischen! – richten sich aus der Tiefe urtümlicher Sprachgeschichte auf, klingen durch die Gottesgeschichte der «Heiteren Wendungen» im Alten Testament hindurch – bis hin zu dem entscheidenden Jetzt und Hier:

«Da kehrte Jesus in der Kraft des Geistes nach Galiläa zurück; und die Kunde von ihm verbreitete sich in der ganzen umliegenden Landschaft. Und er lehrte in ihren Synagogen, von allen gepriesen. Und er kam nach Nazareth, wo er erzogen worden war, und ging nach seiner Gewohnheit in die Synagoge und stand auf, um vorzulesen. Und es wurde ihm das Buch des Propheten Jesaja gegeben; und als er das Buch auftat, fand er die Stelle, wo geschrieben stand:
‹*Der Geist des Herrn ruht auf mir,*
weil er mich gesalbt hat;
er hat mich gesandt,
den Armen frohe Botschaft zu bringen,
den Gefangenen Befreiung zu predigen
und den Blinden das Augenlicht›,
‹*die Zerschlagenen zu befreien und zu entlassen,*
ein angenehmes Jahr des Herrn zu predigen.›
Und als er das Buch zugetan hatte, gab er es dem Diener wieder und setzte sich, und aller Augen in der Syagoge waren auf ihn gerichtet. Er begann aber damit, ihnen zu sagen:
‹*Heute ist dieses Schriftwort erfüllt vor euren Ohren!*›
Und alle gaben ihm Zeugnis und verwunderten sich über die Worte voll Anmut, die aus seinem Munde kamen …» (Lukas 4, 14–22)

***   ***   ***

Wie die «Griechen» und die «Juden» es in ihrer Sprache schon vorausgenommen haben, hat Christus gepredigt: dass in ihm das Heil der ganzen Schöpfung erfüllt ist. So kann der Apostel Paulus das Wesen der Predigt beschreiben:

«Denn während Juden Zeichen fordern und Griechen nach Weisheit fragen, predigen wir Christus, den gekreuzigten, für Juden ein Ärgernis, für Heiden eine Torheit, für die Berufenen selbst aber, sowohl Juden als Griechen, Christus als Gottes Kraft und Gottes Weisheit.» (1. Korinther 1, 22–24)

Jetzt herrscht Klarheit: Christus selbst – die *Erwählung aller Verworfenen!* – muss öffentlich *ausgerufen* werden: Gepredigt und in alle Welt hinein gejubelt wird inskünftig nur *noch das Fest der «Heiteren Wendung»* aller Not!

Das ist das «gebotene Tun der Kirche!»

***   ***   ****

Es hat sich erfüllt: Das biblische Wort «predigen» – «vom Eise befreit» – überschwemmt wie ein ungestümer Frühlingsbach den eisig erstarrten «Predigtsumpf» im Leichenzug der Popanz-Kirche: Der Moralismus ist überwunden!

In diesem letzten Satz ist ein Zitat von drei Wörtern eingefügt, das folgenden Versen entnommen ist:
«Vom Eise befreit sind Strom und Bäche
durch des Frühlings holden, belebenden Blick.»[15]

Durch dieses Zitat wird die Wiedererweckung der Wörter in Beziehung gesetzt zum frühlingshaften Erwachen der Natur aus der Winterstarre, das – wie alle «Wiederbelebungen» auf dieser Welt – dem grundlegenden österlichen Erweckungsgeschehen entspricht. Der neue Ausbruch der Sprachgewalt und die Wiederbelebung der Wörter bedeuten ein Drama, das der Kreuzigung Christi und seiner Auferweckung zwar nicht gleich, aber ähnlich ist: Die biblischen Wörter mit ihrer urtümlichen Lebendigkeit und Aussagekraft sind ja vom Gefolge der Popanz-Kirche misshandelt, «gekreuzigt und begraben» worden und dadurch gleichsam «in

---
[15] J. W. von Goethe: Faust, Erster Teil, Vor dem Tor («Osterspaziergang»)

Eis erstarrt». Fällt aber auf die elendiglich Umgebrachten und Erstarrten das Licht aus dem leuchtenden Antlitz des bekehrten Gottes – wie «durch des Frühlings holden, belebenden Blick»! – so tauen sie alsbald auf und werden «vom Eise befreit» – «auferweckt von den Toten»!

***   ***   ***

16
Was soll denn gepredigt werden?

Die Frage schien bereits am Schluss des letzten Kapitels beantwortet zu sein: Christus muss gepredigt werden! Aber was ist da «auszurufen», wenn nicht ein blosser Name wie eine magische Zauberformel beschwörend durch die Welt geistern soll – und also gerade nicht gepredigt wird?

Die Stelle, in der Christus seinem «Stellvertretenden Aufgebot» den Auftrag zur Predigt gibt, schweigt sich über den Inhalt der Predigt aus. Es steht dort nur: «... dass er sie aussende, zu predigen.»[1] Grammatikalisch gesagt: das *«Akkusativobjekt»* fehlt.

Luthers Übersetzung hat das so stehen lassen. Die Zürcher Bibel hingegen fügt ein Akkusativobjekt – den Inhalt der Predigt! – in Klammern hinzu: «das Evangelium». Auch wenn diese Zufügung wörtlich aus einer früheren Markus-Stelle[2] stammt, ist sie zu unterlassen. Denn nicht nur die geschriebenen Wörter eines Textes sind ernst zu nehmen, sondern auch die «Verschweigungen» – und wenn sie einem Mühe machen, erst recht. Sie haben es oft genug «in sich».

Markus mag einen bedeutenden Grund gehabt haben, an dieser Stelle das Wort «predigen» absolut – ohne Objekt – zu gebrauchen. Bereits in den ersten Versen seines Buches wird der Leser über den Inhalt der Predigt ins Bild gesetzt – und zwar auf solch erstaunliche und darum eindrückliche Weise, dass es nun mit Nachdruck keiner

---
[1] Markus 3, 14; vgl. S. 216
[2] Markus 1, 14

weiteren Erläuterung mehr bedarf: dass gepredigt wird, ist gleichsam die Türe, mit der Markus förmlich ins Haus fällt! Was gepredigt wird, erscheint dort gerade in seiner Befremdlichkeit äusserst deutlich.

Auch an den beiden folgenden Stellen[3] ist das Wort «predigen» verbunden mit der Angabe des «Predigtstoffes». Dann kommt es dreimal ohne Inhaltsangabe vor[4] – bis es bei der Bestimmung der Zwölf zum siebten (!) Mal und wieder ohne Inhaltsangabe erscheint. Offenbar ist an den ersten drei Stellen die Predigt mit ihrem Inhalt schon so eins geworden, dass sich in der Folge eine «Ergänzung im Wenfall» pedantisch ausnähme. Der Übersetzer hat an der 7. Stelle keine selbstgewählte Objektbestimmung einzuschieben, sondern die ersten grundlegenden «Predigt»stellen ernst zu nehmen.

Die «erste» Predigt in der Wüste
(Markus 1, 1–4)

«Anfang des Evangeliums von Jesus Christus.
Wie geschrieben steht beim Propheten Jesaja:
‹Siehe, ich sende meinen Boten vor deinem Angesicht her, der deinen Weg bereiten wird›; ‹[es erschallt] die Stimme eines Rufers in der Wüste: Bereitet den Weg des Herrn, machet seine Strassen gerade›, [so] taufte Johannes in der Wüste und predigte, man solle sich taufen lassen auf Grund der Busse zur Vergebung der Sünden.» (Markus 1, 1–4)

So, wie der Auftritt des ersten Predigers in der *Zürcher Übersetzung* beschrieben wird, wirkt er nach allen bisherigen Darlegungen über die «Predigt» geradezu peinlich. Zwar heisst es, dass zum «Anfang des Evangeliums von Jesus Christus» die Predigt gehört. Aber der Inhalt dieser ersten – «Anfang»-haften, also «die Norm» setzen-

---
[3] Markus 1, 7.14
[4] Markus 1, 38 f.45

den! – Predigt scheint ausgerechnet in der moralischen Aufforderung zu bestehen, etwas zu tun! Und diese Aufforderung wird gar auch noch – mit einem Hilfsverb (!)[5] wiedergegeben: «...man solle sich taufen lassen»! Und dahinter erscheint der unheimlichste Ausdruck moralistischer Seelenquälerei: «auf Grund der Busse» – was den Leser sofort in die wohl härteste aller religiösen Zumutungen hineinstösst: «Busse zu tun»![6]

So schlimm das tönt, so klar muss es jetzt gesagt werden: Der Text der Zürcher Bibel hat im Entscheidenden nichts zu tun mit dem, was Markus wirklich geschrieben hat: Er ist eine grobe Entstellung des Urtextes. Markus hat etwas ganz anderes geschrieben.

Diese Entstellung geschah offensichtlich unter dem Zwang der bekannten religiösen, «kirchlichen» Voraussetzungen: dem Zwang des moralistischen Machbarkeitswahnes! Daraus erlösen auch hier die wieder erweckten und ihrerseits erweckenden Wörter der echten biblischen Sprache!

Der Hauptsatz des Textes sei ausnahmsweise in der Ursprache angeführt – zusammen mit der möglichst wörtlichen Übersetzung:

«egéneto Ioánnes	Es geschah Johannes –
ho baptízon en te erémo	der in der Wüste untertauchende
kai kerýsson	und predigende:
báptisma metanoías	Untergang der Aufatmung
eis áphesin	hinein in Loslassung
hamartión»	von Verfehlungen.»

---

[5] Vgl. S. 133 f.
[6] Noch schlimmer als die Zürcher Übersetzung lautet die Wiedergabe des Textes in der besonders üblen «Übertragung» namens «Die Gute Nachricht» – einer jener verqueren, fälschlich sogenannten «Bibelübersetzungen» aus den dunkelsten Tagen der Popanz-Kirche (ab 1971):
«Das geschah, als der Täufer Johannes in der Wüste auftrat und zu den Menschen sagte: ‹Lasst euch taufen und fangt ein neues Leben an, dann wird Gott euch eure Schuld vergeben.›»

Das hat gegenüber dem üblichen Text den Vorzug, dass die anstössige Aufforderung, das widerwärtige Hilfsverb und die bedrohliche «Busse» verschwunden sind. Offenkundig ist aber der Nachteil: Auf Anhieb *versteht das kein Mensch!*

Der Nachteil ist schnell zu beheben: Es muss Wort für Wort bedacht und dann in verständlicher Art wiedergegeben werden.

«Untertauchen wie zum Ertränken»

«*baptízein*» – das ist die seltsame Tätigkeit des «Johannes» in der Wüste, die der ersten Predigt vorangeht. Das Wort wird von der deutschen Kirchensprache durchwegs mit «taufen» wiedergegeben und zur Bezeichnung eines religiösen Aktes gebraucht. Ursprünglich ist es kein religiöses Wort, sondern wiederum ein Ausdruck *weltlicher Alltäglichkeit* – allerdings einer sehr unheimlichen! – und heisst «ganz und gar untertauchen wie zum Ertränken», «zerstören»[7].

Das gleiche gilt freilich auch für das deutsche Wort «taufen», das vom Adjektiv «tief» abgeleitet ist, nämlich der Wurzel «dheu-b» mit der Bedeutung «tief, hohl» entspringt. Es heisst also «tief machen», «durch ‹Tauchen› erniedrigen». (Vgl. den Ausdruck der Volkssprache «Er ist getaucht» für «Er hat eine Niederlage erlitten oder ist gar untergegangen».)

Das deutsche «taufen» und das griechische «*baptízein*» benennen das schreckliche Geschehen, da etwas lebendig Atmendes in die bedrohliche Nähe des Todes geführt und schliesslich in den Tod versenkt, erstickt wird.

---

[7] z. B. eine Stadt oder die «menschliche Seele» (Kittel THWBNT 1. Bd. 1933, S. 527, 20) In der griechischen Umwelt liegt allerdings schon der Ursprung sakraler «Bäder» und «Untertauchungsriten». «*baptízein* ... kommt im Hellenismus vereinzelt in religiösen ... Zusammenhängen vor, nimmt jedoch nicht sakral-technischen Sinn an» (Kittel a.a.O., S. 530, 8 ff.).

Da in LXX das Wort «*báptisma*» nicht und das Verb «*baptízein*» nur ein einziges Mal[8] vorkommt, ist für das neutestamentliche «*báptisma*» lediglich das Verständnis der ausserbiblischen griechischen Sprache vorauszusetzen und also der harte Klang zu hören, den auch das deutsche Wort «taufen» hat.

Der Evangelist Markus lässt erkennen, dass er diesen Klang hört – wenn er Jesus seine Jünger Jakobus und Johannes fragen lässt:

«Könnt ihr den Kelch trinken, den ich trinke, oder getauft werden mit der Taufe, womit ich getauft werde?»,

und ihnen voraussagt:

«Den Kelch, den ich trinke, werdet ihr trinken, und mit der Taufe, wo mit ich getauft werde, werdet ihr getauft werden.» (Markus 10, 38.39)

Eindeutig redet Jesus hier von seinem – und seiner beiden Jünger – *gewaltsamen Tod.*

Mit seiner «Untertauchung» zeigt «Johann Baptist»[10] in aller drastischen Deutlichkeit[11] die Binsenwahrheit an: *«Ihr werdet alle untergehen!»*

Und dann, als es so richtig schrecklich nach «Ersäufung» aussieht, erfolgt das Schnippchen:

Gepredigt wird der «Untergang zur Aufatmung»!

Ausgerufen wird, dass dieser Untergang nicht zum ewigen Tod, sondern zur Aufatmung – zur neuen Belebung führt!

---

[8] 2. Könige 5, 14

[10] Der Name «Johann Baptist» ist eine wörtliche Übernahme von «*Ioánnes ho babtístes*» – «Johannes der Täufer» (Matthäus 3, 1. u. ö.).

[11] Ebenso drastisch wurden jahrhundertelang die «christlichen» Täuflinge in offenen Gewässern gänzlich untergetaucht. Nach der Verlegung der Taufhandlung in das Kirchengebäude und nach Einführung der Kindertaufe geschah die Taufe so, dass der Säugling von Kopf bis Fuss in das Wasser des Taufbeckens (mit seiner klassischen Form des «Taufsteins») eingetaucht und dadurch die Versenkung in den Tod dargestellt wurde.

Sofort taucht die Erinnerung an die uralte Vorgeschichte von der «Gewaltigen Flut»[12] auf – und zwar nicht nur der Sache nach, sondern auch im Kern der Sprache. Dieser «Aufatmung» – «*metánoia*» liegt das Verb «*metanoeín*» zugrunde. An den 18 Stellen, da LXX dieses «*metanoeín*» ein hebräisches Verb übersetzt, steht es immer für das gewichtige Wort:

«NICHÁM».

Darin klingt der vertraute Ton aus den Anfängen der Zeit, da Gottes Schnippchen die verlorengeglaubte Welt aufatmen liess: das Wort, das dem «Helden» der grundlegenden Schnippchengeschichte in 1. Mose 6–9 den Namen gegeben hat: Noah, «Aufatmer» («Uufschnuufer»!), weil er der Zeuge und Darsteller des entscheidenden «Aufatmens Gottes» ist[13]:

«Atmen» ist die natürliche Bewegung zur elementaren Lebenserhaltung – «*nichám*» aber bezeichnet darüber hinaus die heftigen Aufwallungen des «Schnaubens», welche die Höhepunkte lustvoller Lebenserfüllung, aber auch die Augenblicke erschreckender Lebensgefährdung auszeichnen. Wer «aufatmet», macht seinen innersten Erregungen aller Art «Luft»: der Lust und des Schmerzes, der Freude und der Trauer, der Begeisterung und der Wut, des jähen Entzückens und des grausen Schreckens. Er tut es auch im keuchenden Kampf ums Überleben – mit dem Ziel, sich aller Gefährdung trotzend den Lebensatem zu verschaffen. Der Widerstand vor den schrecklichsten Abgründen und die kühnsten Aufschwünge zu den Höhepunkten der Existenz – der ganze «Kreislauf der Natur», das ewige «Stirb und werde»[14] – erscheinen in diesem einen hebräischen Wort.

Der umfassenden Fülle dieser Vokabel entspricht es, dass LXX zu ihrer Übersetzung zehn verschiedene griechische Verben in Dienst nimmt – lau-

---

[12] Vgl. S. 39 ff.
[13] Vgl. S. 48 ff.
[14] Vgl. J. W. Goethe: «Selige Sehnsucht» («Westöstlicher Divan», 1819):
«Und so lang du dies nicht hast,
dieses Stirb und Werde,
bist du nur ein trüber Gast
auf der dunklen Erde.»

ter Wörter, welche die handfeste Lebensnähe und leidenschaftliche Lebensfreundlichkeit ausdrücken:
ausruhen lassen; erlösen; befreien; loslassen; freigeben; aufheitern; fröhlich stimmen; sich erbarmen; versöhnen; an seine Seite heranrufen; einladen; trösten; beruhigen; stillen – in Wallung bringen; in Leidenschaft versetzen und in Leidenschaft geraten; zornig machen und wütend werden!

Die Übersetzung des hebräischen Wortes «*nichám*» durch die griechische Vokabel «*metanoeín*» offenbart, dass diese urmenschlichen Lebensvorgänge – das ganze «Gesetz der Natur» – *in Gott selbst begründet* sind:

Der endgültig aufatmende Gott

In den weitaus meisten Stellen, da LXX von «*metanoeín*» spricht, ist es der ewig freie Gott selbst, der in solch erregter Weise «aufatmet»: Er tut das, was allgemein und selbstverständlich als des Menschen Angelegenheit betrachtet wird! «*metanoeín*» – «*nichám*» – «aufatmen» – ist eine bezeichnende Besonderheit Gottes, des *Herrn*!

In welch ergreifendem Drama solch göttliches Aufatmen durchkämpft wird, schildert das Buch Jona[15], aus dem zwei entscheidende Stellen wörtlich angeführt seien:

«Und Gott sah ihre Taten, dass sie zurückkehrten[16] von ihren Geschäften der Bosheit. Und Gott atmete auf gegenüber dem Unheil, das er ihnen anzutun versprochen hatte – und er tat es nicht.» (Jona 3, 10)

«Das missfiel dem Jona überaus, und er wurde zornig. Und er betete zu dem Herrn und sprach: Ach Herr, habe ich nicht eben das gesagt, als ich noch in meinem Lande war? Darum entlief ich auch das erste Mal nach Tharsis. Denn ich habe wohl erkannt, wie du Gott bist:
gnädig und barmherzig, langmütig und reich an Huld – und dass du aufatmest gegenüber dem Unheil.» (Jona 4, 1.2)

---
[15] Vgl. S. 229
[16] Hier steht das hebräische Wort «*schub*» (vgl. S. 136 ff.).

Gott, der Herr ist – wieder einmal – zornig geworden! Mit grimmigem Antlitz starrt er auf die verkommene Stadt Ninive. Sein zorniger Entschluss ist gefasst: «Noch vierzig Tage – und Ninive ist zerstört!» Und wie er diesen seinen Entschluss anstarrt – in seinem Zorn selbst erstarrt –, wird er gewahr, was er inzwischen angerichtet hat: Sein Wort hat den König der Stadt berührt, dass er die ganze Stadt zur Rückkehr gerufen hat – und die Stadt ist seinem Rufe gefolgt. – Muss das Gott nicht aufs tiefste anwidern? Immer die gleiche unappetitliche Geschichte: diese winselnde «Umkehr» der Menschen, sobald ihnen die Drohung des Untergangs in die Knochen gefahren ist! Wie einen gewalttätigen Riesen sieht der finstere Gott auf seinem Thron seinen eigenen Entschluss zur Zerstörung der Stadt vor sich stehen und hört ihn brüllen: Unheil! Untergang! Vernichtung der über 120 000 Menschen, welche zwischen rechts und links, also zwischen Gut und Böse nicht unterscheiden können – dazu die Menge Vieh! Es schnürt ihm die Kehle zu: Dieses Unheil ist sein eigenes Werk – der fürchterliche Riese sein Geschöpf, das ihm grausam lachend zuruft:» «Du, Gott – du und ich, wir gehören zusammen! Wir sind eins – einig im Plan der Vernichtung einer ganzen Stadt samt ihres Viehs!»

Da wallt in ihm eine Erinnerung auf: «Habe ich mir nicht schon vor Grundlegung der Welt geschworen, nicht zu verderben, was von mir erschaffen ward? Habe ich mich nicht eh und je an diesen Schwur gehalten und mich aus jedem Anfall von Zorn aufs neue aufgeschwungen, ‹gnädig und barmherzig, langmütig und reich an Huld› zu sein?»

Sein Atem keucht. Entsetzt fasst er das Ungeheuer seines göttlichen Entschlusses zur Vernichtung ins Auge, springt auf – und schnaubt den heissen Hauch tödlichen Verderbens aus sich heraus, auf dass die frische Luft des Lebens in ihn einströme! Ein Aufschrei, furchtbar dröhnend – aber nicht gegen die Stadt, sondern gegen seinen Zorn: «Nein! Niemals!» Der schreckliche Riese – sein eigenes Geschöpf! – wankt und stürzt.

So aber zerbricht und stirbt «der zornige Gott». Geopfert hat der ewig freie Gott seine göttliche Vollmacht, «in die Hölle zu werfen»[17]. Er verleugnet sein Gottesrecht, recht zu haben und recht zu behalten. In dieser Selbstaufopferung – es ist ein Sterben! – hat er sich endgültig zu seiner geliebten Schöpfung «hindurchgeatmet»: «Gott – du nicht! Du nicht, der du ‹nach dem Ratschluss deines Willens›[18] dich entschieden hast, gnädig und barmherzig, langmütig und reich an Huld zu sein – du nicht!»
«Und Gott atmete auf gegenüber dem Unheil, das er ihnen anzutun versprochen hatte – und er tat es nicht.»

«Aufatmen aus dem Unheil – zum «Besseren»! Das ist Gottes ihm eigentümliches Werk: So ist er «Gott»!

Dieses «Bessere» ist auch die Grundbedeutung des Wortes «Busse». Es ist entstanden aus dem altdeutschen Wort «bass», welches die erste Steigerungsstufe von «gut» darstellt und also «besser» heisst (vgl. den Ausdruck «bass erstaunt sein»).

«Busse tun» heisst «aufatmen zum Besseren» – wie ein Kranker, der aufatmet zur «guten Besserung» – zur Gesundung – zum Leben!

In Gottes «Aufatmen zur guten Besserung» erscheint die wahre Bedeutung dessen, was in dem einen hebräischen Wort *«nichám»* und seiner griechischen Übersetzung *«metanoeín»* sich auftut – und in all den heftigen «Aufatmungen» des Menschen seine Entsprechung findet.

✳✳✳   ✳✳✳   ✳✳✳

---
[17] Lukas 12, 5
[18] Epheser 1, 11

Schliesslich bleibt noch das Tätigkeitswort «*metanoeín*» selbst: das Wort, das an der ersten «Predigt»stelle in der – missverständlichen! – Übersetzung der Zürcher Bibel mit dem Wortlaut «Busse tun» wiedergegeben wird.

Es wird im Wörterbuch übersetzt mit «seinen Sinn ändern», «bereuen», «Busse tun», «sich bekehren». Diese Übersetzungen sind nicht falsch, aber ihrerseits übersetzungsbedürftig. Was sie heissen, ist nicht nach den üblichen ideologischen – moralistischen! – Gesichtspunkten zu bestimmen, sondern einzig aus der Grundbedeutung des Wortes zu erkennen.

Das Verb setzt sich zusammen aus der Vorsilbe «metá» und dem Stamm «noeín». Dessen Wurzel «svofos» bedeutet «Atem» und bildet das deutsche Wort «schnauben», «schnaufen».

Das griechische «*noeín*» wird in der Regel mit «denken» übersetzt. Es ist aber zu beachten, dass das antike Lebensgefühl den Vorgang des «Denkens» nicht in – moderner – Einengung auf das Intellektuelle, Rationalistische beschränkt. Im Deutschen weist die sprachliche Verwandtschaft von «denken» und «dünken» darauf hin, dass auch in diesem Sprachbereich keineswegs nur und nicht einmal vorrangig ein Vorgang des Intellektes, sondern vielmehr eine urtümliche Lebensregung – eben der Gang des «Lebensodems» – gemeint ist.

Die Vorsilbe «metá» ist eigentlich ein Adverb oder eine Präposition mit den Bedeutungen «inmitten» oder «hinterher». Zusammen mit dem Stamm «noeín» – verstanden im urspünglichen Sinne von «atmen» – ergibt sich die Übersetzung: «hinterher», «zuletzt aufatmen»:

«ENDGÜLTIG AUFATMEN».

Damit setzt «*metanoeín*» all den Wörtern, die der LXX zur Wiedergabe von «*nichám*» geeignet schienen, die glänzende Krone auf: in seiner Vorsilbe «metá»: «hinterher», «zu guter Letzt», leuchtet wie in keinem andern die Endgültigkeit des Lebensvorganges in der Überwindung des Todesgeschehens auf: eine «eschatologische Helligkeit» – eine Helligkeit hinein in die «letzten Dinge»!

Die Aufhebung des Untergangs im endgültigen Aufatmen Gottes

Der Ausdruck «Untergang des Aufatmens» kann nicht so verstanden werden, als ob das Aufatmen unterginge. Das ist ausgeschlossen durch den Namen des «ersten» Predigers: *Johannes* – der da heisst: «Jahwe ist gnädig».

Der Name ist der griechische Umlaut des hebräischen Namens *«Jochanán»*, der sich zusammensetzt aus *«Jo»* (= Verkürzung des Gottesnamens «Jahwe») und dem Tätigkeitswort *«chanán»* mit der Bedeutung «gnädig sein», «lieblich machen», «Erbarmen haben».

«Johannes» als erster Prediger wird eingeführt mit dem gewichtigen Wort *«egéneto»* – «es geschah», wörtlich: «es wurde...»[19]. Dieses Wort tritt im ersten Kapitel der Bibel auf – in dem Augenblick, da die Bekehrung Gottes von der Finsternis zur Lichthaftigkeit und damit zur endgültigen Rettung seiner Schöpfung offenbar wird[20]:

«Im Anfang schuf Gott den Himmel und die Erde.
Die Erde war aber wüst und öde, und Finsternis lag auf der Urflut,
und der Geist Gottes zitterte über den Wassern.
Und Gott sprach: Es werde Licht!
Und es ward (hebräisch: «wajehí», griechisch: «egéneto») Licht.
Und Gott sah, dass das Licht gut war –
und Gott schied das Licht von der Finsternis.» (1. Mose 1, 1–4)

---
[19] Markus 1, 4
[20] Vgl. S. 26 f.

Wie am ersten Schöpfungstag beim Durchbruch des ersten Aufatmens Gottes das Licht «wurde» – so «wurde» der «Jahwe-ist-gnädig»-Prediger Johannes. Darum kann er nicht predigen, dass das endgültige Aufatmen Gottes untergehe, sondern solchen Untergang in seiner Predigt nur gerade ausschliessen. Damit aber ist mit letzter Endgültigkeit überhaupt jedes Untergehen und Verderben, das nicht zum Wiederaufleben führt, ausgeschlossen. Das aber bedeutet nichts anderes als *die Auferweckung der Toten*.

Dem fügt sich in letzter Folgerichtigkeit an «... zur Vergebung der Sünden» – was heisst, dass die Menschheit von allen Verfehlungen losgelöst wird. Seine Verfehlungen bleiben nicht mehr an den Menschen angekettet wie Mühlsteine, die ihn in die Versenkung des ewigen Todes hinunterziehen und ihn dort auf ewig festhalten. Das endgültige Aufatmen Gottes zerreisst die Ketten und lässt den dem Tod verfallenen Menschen wieder auftauchen, aufatmen, aufleben – «wie geschrieben steht»:

«Der Sold für die Verfehlung ist Tod – aber die Gnadengabe Gottes ist ewiges Leben in Christus Jesus, unserem Herrn». (Römer 6, 23)

***   ***   ***

Das muss gepredigt werden – und so wird es denn auch in der «ersten» Predigt ausgerufen.

Die Verständlichkeit der «ersten» Predigt

Jetzt ist es so weit, dass der Bericht des Markus von der ersten Predigt des Johannes in eine aussagekräftige und allgemein verständliche Fassung gebracht werden kann.

«Es erstand Johannes, der Untertauchende, in der Wüste – predigend: ‹Untergang – zum endgültigen Aufatmen – hinein in die Ablösung von Verfehlungen!›» (Markus 1, 4)

Ob das nun auch «kein Mensch versteht»? Jeder wird es verstehen. Jedermann fürchtet sich vor dem Untergang um der ewigen Verkettung mit seinen Verfehlungen willen! Und jedermann kann es darum wohl verstehen, was es heisst, dass niemand mehr seine Verfehlungen von sich abzuketten braucht, weil der ewig freie Gott das durch sein endgültiges Aufatmen besorgt und damit jedermann – durch allen Untergang hindurch – zu seinem ewigen Aufatmen geführt hat!

Die «zweite» Predigt Johannes' des Täufers: Die Ausrufung des kommenden Herrn und seines lebendigmachenden Geistes
(Markus 1, 7.8)

> Die linden Lüfte sind erwacht,
> Sie säuseln und weben Tag und Nacht,
> Sie schaffen an allen Enden!
> O frischer Duft, o neuer Klang!
> Nun, armes Herze, sei nicht bang!
> Nun muss sich alles, alles wenden.
>
> Die Welt wird schöner mit jedem Tag,
> Man weiss nicht, was noch werden mag,
> Das Blühen will nicht enden;
> Es blüht das fernste, tiefste Tal:
> Nun, armes Herz, vergiss der Qual!
> Nun muss sich alles, alles wenden.[21]

Johannes «der Täufer» hat die Menschen in Wasser getaucht und sie aus dem Wasser wieder auftauchen lassen. Mit dieser Äusserlichkeit hat er ihnen eine sinnbildliche Darstellung vor Augen gestellt. Gepredigt aber hat er ihnen kein Sinnbild, sondern die angezeigte

---
[21] Ludwig Uhland (1787–1862): «Frühlingsglaube» (in «Frühlingslieder», 1812)

Sache selbst: nämlich dass sie alle dem Untergang entgegengehen – aber nur, um danach endgültig aufzuatmen. Damit hat er mit dem Hauch des Lebens ihr Grauen des Todes berührt – wie die ersten «linden Lüfte» auftauend über die letzte Eiskälte des sterbenden Winters. Dann hebt Johannes zur zweiten Predigt an:

«Es kommt der, welcher stärker ist als ich, hinter mir her,
dem die Riemen seiner Sandalen zu lösen ich nicht fähig bin,
auch wenn ich mich gebückt habe!
Ich habe euch untergetaucht in Wasser –
er aber wird euch untertauchen in heiligem Geist.» (Markus 1, 7.8)

Das Kommen eines Menschen wird gepredigt, dessen Stärke die des Johannes übersteigt: Er wird nicht nur sinnbildlich mit Wasser umgehen, sondern die versinnbildlichte Sache selbst durchführen:
«Er wird euch untertauchen in heiligem Geist.»

Auch dieser – noch ungenannte – «Kommende» wird die Menschen «untertauchen»: ihnen also den Untergang bereiten. Aber er wird den bereits gepredigten «Untergang zum endgültigen Aufatmen» leibhaftig und handgreiflich vollziehen: im Heiligen Geist.

Der Heilige Geist: der leibhaftige Atem Gottes

Bereits auf dem ersten Blatt der Bibel erscheint der «Geist Gottes» – in seltsamer Art:
«Die Erde aber war wüst und öde, und Finsternis lag auf der Urflut, und der Geist Gottes zitterte über den Wassern.» (1. Mose 1, 2)

Was der Geist hier tut, wird in der Luther- und in der Zürcher Übersetzung «schweben» genannt. Das damit wiedergegebene hebräische Wort *«racháph»* heisst «(ängstlich) zittern». Da aber das Wort für «Geist» – hebräisch: *«rúach»*, mit seiner Grundbedeutung «bewegte Luft» – den Atem eines Lebewesens bezeichnet, erscheint mit Macht das ergreifende Bild[22]:

---
[22] Vgl. S. 31 und S. 41

Bei der Erschaffung von «Himmel und Erde» geht die Erde erschreckend «wüst und leer» (hebräisch: «*tohuwabóhu*») – als tödliche, in Finsternis gehüllte Masse von «Urflut» – aus seinen Schöpferhänden hervor. Dieses sein hässliches Werk kann der Schöpfer mit seiner «atmenden Lebendigkeit!» – in seinem innersten Wesen! – nur mit «Zittern und Zagen» betrachten: Der ewige Gott weiss ja, dass er sich «vor Grundlegung der Welt» eine andere «Erde» vorgenommen, für seine irdischen Geschöpfe keine solche Todesgestalt vorgesehen hat. Wie sollte da sein «Atem» nicht zu «zittern» beginnen!

Der Text lässt auch ein anderes, nicht weniger eindrückliches Bild zu. Ob der Atem Gottes gar vor Wut zu «zittern» beginnt – über sich selbst, dass er seine eigene Entscheidung zugunsten der Schöpfung schon zu Beginn ihrer Geschichte vergessen und statt eine Lebens-, Licht- und Liebesgeschichte eine Todesgeschichte der Dunkelheit und des Hasses eingeleitet hat?[23]

So oder so – der «Geist» Gottes «atmet» sein innerstes Wesen aus und ein: seine Lebendigkeit: seine unantastbare – «heilige»! – und also ewige Lebendigkeit und Lebenslustigkeit!

Krass hebt sich dieser geradezu handgreiflich lebenslustige Begriff des Geistes ab von der «kirchlichen» Vorstellung, in welcher der Geist vor lauter Unanschaulichkeit, Innerlichkeit – als etwas gleichsam Gasförmiges, Verdampftes – mehr verschwindet als erscheint und nur in moralischer Haltung und Handlung eine fragwürdige Sichtbarkeit anzunehmen vermag. Das liegt daran, dass die Popanz-Kirche sich getrennt hat von der urtümlichen Anschaulichkeit der biblischen Sprache, die den Geist Gottes als etwas Irdisches, Menschliches, Körperliches kennt.

Das ursprüngliche Wesen des Geistes bringen die Sprachwurzeln des griechischen, des lateinischen und des deutschen Übersetzungswortes für das hebräische «*rúach*» klar zum Vorschein:

Das griechische «*pneúma*» entstammt dem Verb «*pnéo*», das auf eine Wurzel «pnefo» mit der Bedeutung «blasen» zurückgeht, und benennt die geblasene, bewegte, mit Druck, Kraft und Gewalt wirkende Luft: Atem, Wind, Sturm. Seine geradezu «materielle» Bedeutung ermöglicht den Übergang des Wortes in den technischen Sprachgebrauch, der es «pneu-

---

[23] Vgl. S. 177 f. und S. 229 (Jona)

matisch» verwendet («Pneu»!). Selbst zum deutschen «Pfnüsel» soll es geführt haben![24] Auch die lateinische Sprache übersetzt «rúach» mit einem eindeutig «atmenden» Wort: «spíritus», das vom Verb «spirare» / «atmen» herkommt – und unter anderem den pharmazeutischen Fachnamen für «Alkohol» abgibt (um dessen berauschender und als Belebung empfundener Wirkung willen!). Dem deutschen Wort «Geist» liegt die Wurzel «gheis-» mit der Bedeutung «Erregung» zugrunde, welche auf einen wahrhaftig nicht nur seelisch-«geistigen» Vorgang hinweist.

Also: rundum Leben – und zwar atmendes, erregtes, pulsierendes, körperliches Leben! Kaum taucht das Wort auf, schallt über die in Todesschatten nachtschlafene Welt der nachmals in ungezählte Melodien gefasste und in alle Welt hinausgesungene Jubel[25] des Glaubensbekenntnisses[26]: «... et in Spiritum Sanctum, Dominum, et vivificantem ...» – «... und an den Heiligen Geist, den Herrn, der auch lebendig macht ...».

Die zweite Johannes-Predigt von der Geist-Untertauchung des kommenden Herrn ist zu verstehen im Lichte der alttestamentlichen Prophetie, welche die lebendigmachende, aus dem Tode auferweckende Kraft des «Geistes» bezeugt:

«Die Hand des Herrn kam über mich, und der Herr führte mich im Geiste hinaus und liess mich nieder inmitten der Ebene, und diese war voller Gebeine. Er führte mich an ihnen vorüber ringsherum, und siehe, es lagen ihrer sehr viele über die Ebene hin, und sie waren ganz dürr. Da sprach er zu mir: Menschensohn, können wohl diese Gebeine wieder lebendig werden? Ich aber antwortete: O Herr, mein Gott, du weisst es. Nun sprach er zu mir: Weissage über diese Gebeine und sprich zu ihnen: Ihr dürren Gebeine: Höret das Wort

---

[24] Vgl. Menge, S. 562
[25] Hervorzuheben ist die zutiefst biblische Vertonung des 3. Artikels im Credo durch den Freimaurer und Katholiken Wolfgang Amadeus Mozart in seiner «Krönungsmesse» (C-Dur, KV 317; ab Takt 95).
[26] Vgl. S. 202

des Herrn! So spricht Gott der Herr zu diesen Gebeinen: Siehe, ich bringe Geist in euch, damit ihr wieder lebendig werdet. Ich schaffe Sehnen an euch und lasse Fleisch an euch wachsen, ich überziehe euch mit Haut und lege Geist in euch, dass ihr wieder lebendig werdet, und ihr werdet erkennen, dass ich der Herr bin. Da weissagte ich, wie mir befohlen war; und als ich weissagte, siehe, da entstand ein Rauschen, und die Gebeine rückten eines ans andere. Und als ich hinschaute, siehe, da bekamen sie Sehnen, und es wuchs Fleisch an ihnen, und sie wurden mit Haut überzogen; Geist aber war noch nicht in ihnen. Da sprach er zu mir: Menschensohn, weissage über den Geist, weissage und sprich zum Geiste: So spricht Gott der Herr: Geist, komme von den vier ‹Geistern› und hauche diese Erschlagenen an, dass sie wieder lebendig werden. Und ich weissagte, wie er mir befohlen hatte. Da kam Geist in sie, und sie wurden lebendig und stellten sich auf die Füsse, ein überaus grosses Heer. Dann sprach er zu mir: Menschensohn, diese Gebeine sind das ganze Haus Israel. Siehe, sie sprechen: Verdorrt sind unsere Gebeine, und dahin ist unsere Hoffnung! Wir sind verloren! Darum weissage und sprich zu ihnen: So spricht Gott der Herr: Siehe, nun öffne ich eure Gräber und lasse euch aus euren Gräbern steigen und bringe euch heim ins Land Israels. Da werdet ihr erkennen, dass ich der Herr bin, wenn ich eure Gräber auftue und euch, mein Volk, aus euren Gräbern steigen lasse. Ich werde meinen Geist in euch legen, dass ihr wieder lebendig werdet, und ich werde euch wieder in euer Land versetzen, damit ihr erkennet, dass ich der Herr bin. Ich habe es geredet, und ich werde es tun, spricht der Herr.»[27] (Ezechiel 37, 1–14)

Der ungestüme Drang zum Leben ist dem Geist von Ewigkeit her eigen. Darum zittert er ängstlich angesichts des todgeweihten Tohuwabohu der erschaffenen Erde, weil es ihn, den Geist, unaufhaltsam zu dem einen treibt:

ZUR AUFERWECKUNG DER TOTEN INS EWIGE LEBEN.

Den menschlichen «Atem» zum irdischen Leben nennt das Alte Testament mit Vorliebe «*näphäsch*» – griechisch: «*psyché*», deutsch: «Seele» – , das in der griechischen Übersetzung nie mit «*pneúma*» übersetzt wird, weil die «Seele» nicht das Ewige, Unsterbliche des Menschen ist, sondern

---

[27] Die Zürcher Übersetzung übersetzt in Ezechiel 37 das eine Wort «*rúach*» mit «Geist», «Lebensodem», «Odem» und «Wind»). LXX braucht dafür durchwegs das eine Wort «*pneúma*». Es sollte im Deutschen immer gleich wiedergegeben werden: mit «Geist».

«nur» die vorläufige Entsprechung des ewigen Lebens darstellt und darum – wie alles «Vorläufige» – zugunsten des Endgültigen vergehen muss. So redet der Apostel Paulus vom vergänglichen «psychischen» (Luther und Zürcher: «natürlichen») Leib im Unterschied zum ewigen «pneumatischen» («geistlichen») Leib[28]. Das irdische, natürliche Leben ist aber wirklich eine Entsprechung zum ewigen, «geistlichen» Leben und darum schon auf Erden zur Erfüllung in der Ewigkeit angelegt. Das zeigt sich auch darin, dass das Alte Testament die «Seele» gelegentlich *rúach* – *pneúma* nennt.

Schon die erste Johannes-Predigt vom Untergang zum endgültigen Aufatmen hat die Auferstehung der Toten zum ewigen Leben angedeutet. Jetzt, in der zweiten Predigt, wird diese Andeutung «handfest» gemacht; das endgültige Aufatmen wird an einem bestimmten, wirklichen Ort in Aussicht gestellt: Im «Heiligen Geist» – in der atmenden Lebendigkeit Gottes selbst – geschieht es. Diese Wirklichkeit des lebendigen Gottes ist genaht, wenn *das Kommen eines Menschen* angekündigt wird: Ein Mensch aus Fleisch und Blut wird kommen, ein Mensch zwar unseresgleichen – aber einer, der mit dem Heiligen Geist umgeht! Darin ist dieser Mensch so viel stärker als Johannes der Täufer, so dass jeglicher Vergleich zwischen beiden ausgeschlossen ist: Es kann der in der zweiten Predigt ausgerufene «Kommende» nur Gott selber sein: *der menschgewordene Gott – Jahwe – «kýrios» – der Herr!*

Und so, als «Fleisch gewordenes Wort»[29], wird er «den Weg alles Fleisches» gehen: im Tode untergehen und zum ewigen Leben auferstehen – so dass er von sich sagen kann:

«Ich bin die Auferstehung und das Leben.» (Johannes 11, 25)

Die zweite Johannes-Predigt ruft es öffentlich, klar, laut – nämlich mit letzter Autorität aus:

---

[28] 1. Korinther 15, 44
[29] Johannes 1, 14

«Es kommt der, welcher euch im lebendigmachenden Geist untertauchen – ‹ertränken› – wird! Er aber ist Auferstehung von den Toten.
In *ihm* seid ihr schon eingetaucht ins ewige Leben!»

Und wie es die Predigt ausgerufen hat, kommt er denn auch:
*«Und es geschah in jenen Tagen, da kam Jesus aus Nazareth in Galiläa und wurde von Johannes im Jordan untergetaucht. Und sobald er aus dem Wasser stieg, sah er den Himmel sich öffnen und den Geist wie eine Taube auf sich herabkommen. Und eine Stimme erscholl aus den Himmeln:
‹Du bist mein geliebter Sohn; an dir habe ich Wohlgefallen.›»*
(Markus 1, 9–11)

Und da er gekommen ist, erscheint auch sein Name. Dieser Name ist Offenbarung genug: *«Jesus»* heisst er: *«Jahwe rettet!»*[30]. Der Name ist Auftrag: Er hat den einzig gültigen Gottesplan endgültig zu vollziehen: seine Schöpfung zu retten, sie aus der erdrückenden Engigkeit des Todes herauszuholen und in die grenzenlose Weite des ewigen Lebens zu versetzen.

Was «geschieht» mit ihm?

Wie beim Auftritt des Johannes erscheint auch bei seinem Kommen das aus der Schöpfungsgeschichte stammende *«egéneto»*: «Es ward»! «Es geschah!» – und in diesem Wort der herrische Wille Gottes zur Durchführung seines Heilsplans: *«Wajehí or!»* – *«Egéneto phos!»* – «Es ward Licht!» Nun ist es der «geliebte Sohn Gottes», an dem solches geschieht!

Zunächst vollzieht Johannes («Jahwe ist gnädig») an ihm – wie an allem Volk! – die Untertauchung. Jesus von Nazareth empfängt das Wasser-Zeichen dafür, dass er «den Weg alles Fleisches» zu gehen hat und gehorsam geht: den Weg des Verderbens und des Todes. Sein Kreuzestod erscheint am Horizont.

---
[30] Vgl. S. 191

«Verderben» stammt aus der Geschichte von der «grossen Flut», die vermutlich auch zum Ausdruck «Weg alles Fleisches» geführt hat[31]. Luther übersetzt dort: «Denn alles Fleisch hatte seinen Weg verderbt auf Erden.» Das hebräische Wort für «verderben» heisst *schichíth* und meint «etwas zerstören» – wie der Tod zerstört.

Die «Taufe» Jesu im Jordan zeigt an, dass der «geliebte Sohn» Gottes den Untergang im Tode erleiden muss – damit aber die Todverfallenheit der Schöpfung auf sich nimmt.

Das ist das erste, was «geschieht» – und ihm folgt sofort das zweite: Kaum ist er bezeichnet als ein – wie «alles Fleisch»! – Untergehender, da öffnet sich der Himmel, und der Geist – «der Herr, der lebendig macht»! – steigt herab auf ihn; und die Stimme aus dem Himmel ruft lauter göttliches Wohlgefallen aus über ihn, den förmlich «im Heiligen Geist Untergegangenen»! Seine Auferstehung von den Toten kündigt sich an.

So hat er das, was über ihn gepredigt worden ist, schon am eigenen Leibe vorweggenommen: dass «er euch in Heiligem Geist untertauchen wird». Was an diesem Leib – dem «Fleisch gewordenen Worte Gottes» geschehen ist, ist auch schon an «allem Fleisch» geschehen: Die ganze Schöpfung ist gerettet – und über der ganzen Erde ist der Friede ausgegossen «unter den Menschen, an denen Gott Wohlgefallen hat»[32] – in ihm!

Und gleich kommt es aus, wie der «Geist» sein Werk vollführt:
«Und sofort wirft ihn der Geist in die Wüste hinaus. Und er war in der Wüste vierzig Tage – versucht vom Satan –, und er war mit den Tieren, und die Engel bedienten ihn.» (Markus 1, 12.13)

«Wüste» ist der Inbegriff der Unfruchtbarkeit, der Leblosigkeit, der Todesnähe. Dort gibt es allenfalls noch «Tiere»: Schakale, Warane und Skinke, Aastiere – und im übrigen Dämonen, Feldteufel und andere «böse

---
[31] Vgl. Georg Büchmann: «Geflügelte Worte»
[32] Lukas 2, 14

Geister», die da in nächtlichen Schreckensträumen die Seele ängstigen. «Wüste» versinnbildlicht das «finstere Tal»[33]: die bösen Strecken des menschlichen Lebensweges, da alle Lebenszeichen fehlen, die Lebenssäfte vertrocknen und die verdurstenden Sinne täuschen: «Welch lieblich Wunder nimmt mein Auge wahr? Dort fliesst ein Brünnlein, gar so frisch und klar!»[34] – um nach schrecklicher Ernüchterung die qualvolle Öde nur um so grausamer zu machen.

Dorthin wird der «im Geist Untergetauchte» von eben diesem Geist «hinausgeworfen» – gleichsam in den Vorhof der Hölle, wo keiner hingeht, wohin man nur verstossen werden kann.

«Hinauswerfen» ist die wörtliche Übersetzung des griechischen Wortes *«ekbállein»*[35], dessen Derbheit die Luther- und die Zürcher Bibel durch die Wiedergabe mit «hinaustreiben» mildern – wohl mit Rücksicht auf eine Vorstellung, die dem «Geist» keine solch harten Massnahmen zutraut, sondern ihn eher mit sanfteren Wirkungen beschäftigt wissen will (da er ja bei seiner Herabkunft auf den untergetauchten Jesus auch in der Gestalt einer «Taube» sichtbar wird!). Nimmt man es aber ernst, wo der Geist das «fleischgewordene Wort Gottes» hintreibt, so wird man nur das härteste Wort für angemessen halten.

An den in Heiligem Geist Untergetauchten, in die Wüste Hinausgeworfenen macht sich der «Satan»[36] heran – der hinterhältige Lügner mit seinen glimmernd-vorgaukelnden Worten, der Freude verspricht und Jammer auszahlt, zum «gesunden Zweifel» verlockt und nackte Verzweiflung beschert, zur gottgleichen Höhe einlädt und in tiefste Abgründe stürzt. Satan «versucht», «prüft» – und das griechische Grundwort *«peirázo»* hat ursprünglich die schreckliche Bedeutung von «durchbohren», «aufspiessen»!

Und siehe, der «geliebte Sohn», an dem Gott «Wohlgefallen» hat, bleibt völlig unbeschadet: «... und er war bei den Tieren, und

---
[33] Psalm 23, 4
[34] Gottfried Keller: «Feueridylle»
[35] Vgl. S. 293 f.
[36] Vgl. S. 147 ff.

die Engel bedienten ihn.» In ihm aber, umarmt und umschlossen von ihm, ruht bereits die ganze gerettete Welt – und schon erhebt sich – noch ohne Stimme und Sprache – der bald über die ganze Erde hingesungene Choral:

«Breit aus die Flügel beide,
o Jesu, meine Freude,
und nimm dein Küchlein ein.
Will Satan mich verschlingen,
so lass die Engel singen:
‹Dies Kind soll unverletzet sein.›»[37]

Und was dann später im Lied zur Feier der Geburt Jesu gesungen wird, klingt schon mit Macht aus der Wüste heraus:

«Der Teufel hat sein altes Recht
am ganzen menschlichen Geschlecht
verspielt schon und verloren!»[38]

***   ***   ***

Wenn er – der Gepredigte – dann aus der Wüste zurückkehrt, wird er seinen Mund auftun und selbst zu predigen beginnen.

Die Predigt Jesu

«Und nachdem Johannes gefangen gesetzt worden war, kam Jesus nach Galiläa, predigte das Evangelium Gottes und sprach:
‹Erfüllt ist die Entscheidungszeit!
(euch) die Hand berührt hat die Königsherrschaft Gottes!
Atmet endgültig auf!
Und seid gegründet auf der guten Meldung!›» (Markus 1, 14.15)

---

[37] Paul Gerhardt: «Nun ruhen alle Wälder» (1647; KGB Nr. 86, 8)
[38] Max von Schenkendorf: «Brich an, du schönes Morgenlicht» (vgl. S. 139)

Nach der Überwindung des Wüstenelendes sucht er diese Welt wieder auf – und geht zuerst nach «Galiläa», dem elendesten Gau des elenden Landes Israel. Dort öffnet er seinen Mund – und predigt.

Die Besonderheit der Predigtworte Jesu gegenüber aller Popanz-Predigt lässt sich erahnen, wenn man ihre landläufigen Übersetzungen beachtet, welche allesamt einen säuerlich-moralistischen Ton in den Bibeltext hineintragen:

> In der Zürcher Übersetzung lautet der Text:
> «Und nachdem Johannes gefangengesetzt worden war, kam Jesus nach Galiläa, predigte das Evangelium Gottes und sprach:
> ‹Die Zeit ist erfüllt und das Reich Gottes ist genaht; tut Busse und glaubet an das Evangelium!›»

> Luther übersetzt:
> «Nachdem aber Johannes überantwortet war, kam Jesus nach Galiläa und predigte das Evangelium vom Reiche Gottes und sprach:
> ‹Die Zeit ist erfüllt und das Reich Gottes ist herbeigekommen. Tut Busse und glaubet an das Evangelium!›»

> Zur Verdriesslichkeit sei noch die Umdeutung des Textes durch die bereits erwähnte[39] «Gute Nachricht» angefügt:
> «Nachdem man Johannes ins Gefängnis geworfen hatte, ging Jesus nach Galiläa und verkündete im Auftrag Gottes:
> ‹Es ist soweit: Jetzt will Gott seine Herrschaft aufrichten und sein Werk vollenden. Ändert euer Leben und glaubt diese gute Nachricht!›»

Die Predigt Jesu hat in der Überlieferung des Neuen Testamentes einen ganz, ganz andern Ton als in der kirchlich-verdrehten Wiedergabe. Der Urton ist zu vernehmen, wenn Satz für Satz und Wort für Wort sorgfältigst angehört werden.

---

[39] Vgl. S. 239, Anm. 6

Der Jesuspredigt 1. Satz:

«Erfüllt ist die Entscheidungszeit!»

Der «*kairós*» – die Entscheidungszeit

Die Entscheidungszeit: Zeit, die entscheidet – Zeit, sich zu entscheiden?

Die griechische Sprache kennt zwei Wörter, die mit «Zeit» wiedergegeben werden: das eine – «*chrónos*» – meint den Zeitablauf, die Zeitdauer (wie sie von «Chrono»metern gemessen wird und deren Ereignisse «chrono»logisch festgehalten werden können). Dieses Wort steht in der Jesuspredigt nicht[40].

Das andere Wort aber steht da: «*kairós*». Es bezeichnet einen bestimmten Zeitpunkt, von dem man sagen kann: «Jetzt ist (die rechte) Zeit!» Was das Wort aber ursprünglich heisst, fährt mitten hinein in das Elend der Popanz-Kirche:

«*kairós*» ist stammverwandt mit dem Tätigkeitswort «*krínein*», das «*entscheiden*» heisst. Und diesem Verb entspricht das Hauptwort «*krísis*» – und das führt in deutscher Übersetzung zu dem Wort hin, das in den bösen Zeiten der Popanz-Kirche als eine wahre Stahlrute zur Auspeitschung geknechteter Seelen gebraucht wird: «*Entscheidung*»!

Das Wort «Entscheidung» ist der üblichen «kirchlichen» Verdrehung biblischer Wörter auf besonders wüste Art zum Opfer gefallen. In den Texten der Heiligen Schrift offenbart sich die Entscheidung Gottes zugunsten seiner Schöpfung – von Ewigkeit her und gültig bis in alle Ewigkeit. Das zärtliche Wunder seiner Liebe – und aus ihm herausgeboren fortan das Wunder aller wahren Liebe! – erstand in seinem freien Willen, sich nicht

---

[40] Die Jesuspredigt spricht von der «Erfüllung» der Zeit; unsere und aller Welt Zeitdauer ist noch nicht erfüllt. Soweit ist es erst, wenn das Ende der Zeit gekommen und die Ewigkeit angebrochen ist.

gegen, sondern ein für allemal für sein Geschöpf zu entscheiden: auf seiten des Geschöpfes ohne Grund, ohne Recht, ohne Anspruch – auf seiner Seite aber ohne Vorbehalt und Bedingung, erhalten allein in seiner freien Liebe. Das ist die Entscheidung Gottes, des *Herrn*.

Doch der Mensch in seinem «stillen Wahnsinn»[41] macht sich – angefeuert durch die Popanz-Kirche – als ein verschlagener Räuber an diese Entscheidung *Gottes* heran, um sie ihm aus den Händen zu reissen und sie in eine *menschliche* Entscheidung zu verdrehen. Was die innigste Liebeserklärung Gottes ist, wird jetzt zur harten, moralischen Forderung an den Menschen, «sich zu entscheiden» – und zwar auf Gedeih und Verderb, für oder wider sein Heil.

Das Wort «*Entscheidung*» wird in der Bibel *nicht ein einziges Mal dem Menschen zugeordnet,* sondern beschreibt ausschliesslich das einzigartige Handeln Gottes.

In der Zürcher Übersetzung des Neuen Testamentes kommt es fünfmal vor und bezeichnet in allen Fällen die Entscheidung Gottes zugunsten des Heils aller Menschen. An einer der fünf Stellen[42] liegt das griechische Wort «*kríma*» zugrunde, das derselben Wurzel wie «*kairós*» und «*krínein*» entspringt. An den übrigen vier Stellen[43] übersetzt es «*próthesis*», was soviel wie «Voraus-Setzung», Vorsatz, Vorherbestimmung, (vorgefasster) Entschluss heisst. Da die Vorsilbe «pro-» nicht nur «vor», sondern auch «für», «anstelle von...» heissen kann, kommt das Wort «*próthesis*» auch zur Bedeutung «stellvertretender Einsatz» (vgl. das deutsche Fremdwort «Prothese» für eine künstliche Apparatur anstelle eines natürlichen Körpergliedes). – So lässt sich statt von «Vorherbestimmung» auch von einer «stellvertretenden Bestimmung» Gottes reden, was dieser einzigartigen Gottestat zugunsten des Menschen sehr wohl entspricht.

Eine menschliche Entscheidung für Gott oder für Jesus, welche von «christlicher» Frömmigkeit zur Bedingung für die Erlangung des Heils erklärt wird, findet sich in der Bibel nicht.

---
[41] Aus: Eduard Mörike: «Waldplage», Vers 54 f.: «Denn schon hatte meine Mordbegier zum stillen Wahnsinn sich verirrt.»
[42] Römer 11, 33
[43] Römer 8, 28; 9, 11; Epheser 1, 11; 2. Timotheus 1, 9

Das Tätigkeitswort «sich entscheiden» steht in der Zürcher Bibel nur an einer einzigen Stelle, wo es sich zwar auf «die Söhne Israels» bezieht, aber in keiner Weise eine Entscheidung für Gott meint[44].

***   ***   ***

«Entscheidungszeit» – das erste Wort im ersten Satz der Jesus-Predigt erinnert bedrohlich an den fatalen – unbiblischen! – «Aufruf zur Entscheidung»: Sooft die «Kirche» die Menschen zur alleinseligmachenden Entscheidung drängt, hält sie ihnen den «Ernst der Stunde» vor Augen: Es sei jetzt (noch) «Entscheidungszeit», die von den Menschen «zu erfüllen» sei.

Nun aber öffnet Jesus den Mund – und predigt:
«Die Entscheidungszeit *ist erfüllt*» –
von Gott erfüllt!

Öffentlich ausgerufen und dadurch in Kraft gesetzt ist es: Es gibt für unser Heil *nichts mehr zu entscheiden!*

So wahr die Entscheidung über die Rettung der ganzen Schöpfung von Ewigkeit her gefallen ist, so wahr wird diese Entscheidung jetzt vollzogen in dem einen, der alle Erwählten in die Verworfenheit und die also Verworfenen in die ewige Erwählung hineinführt: in seiner Verworfenheit am Kreuz und seiner Erwählung in der Auferstehung von den Toten!

Was nun auch immer «Zeit» bedeuten mag – «*chrónos*»: Zeitablauf, Zeitdauer, Zeitgehalt –, es ist und bleibt auf ewig bestimmt durch die von Gott vollzogene und von seinem «geliebten Sohn» vollmächtig gepredigte Erfüllung der Entscheidungszeit. Alle Zeiten, Aeonen und Ewigkeiten sind von da her *Zeit des Heils*. Das wird der Welt gesagt – und dadurch wird ihr zuteil, was der Mensch in allen Dingen am nötigsten hat: *die richtige «Lagebeurteilung»* – und die sieht so aus:

---
[44] Richter 20, 7

Der Jesuspredigt 2. Satz:

«... und zuhanden gekommen ist die Königsherrschaft Gottes»

Der sprachliche Ausdruck dieses Satzes ist störend; dass das Prädikat dem Subjekt vorangeht, macht ihn schwerfällig. Die üblichen Übersetzungen beheben diesen Nachteil, übergehen damit aber eine bedeutende Gewichtigkeit des Urtextes.

Das im griechischen Text nachgestellte Subjekt «Reich Gottes» ist im Denken der religiösen Menschen längst bekannt und bis zur Abgedroschenheit zerredet. Dass Jesus davon redet, ist nichts Besonderes. Aber wie er davon redet, das ist neu und führt zu einer befreienden Beurteilung der Lage – sowohl für den einzelnen wie für die ganze Welt. Darum steht die Satzaussage am Anfang des Satzes – wodurch sie betont wird und die Aufmerksamkeit des Lesers auf sich zieht. In etwas freizügiger Rede kann der Satz so gelesen werden:

> «Ich, Jesus von Nazareth, predige euch – in aller Öffentlichkeit und mit letzter Gültigkeit – etwas völlig Neues über das euch längst bekannte ‹Reich Gottes›:
> *Zuhanden gekommen* ist dieses ‹Reich Gottes›! Und weil das so neu ist, sollt ihr es gleich zu Beginn und mit Nachdruck zu hören bekommen!»

Was aber heisst dieses Neue? «Zuhanden gekommen» ist ein Versuch, die Sprachtiefe des griechischen Wortes *«enggízein»* wiederzugeben, das gewöhnlich mit «nahe herbeikommen» übersetzt wird. Es besteht aus dem Substantiv *«gyé»*/«Hand», der Vorsilbe «en-»/«in», «an», «auf» und der Tätigkeitsendung «-ízein». In möglichst wörtlicher Wiedergabe heisst es «in oder an die Hand geraten, zuhanden kommen».

Es schliesst alles ein, was je eine «Berührung der Hand» für den also Berührten bedeuten kann: von der feindseligen Handgreiflichkeit über die freundschaftliche Aushändigung bis hin zur Liebesbezeugung.

Eindeutig feindselig ist es gebraucht, wenn vom «unerschöpflichen Schatz in den Himmeln» gesagt wird, dass kein Dieb «zuhanden kommt» – also räuberisch fremdes Eigentum beschlagnahmt[45].

Welche Bedeutung es in der Jesuspredigt hat, hängt von der handelnden Person ab. Im Subjekt des Satzes – «Königsherrschaft» – wird der Gottesname genannt und damit auf den verwiesen, der sich zu seiner Schöpfung bekehrt hat! Wenn die Königsherrschaft *dieses* Gottes «zuhanden gekommen» ist, so kann das nur bedeuten:
Die liebevolle Zärtlichkeit Gottes hat die Hand seiner Geschöpfe berührt!

Es ist an den wundersamen Augenblick zu denken, da zwei sich bisher nur verschwiegen liebende Menschen sich nicht nur «in die Nähe kommen», sondern unvermittelt eines dem andern «die Hand berührt» – und schon hat sich das ganze Leben beider grundlegend verändert.

Diese Vorstellung – so gewagt sie vorerst scheinen mag – gewinnt an Berechtigung dadurch, dass das mit «*enggízein*» verwandte Verb «*enggyáein*» die Bedeutung von «zur Braut annehmen», «*sich verloben*» hat und das Substantiv «*enggyé*» die «Verlobung» bezeichnet. Sie findet sich in zahlreichen biblischen Stellen, die das Verhältnis Gottes zu seinem Volk als Liebesverhältnis, Verlöbnis und Eheschluss bezeichnen[46]!

Dass dieses Ereignis weltliche Wirklichkeit geworden ist, wird im zweiten Predigtsatz Jesu ausgerufen. Damit erfolgt die verbindliche Beurteilung der Weltlage – und zugleich das Schnippchen, das

---
[45] Lukas 12, 33
[46] Jesaja 62, 4. 5. u. ö.

der bekehrte Gott nicht nur der allgemein üblichen «Lagebeurteilung, sondern auch und gerade der popanzkirchlichen Rede vom «Reich Gottes» geschlagen und damit einem weiteren Elend die «Heitere Wendung» gebracht hat.

Das Elend des «moralisch-religiösen Idealismus» und seine Überwindung in der Jesuspredigt

Den biblischen Begriff «Reich Gottes» pflegt die Popanz-Kirchen-Rede in die wenig erfreuliche, aber weitest verbreitete Vorstellung von der Weltlage hineinzuwerfen: dass die Welt – das Reich der Menschen – von jeher «im argen»[47] liege und dass darum immerfort ein «höheres Reich (Gottes)» anzustreben sei. (Die Popanz-Kirche liebt diese allgemeinmenschliche Lagebeurteilung und fördert sie durch ein allzeit düster-jammervoll gemaltes Welt- und Zeitbild.) Die «bessere Welt» befinde sich in «fernen Höhen», wo sie der Mensch in immer strebender Bemühung von unten her aufzusuchen habe. Von hohen Idealen ist die Rede, die von jedem verantwortungsbewussten Menschen angestrebt und im traurigen Alltag zugunsten der Weltverbesserung verwirklicht werden müssen. Dadurch ist der Mensch unter den harten Druck ständiger moralischer Verpflichtung geraten, sich unentwegt aus den Niedrigungen des Gewöhnlichen emporstrampeln, das «Höhere» wie das olympische Feuer in die Welt hineintragen und auf Erden ansiedeln zu müssen. Verboten ist der «faule» Trost, das «Hohe» würde sich von selbst in die Tiefe begeben. Dass das Erhabene, Reine, Hohe der niedrigen, schmutzigen Tiefe liebevoll «die Hand berühren» könne – oder gar schon berührt hätte – , liegt jeder menschlichen Überzeugung fern.

Diese notvolle Lage, mit ständigem schlechtem Gewissen leben zu müssen, wird durch die Popanz-Kirche noch verschärft: In durchdringender Perfidie verkündet sie der Welt mit lockender, aber falscher Fröhlichkeit das angeblich «Neue», dass Gott zwar «in Christus» der Welt nähergekom-

---

[47] Der Ausdruck «Die Welt liegt im argen» stammt aus der Lutherübersetzung von 1. Johannes 5, 19. Die Fortsetzung dieses Textes redet dann aber von der Überwindung dieser traurigen Weltlage durch das «Sein in Christus» – das dann freilich nicht zum «Geflügelten Wort» geworden ist …

men sei und ihr die Verwirklichung der «Ideale» erleichtert habe. Daraus aber leitet sie sofort die nun erst recht bedrängende Forderung ab, *die Hand auszustrecken* und das handgreiflich Nahe als ein «Angebot» anzunehmen und zu ergreifen. Unterlässt das der Mensch, so verpasst er das «Reich Gottes» und geht schliesslich in der unüberbrückten Kluft zwischen Ideal und Wirklichkeit für ewig unter.

Zur «theologischen Begründung» beruft sich die «Kirche» – wie sie es bei all ihren Untaten tut – auf «Gottes Wort». Sie verliest zum Beispiel den biblischen Satz: «Das Reich Gottes besteht nicht in Essen und Trinken, sondern in Gerechtigkeit und Frieden und Freude im heiligen Geist»[48], springt von da gleich zum berühmten «Tugendkatalog»[49] über, wo als aufgezählt werden: Liebe, Freude, Friede, Langmut, Freundlichkeit, Gütigkeit, Treue, Sanftmut, Enthaltsamkeit» – und schon hat sie der Ideale genug, die anzustreben und zu verwirklichen sind. Dabei nimmt sie freilich den Text nicht ernst, indem sie übersieht, dass er gar keine «idealen Tugenden» aufzählt, sondern von *«der Frucht des Geistes»* redet. Hätte die «Kirche» ihre Füsse auf dem Boden, würde sie dessen inne, dass eine «Frucht» wahrhaftig nicht «verwirklicht» werden muss! Aber an «Verwirklichung» durch den Menschen liegt ihr ja alles!

Die Popanz-Kirche trägt hochmütig den Anschein zur Schau, bei ihr – ganz im Unterschied zur bösen Welt! – fänden sich solche Verwirklichungen. Sie preist «kirchliche Modelle zur Austragung des Konfliktes zwischen ‹Welt› und ‹Reich Gottes›» an, die sich bei näherem Zusehen allerdings nur als vorgegaukeltes Schlaraffenländchen zur Befriedigung der eigenen Freundlichkeitsbedürfnisse herausstellen. Das «Reich Gottes» wird zu einem Wunschland, weshalb denn auch in den Endtagen der «Popanz-Kirche» die Redensart vom «Träumen nach dem Reiche Gottes» aufgekommen ist. Hinter dem poetischen Klang verbirgt sich wie eh und je die unerbittliche Härte der Forderung, die «ideale Welt» des «Reiches Gottes» mit eigenen – moralischen – Kräften zu verwirklichen – gemäss dem Motto: «In der Welt ist's dunkel, leuchten müssen wir!»

Der Gott dieses «Traumlandes» wird zu einem zwar sympathisch-gütigen, aber hilflos-senilen Guru, auf den man schliesslich gar die Ode auf die «Ohnmacht Gottes» singt, weil er zur Verwirklichung seines gutgemeinten Himmelreiches auf die ach so idealistisch-träumenden Menschen ange-

---

[48] Römer 14, 17
[49] Galater 5, 22. 23. Vgl. S. 311

wiesen ist. Darin setzt sich erst recht der Terror des Glaubens an die Macht des Menschen durch.

Die Aufrichtigen unter den von diesem Terror Bedrohten erkennen bald, dass alle Versuche – sowohl sich zu erheben als auch zuzugreifen und zu verwirklichen – regelmässig mit niederschmetterndem Misserfolg enden.

Die altgriechische Sage von Tantalus bewährt ihre Wahrheit stets aufs neue: Tantalus, von Durst und Hunger geplagt, muss es erleben, dass das Wasser, von dem er trinken will, sofort zu versiegen beginnt, wenn sein Mund sich ihm nähert, und die Äste mit den über ihm hängenden Früchten in dem Augenblick emporschnellen, da er sie mit Händen fassen will.[50]

Doch die Forderung wird nicht zurückgenommen, das Unerreichte stets aufs neue zu versuchen. Denn unerbittlich bleibt der Spruch der Götter:

«Wer immer strebend sich bemüht, den können wir erlösen.»[51]

So bleibt nur die Flucht in den heuchlerischen Selbstbetrug: Irgendwelche moralische Sonderleistungen im eigenen Lebenswandel werden geltend gemacht und zum Zeichen des Reiches Gottes erklärt. Damit lässt sich in missionarischem Eifer auf die Mitmenschen losfahren und sie zur Nachahmung auffordern. Die lebenskräftigen unter diesen Mitmenschen durchschauen aber die Heuchelei und wenden sich angewidert von dem unaufrichtigen Spiel mit der idealistischen Vollkommenheit ab.

***   ***   ***

In dieses Idealistenelend hinein ruft der zweite Predigtsatz Jesu eine *grundsätzlich neue Weltlage* aus:

Die ganze Welt ist nicht mehr bestimmt von dem traurigen Ergebnis unnützer Aufschwünge zu «Höherem»: Gott hat ihr die Hand berührt – und ihre ganze «Argheit» überwältigt.

«Was kein Auge gesehen und kein Ohr gehört hat und keinem Menschen ins Herz emporgestiegen ist»[52], ja nur zu denken verboten war – das ist gültige Wirklichkeit geworden.

---

[50] Homer: Odyssee XI, 582–592
[51] Vgl S. 108, Anm. 1
[52] 1. Korinther 2, 9

Jetzt kann auch auf Erden der Jubel ausbrechen, der gemäss dem alten jesajanischen Buch von himmlischen Seraphim längst angestimmt worden[53] und in das «Sanctus» des uralten Messetextes übergegangen ist:

> «Heilig, heilig, heilig, Herr, Gott der Heerscharen;
> erfüllt sind Himmel *und Erde* von deiner Herrlichkeit!
> Hosianna in den Höhen!»
> («Sanctus, Sanctus, Sanctus Dominus Deus Sabaoth;
> Pleni sunt coeli et terra gloria tua! Hosanna in excelsis!»)

Im alten Weihnachtslied klingt er schon jahrhundertelang durch all die üblen Popanz-Kirchen-Töne hindurch:

> «Freut euch, ihr Berg und tiefen Tal,
> freut euch, ihr grünen Auen.
> Gott hat sein Heil uns überall
> vom Himmel lassen tauen;
> das ist: er hat sein lieben Sohn
> herabgeschickt vom höchsten Thron,
> dass alle Ding auf Erden
> durch ihn erquicket werden.»[54]

Zusammengebrochen ist der Terror des Idealismus. Die qualvollen Ringkämpfe um eine bessere Welt sind abgebrochen. Machtvoll kündigt sich das Ende der ständigen Unzufriedenheit mit sich selbst und mit der Welt an – und geschlagen hat das letzte Stündchen für den schlimmsten Spielverderber des Lebens: das «schlechte Gewissen»!

✱✱✱   ✱✱✱   ✱✱✱

---

[53] Jesaja 6, 3: «Heilig, heilig, heilig ist der Herr der Heerscharen! Die ganze Erde ist seiner Herrlichkeit voll!»
[54] Ambrosius Lobwasser (1515–1585), KGB 118, 3

Jetzt aber ist endlich auch der Satzgegenstand zu beachten, der im zweiten Predigtsatz Jesu der bedeutungsvollen Satzaussage nachsteht:

«Die Königsherrschaft Gottes»

«Königsherrschaft» gibt den Begriff «*basileía*» wieder, der in der Bibel überaus häufig[55] – und immer in gewichtigem Sinn – vorkommt. Auch dieser Begriff ist ein *durch und durch weltliches Wort* und bedeutet den Wirkungsbereich des «*basileús*», des «*Königs*» – wörtlich: des Mannes, der «seine Leute zum Gehen bringt». Seine «Königlichkeit» besteht darin, dass er Recht und Macht hat, *Menschen in Bewegung zu setzen.*

Das griechische Wort «*basileús*» entstammt dem Verb «*baínein*» («gehen» oder «zum Gehen bringen») und dem Substantiv «*laós*» («Volk»). Der «*basileús*» verhindert den Stillstand seines Volkes und damit den Rückgang der Lebendigkeit. Er bringt seine Leute in Bewegung – was immer den Aufbruch zu neuer Lebendigkeit bedeutet.

Das Substantiv «*basileía*» benennt einerseits die Macht des Königs, Leute in Bewegung zu bringen, und andererseits den Bereich, in dem er diese Macht ausübt.

LXX übersetzt mit diesen griechischen Wörtern fast durchwegs hebräische Wörter, die aus dem Verb «*malák*» gebildet sind – und dieses Verb heisst «mit sich zu Rate gehen», «eine Entscheidung treffen» (!) und wird gewöhnlich mit «herrschen» wiedergegeben. Diese «Herrschaft» besteht in der *Macht, eine Entscheidung zu treffen und diese Entscheidung durchzusetzen.*

Unter der «Königsherrschaft» werden Menschen aus Unentschiedenheit hinausbewegt («in Marsch gesetzt»), der eigenen Entscheidungen enthoben und in die Entscheidung ihres «Königs»

---
[55] 350 Stellen im Alten, 162 im Neuen Testament

hineingezogen. Die Art dieser Entscheidung hängt von der Person des «Königs» ab. Beide biblischen Testamente reden von der Königsherrschaft Gottes, des *Herrn*, und bezeugen damit, in welche Entscheidung die ganze Welt hineingezogen wird:

> In der Königsherrschaft Gottes wird das Volk «hineinbewegt» in die freie Entscheidung des ewig freien Gottes zugunsten seiner Schöpfung –
> aus dem Tod ins Leben,
> aus der Verworfenheit in die Erwählung,
> aus der Beklemmung zum Aufatmen!

Die Predigt Jesu ruft das in ihrem zweiten Satz öffentlich aus und setzt es dadurch endgültig in Kraft. Das heisst: Die Machtverhältnisse auf dieser Welt sind nicht nur geregelt, sondern eindeutig zum besten, nämlich ganz und gar im Sinne Gottes, des «*Jahwe*», des «*kýrios*», des Herrn, bestellt. In diesem Sinne gilt es für die ganze Welt:

«ES WIRD REGIERT!»

Dieses knappe Sätzchen stammt aus dem letzten Gespräch des Theologen Karl Barth am 9. Dezember 1968, am Vorabend seines Todes, das Eduard Thurneysen wie folgt wiedergegeben hat:

> «Man sprach über die Weltlage. Er meinte: ‹Ja, die Welt ist dunkel.› Aber dann fügte er hinzu: ‹Nur ja die Ohren nicht hängen lassen! Nie! Denn es wird regiert – nicht nur in Moskau oder in Washington oder in Peking, sondern es wird regiert – und zwar hier auf Erden, aber ganz von oben, vom Himmel her! Gott sitzt im Regimente! Darum fürchte ich mich nicht. Bleiben wir doch zuversichtlich, auch in dunkelsten Augenblicken! Lassen wir die Hoffnung nicht sinken – die Hoffnung für alle Menschen, für die ganze Völkerwelt! Gott lässt uns nicht fallen, keinen einzigen von uns, und uns alle miteinander nicht! – Es wird regiert!›»[56]

***   ***   ***

---

[56] Zitiert nach Karl Kupisch: «Karl Barth – in Selbstzeugnissen und Bilddokumenten» (Hamburg 1971)

Zu Ende ist es mit der notvollen Verpflichtung, das «Reich Gottes» erreichen und in einen Zustand höherer Moral, besserer sittlicher Verhältnisse, einer vollkommenen Menschlichkeit gelangen zu müssen! Völlig unzeitgemäss – unaktuell! – ist das Lieblingsprogramm der Popanz-Kirche, das «Reich Gottes» hier auf Erden verwirklichen zu müssen. Das Schnippchen Gottes, des *Herrn,* hat die «Heitere Wendung» gebracht: «Sieh, das Gute liegt so nah!»[57]

«Das Reich Gottes kommt nicht so, dass man es beobachten könnte. Man wird auch nicht sagen: Siehe, dort! Siehe, hier! Denn siehe, das Reich Gottes ist in eurer Mitte.» (Lukas 17, 21)

Christus selbst ist das Reich Gottes. In *ihm* ist allen Reich-Gottes-Idealisten in ihrer hochfliegenden Schwärmerei das Schnippchen Gottes geschlagen. In *ihm* ist aber auch ihr einziger Trost in der Stunde des Absturzes, dem alle Idealisten unweigerlich entgegengehen. An die Stelle der menschlichen, moralischen Anstrengung ist die *Macht der Liebe* getreten.

Der Jesuspredigt 3. Satz:

«Atmet endgültig auf!»

Die Predigt Jesu nimmt inhaltlich ihren folgerichtigen Verlauf: ihre beiden ersten Sätze haben es befreiend ausgerufen, dass «die Entscheidungszeit erfüllt» und «die Königsherrschaft Gottes zuhanden

---

[57] J. W. Goethe: «Erinnerung» (Goethes «Schriften», Leipzig, 1789, S. 121):
 «Willst du immer weiter schweifen?
 Sieh, das Gute liegt so nah!
 Lerne nur das Glück ergreifen,
 Denn das Gute liegt so nah.»
 Nur, dass dieses «Gute» noch viel näher liegt, als Goethe es gesehen haben mag – so nahe, dass es der Mensch nicht erst ergreifen muss, sondern schon von ihm ergriffen ist (vgl. Philipper 3, 12).

gekommen» ist. In der Folge dieser Befreiung muss es ja zum endgültigen Aufatmen kommen – wie schon die erste Predigt des Johannes es angekündigt hatte.
Die inhaltliche Folgerichtigkeit des dritten Satzes wird freilich durch seine Sprachform empfindlich gestört. Die erste Hälfte der Jesus-Predigt besteht aus zwei Aussagesätzen» im Indikativ, der festhält, wie es steht. Die zweite Predigthälfte enthält zwei Befehlssätze im Imperativ, der befiehlt, was geschehen soll.
Aussagesätze entsprechen der wahren Predigt, die auszurufen hat, wie gut es um die Welt bestellt ist:
«Erfüllt ist die Entscheidungszeit!»,
«Zuhanden gekommen ist die Königsherrschaft Gottes»!

Befehlssätze aber sind das bedrohliche Kennzeichen der Popanz-Predigt. Sie entsprechen dem Aufruf, für das Heil das Entscheidende zu tun: das dargereichte Angebot anzunehmen. Dazu dient der Imperativ.

Nun taucht diese Befehlsform mitten in der ersten Jesuspredigt auf und beherrscht sie bis zum Schluss. Der Imperativ mit seiner bedrohlichen Unheimlichkeit löst den Indikativ endgültig ab.

Die «Heitere Wendung» scheint einen schweren Rückschlag zu erleiden!

Wenn der Befehl des dritten Predigtsatzes gar in der traditionellen Form «Tut Busse!» oder in moderner Verunstaltung «Ändert euer Leben!» heisst, ist es mit der Heiterkeit gänzlich aus!

Wo bleibt das rettende Schnippchen?

Die Fröhlichkeit des biblischen Imperativs

Der Imperativ der biblischen Sprache ist etwas völlig anderes als das, was jahrhundertelange Kirchenpredigtsprache daraus gemacht hat. Er hat einen Hintergrund von beglückender Tiefe:
In seinem eigenen bekehrten Herzen hat sich Gott vor Grundlegung der Welt entschieden, seine Geschöpfe niemals von einer menschlichen Leistung und also auch von keiner Gehorsamsleistung abhängen zu lassen. So gibt er denn niemals einen Befehl, der solche Gehorsamsleistung fordert. Seine Befehle sind ganz andere Befehle – von Anfang der Schöpfung an:

«Durch das Wort des Herrn sind die Himmel gemacht,
durch den Hauch seines Mundes ihr ganzes Heer.
Er fasst wie im Schlauche die Wasser des Meeres,
er legt in Kammern den Ozean.
Alle Welt fürchte den Herrn,
es bebe vor ihm, wer den Erdkreis bewohnt!

Denn er, er sprach – und es geschah;
er gebot – und es stand da!» (Psalm 33, 6–9)

Gott, der *Herr*, befiehlt – aber den *Gehorsam* erwartet er nicht, sondern er *erschafft* ihn! Sein erstes Wort ist ein Befehl – aber an sich selbst; und so ruft er selbst den Gehorsam ins Leben:

«Wajómer elohím:	«Und Gott sprach:
‹Jehí or!›	‹Es werde Licht!›
Wajehí or.»	Und es ward Licht.» (1. Mose 1, 3)

In diesem seinem ersten Wort hat der ewig freie Gott bereits alles zerschlagen, was menschlicher Wahn je in bösartiger Verdrehung als «göttlichen Befehl» ausgegeben hat.

Warum aber wird in Psalm 33 alle Welt aufgerufen, angesichts solcher Eindeutigkeit «den Herrn zu fürchten» und «vor ihm zu beben, wer den

Erdkreis bewohnt» – bevor es ausgerufen wird: «Denn er, er sprach – und es geschah; er gebot – und es stand da!»?

«Furcht» und «Beben» haben darin ihren Grund: Gottes Befehl macht mit einem Schlag von unerhörter Gewalt[58] – und damit herrschaftlich befreiend! – den hochmütigen Anspruch des Menschen zunichte, er höre und befolge Gottes Befehle in eigener Kraft; der Befehl sei zwar Gottes Sache – der Gehorsam aber des Menschen Leistung. Die schroffe Abweisung dieses Anspruchs demütigt.

Die ganze Schöpfung hat ihre Existenz *dieser* Befehlsart Gottes zu verdanken: Nichts wäre geworden, wenn Gottes Befehl auf einen freien menschlichen Willen zum tätigen Gehorsam angewiesen wäre. Alles, was ist, ist nur auf Gottes Befehl hin – aber allein durch die Schöpferkraft dieses Befehls geworden:

«Im Anfang war das Wort, und das Wort war bei Gott, und das Wort war Gott. Dieses war im Anfang bei Gott. Alle Dinge sind durch dasselbe geworden, und ohne das Wort ist auch nicht eines geworden, das geworden ist.»

(Johannes 1, 1–3)

Dem Befehlswort ist die Schöpferkraft von Ewigkeit her eigen, da es «im Anfang bei Gott» war. Es hat die ganze Schöpfung vom ersten Schöpfungstag an bestimmt. Seine gewaltige Kraft hat die ganze Gottesvolkgeschichte am Leben erhalten.

Das Alte Testament vermeidet darum in seinen gewichtigen Gesetzessammlungen sogar die Form des Befehls und setzt dafür eine erstaunliche Sprachgestalt ein: Die Gebote Gottes werden weder im Imperativ noch mit den fordernden Hilfsverben «sollen» oder «müssen»,[59] sondern in der *Verheissungsform* der Zukunft wiedergegeben. Alle «zehn Gebote» erscheinen in der Form: «Du wirst...», «Du wirst nicht...». Denn sie stehen unter dem Titel:

«Ich bin der Herr, dein Gott, der ich dich aus dem Lande Ägypten, aus dem Sklavenhause, herausgeführt habe: Keinen anderen Gott wird es vor meinem Angesicht für dich geben.» (2. Mose 20, 1)

---

[58] Man beachte die musikalische Darstellung dieses «einen Schlages von unerhörter Gewalt» in Joseph Haydns Oratorium «Die Schöpfung» (Nr. 1, Einleitung, Takt 86)

[59] Vgl. S. 133 f. und die Ausführungen zum biblischen Begriff *«thorá»* für das göttliche Gesetz auf S. 142

Bei seiner Bekehrung hat sich «der Herr, dein Gott» dazu entschieden, ein herrschaftlich befreiender Gott zu sein und zu bleiben – also die Befreiung seiner Schöpfung *nicht zu verlangen, sondern zu verfügen*. Befreiungsverfügungen werden aber nicht von den Sklaven, sondern vom Befreier erfüllt.

Luther hat bei der Übersetzung der alttestamentlichen Gebote die hebräische Verheissungsform der Zukunft mit der Wendung «Du sollst» – «Du sollst nicht» wiedergegeben. Das bedeutet an sich noch keine Abweichung vom guten, befreienden Sinn dieser Gebote. Bis zum heutigen Tag kann mit dem Verb «sollen» eine kraftvolle, befreiende Verfügung ausgesprochen werden – und zwar zugunsten dessen, dem sie gilt. (Ein Arzt kann einem von Schlaflosigkeit gequälten Kranken die heilende Massnahme mit den Worten ankündigen: «Du sollst jetzt endlich wieder einmal schlafen!» Er spricht einen Befehl aus, stellt damit aber eine «Leistungsforderung» nur an sich selbst!) Es war dem Machbarkeitswahn vorbehalten, diesem «Sollen» den befreienden Zuspruch zu rauben und dafür einen den Menschen verpflichtenden Anspruch hineinzupressen.

Die den Gehorsam erschaffende Kraft des Befehls ist von Anfang an für den Alltag der Schöpfung bestimmt – und so gilt denn auch in der ganzen Menschheit von jeher die getreue Entsprechung (Analogie) des göttlichen Befehls: Auch menschliche Befehle – sofern sie wirkliche Befehle sind – verlangen den Gehorsam nicht, sondern erwecken ihn: Wem nicht gehorcht wird, dem fehlt die Kraft zum Befehl. Wer befehlen kann, der schafft den Gehorsam.

***   ***   ***

Die Befehle der Jesuspredigt bedeuten also nicht die geringste Einschränkung der «Heiteren Wendung». Der Predigtbefehl führt den Schöpfungsbefehl Gottes weiter und zum Ziel. Er enthält keinen Stachel moralistischer Ermahnung. Dafür bricht hervor, was seit der «zuvor getroffenen Entscheidung Gottes» auf immer und ewig gilt:

DIE MACHT DER LIEBE!

Sie erweckt zum Leben, was tot war, und setzt dieses Leben durch an denen, die Befehle aus eigener Kraft weder hören noch befolgen können. *Er, der Herr*, der «*kýrios*» ist die Macht der Liebe!

***   ***   ***

Gerade in diesem Befehl kommt aus, wie sehr die Königsherrschaft Gottes seiner Schöpfung «zuhanden gekommen» ist – ihr in Zärtlichkeit «die Hand berührt» hat: Befehlend schafft der Ruf des dritten Predigtsatzes Jesu allen eingeengten, halberstickten Selbsterlösern die Befreiung: «*Atmet endgültig auf!*»

Johannes der Täufer hat es als «Heitere Wendung» predigend *angekündigt*[60]; jetzt wird es predigend *verfügt* – vom Herrn, dem «*kýrios*», selbst. Niemand weiss, wie diese Verfügung befolgt werden soll; keiner versteht die Kunst, sich den Atem zu verschaffen, der ihm ausgegangen ist. Niemand muss es wissen; niemand muss es verstehen. ER, der allein es weiss und versteht, predigt es – auf dass es geschehe: «Jehí» – «Es werde»; und so geschieht es auch: «*Wajehí*» – «Und es ward!»

Nur so wird in der Königsherrschaft Gottes befohlen. Wo in dem Buche, das von dieser Königsherrschaft spricht, einmal der Anschein auftaucht, es werde dem Menschen eine verantwortliche Gehorsamsleistung abgefordert, so geschieht es nur, um eben diesen Menschen in seinen Leistungsbemühungen gnädig zusammenbrechen zu lassen. Die ganze Geschichte Israels ist das grossangelegte Drama mit unzähligen Akten, in denen bis zum Exzess der stets wiederholte Aufschwung zur Erfüllung der Gebote und der prompte Absturz durchgespielt werden muss – bis das erfolglose Volk aus allen Zusammenbrüchen zum endgültigen Aufatmen erweckt wird und bekennt:

---

[60] Vgl. S. 241–247

«Bei dir gilt nichts denn Gnad und Gunst,
die Sünde zu vergeben;
es ist doch unser Tun umsonst
auch in dem besten Leben.
Vor dir niemand sich rühmen kann;
des muss dich fürchten jedermann
und deiner Gnade leben.»[61]

Das ist das «Untertauchen in Heiligem Geiste», das Johannes für das Kommen Jesu angekündigt hat. So hat die «Königsherrschaft Gottes» seiner Schöpfung liebevoll zärtlich «die Hand berührt». Allen Reich-Gottes-Krämpfen wird der endgültige Garaus gepredigt. Den aus aller Verklemmung Erlösten wird die «Heitere Wendung» des endgültigen Aufatmens predigend zugesprochen.

Der Jesuspredigt 4. Satz:

«... und seid gegründet in der Guten Meldung!»

Der zweite Befehl der Jesuspredigt – noch wunderlicher als der erste! – kann nicht mehr erschrecken: Wer könnte – wo «Sein» befohlen wird! – den tätigen Gehorsam leisten? Ein «Sein» befehlen kann «man» nicht – Gott aber tut es! Durch seinen Befehl hat er alles, was da lebt, ins «Sein» gerufen – von Anfang an als der Schöpfer aller Wesen.

Er selbst hat ja den Grund gelegt, worauf wir alle von Anfang an sind und leben: dass der Zeitpunkt der Entscheidung erfüllt, die Hand von der Königsherrschaft Gottes berührt und der ewige Atem durch die Macht der Liebe eingehaucht ist!

---
[61] Aus Martin Luthers Nachdichtung von Psalm 130, 1525 (KGB Nr. 37, 2)

Das ist die «Gute Meldung», welche Jesus predigt. In diesem Grunde soll – es ist nun sein Befehl! – die Menschheit Gottes eingepflanzt, gegründet sein – doch niemals so, dass diese Gründung «einem freien Menschenwillen» überlassen wäre! *Sein* heiliger Wille ist's, dass alle – wollend oder nicht – aus allem Untergang heraus auf diesen Grund gerettet werden und dort auf ewig sicher sind. Weil er das Heil der Schöpfung herrisch will, so wird es auch von ihm befohlen, dass sie in ihrem Heil gegründet sei. Darüber hat sie selbst nicht zu entscheiden, weil über sie entschieden und befohlen ist – zu sein, wozu der Schöpfer, Retter und Erhalter aus freien Stücken sie erschaffen und errettet hat:

«Seid eingepflanzt in dieser einen Guten Meldung, aus der er selbst euch niemals mehr entlässt!»

***   ***   ***

Aber steht das denn überhaupt da?

In obiger Wiedergabe des vierten Satzes der Jesuspredigt sind zwei Begriffe spurlos verschwunden, die seit Jahrhunderten in der religiösen «Kirchen»sprache tragende Grundsäulen und deshalb tief in aller Menschen Bewusstsein eingegraben sind: *«Evangelium»* – und *«glauben»*! Das befremdet und fordert eine sachliche Begründung.

«Evangelium» heisst «Gute Meldung»

Mit dem biblischen Wort «Evangelium» haben es sich die deutschen Übersetzer leichtgemacht. Sie haben die griechische Vokabel *«euangélion»* unübersetzt aus dem Urtext übernommen – wie es die Kirche wohl schon in der Urzeit des Christentums mit der lateinischen Form *«evangelium»* getan hat. Fortan gilt es als ein der Übersetzung nicht bedürftiges Fachwort der Kirche. Es heisst aber etwas – und bezeugt eine derart kräftige Lebensfrische, dass es auch in deutscher Sprache wiedergegeben werden muss.

«*eu-angélion*» enthält zunächst die Vorsilbe «eu-», die – als Kurzform des Adjektivs «e-ys» – in ihrer Grundbedeutung «seiend, wesentlich, lebendig, stark» bedeutet. Vorangestellt ist sie dem Wort «*angélion*», dem das Verb «*angéllein*» zugrunde liegt, was auf deutsch «melden», «verkünden» heisst.

Das demselben Verb entstammende Substantiv «*ángelos*» – «Engel»! – heisst «Bote», «Verkünder» und wird im Griechischen oft stellvertretend für das Wort «*kéryx*» (von «*keryssein*»), der «Herold», verwendet.

«*euangélion*» ist demnach eine *Meldung zur Stärkung der Lebendigkeit*. Im Umfeld des Neuen Testamentes ist es ein Fachausdruck im Bereich der Kriegsführung mit der Bedeutung «Siegesmeldung».

Im «Theologischen Wörterbuch zum Neuen Testament» (Band II, 1935, S. 719) ist zu lesen, was hier im Blick auf die kirchliche Art (oder Unart!), «Evangelium zu predigen», wiedergegeben werden soll: «Euangélion ist terminus technicus» – Fachausdruck – «für Siegesbotschaft. Der Bote erscheint, erhebt die Rechte zum Gruss und ruft mit lauter Stimme: ‹chaíre .... nikómen›.» (Das heisst: «Freudengruss! Wir haben gesiegt!») – «Schon an seinem Äussern erkennt man, dass er eine freudige Nachricht bringt. Sein Gesicht strahlt, die Lanzenspitze ist mit Lorbeer geschmückt, das Haupt bekränzt, er schwingt einen Palmenzweig, Jubel erfüllt die Stadt...»[62]

Die sachlich-nüchterne Übersetzung des Wortes «Evangelium» mit «guter Meldung» entspricht der ursprünglichen Bedeutung des griechischen Wortes und passt – insbesondere in ihrem militärischen Anklang – zu den beiden ersten Sätzen der Jesuspredigt: Sie rufen die entscheidende «Meldung zur Stärkung der Lebendigkeit» aus und verkündigen das Ende aller Kämpfe um die Heilsentschei-

---

[62] Die Einzelheiten sind belegt in Werken der griechischen Schriftsteller Plutarch (um 100 n. Chr.), Heliodor (3. Jahrhundert v. Chr.), Philostratos (3. Jahrhundert v. Chr.).

dung und um die Gültigkeit der Königsherrschaft Gottes in dieser Welt. Der Sieg, der hier gemeldet wird, ist eine sachlich gültige Wirklichkeit und als solche unabhängig von irgendwelcher gefühls-, erkenntnis- oder willensmässigen Einstellung des Menschen. So wird der Sieg sachlich-nüchtern «gemeldet», aber weil es ein Sieg zur Stärkung der Lebendigkeit ist, «gut» gemeldet!

Es darf nicht verschwiegen werden, dass in der «Kirche» das Wort «*euangélion*» nicht nur unübersetzt geblieben ist. Bekannt und beliebt ist der Ausdruck «frohe Botschaft», der freilich nicht unbedenklich ist: Einmal, weil mit dem Adjektiv «froh» ein *Gefühlswert* eindringt, der die sachlich-wirkliche Gültigkeit der «Meldung» gefährdet, zum andern darum, weil unter «Botschaft» allzuleicht ein «Angebot» verstanden werden kann, das lediglich bei entsprechender «Annahme» durch den «Glauben» zu gültiger Wirklichkeit gelangt – eine Versuchung, die spätestens seit dem geflügelten Wort nahe liegt:
«Die Botschaft hör ich wohl,
allein mir fehlt der Glaube.»[63]

Die Übersetzung «gute Nachricht» empfiehlt sich in einer «informations»überschwemmten Epoche nicht, weil «Nachrichten» kaum an eine eindeutig-gültige Wirklichkeit denken lassen – an eine «gute» schon gar nicht…

«Glaube» heisst «Grundlage»

Das Grundwort im griechischen Neuen Testament legt es nahe, das Kirchenparadewort «glauben» fahren zu lassen und durch den Ausdruck «gegründet sein» zu ersetzen.

«Glaube» und «glauben» sind traditionelle Übersetzungen der griechischen Wörter «*pístis*» und «*pisteúein*». Der Wortstamm «pist-» ist abgeleitet von dem Verbum «*peíthein*» mit der Urform «*pheíthein*», als deren Wurzel «bheidh-»/«trauen», «überreden» gilt[64].

---
[63] J. W. Goethe: Faust I («Nacht»)
[64] Menge, S. 546

LXX gibt mit dem Wort «*pístis*»/«*pisteúein*» an 77 von insgesamt 78 Stellen den einen hebräischen Wortstamm wieder, der wie kein anderer in die gesamte Bibel- und Kirchensprache eingegangen ist: «*amán*». Dieses Wort hat die Grundbedeutung «fest, zuverlässig, sicher sein». Das liturgische Kirchenwort «Amen» bedeutet demnach soviel wie «Gewiss!», «So ist es, und so gilt es!» und ist – schon im griechischen Neuen Testament (etwa in der bekannten Formulierung «Wahrlich, wahrlich ...») unübersetzt aus dem Hebräischen übernommen worden.

Die Bedeutung «fest sein» teilt das hebräische «*amán*» mit der deutschen Wortgruppe, der die Wörter «treu» und «trauen» angehören. Diese entspringen dem Stamm «déru», der «Eiche» oder überhaupt «Baum» bedeutet. «Treu» heisst also ursprünglich «fest sein wie ein Baum» (vgl. englisch «tree»/«Baum»). Beherrschend ist die Vorstellung von dem Baum, der die ihm eigene Festigkeit seinem Standort und tiefer, kräftiger «Gründung» im Erdreich verdankt.

Bezeichnend ist in diesem Zusammenhang die eine Bibelstelle, welche eine wörtliche Begriffsbestimmung von «*pístis*» vornimmt. Um ihrer erhellenden Wichtigkeit willen sei sie auch im griechischen Wortlaut angeführt:
«*Éstin de pístis hypóstasis...*»
(Es) ist Glaube eine Grundlage...» (Hebräer 11, 1)

Das Wort «*hypóstasis*» – in der Luther- und in der Zürcher Bibel unerklärlicherweise übersetzt mit «Zuversicht» – ist ein technisches Wort und bezeichnet wörtlich das «Fundament»[65]: was «darunter» (griechisch: «*hypó*») «steht» (griechisch: «*stásis*») – also «zu Grunde» «liegt». Es entspricht dem hebräischen Wort «*amán*», das von LXX mit «*pístis*» übersetzt wird – wie auch der Wurzel «déru» der deutschen Wörter «treu» und «trauen».

«*pístis*» – von «*peithein*»/«überzeugen», «überreden» – hat einen *passiven* Klang und beschreibt *keine aktive «innere» Tätigkeit*: «überzeugt»/«überredet» wird man! Es beschreibt einen Zustand, der einem zuteil geworden ist – durch ein Widerfahrnis, das man nicht selbst vollzogen hat.
Der Hauptstamm des Wortes «über-zeugen» gehört zum Verb «ziehen» und findet seine Verwendung vor allem in der Rechts- und Gerichtssprache: jemand wird «vor Gericht gezogen»; der «Zeuge» ist die vor Gericht gezogene Person. Die Vorsilbe «über-» – verwandt mit griechisch «hypér-», lateinisch «super-», englisch «up» und deutsch «auf» und «offen»

---

[65] Übersetzungsvorschlag von Menge, S. 715

– entstammt der Wurzel «up(o)-» bzw. «eup-» mit der Bedeutung «von unten an etwas heran oder auf etwas hinauf». «Überzeugen» meint eigentlich den Vorgang, bei dem jemand «vor Gericht durch Zeugen über-führt», nämlich aus einem vermeintlichen in den wahren Tatbestand und also aus der Verborgenheit in die offene Sichtbarkeit «hinaufgezogen» wird – was nicht aktiv getan wird, sondern «passiv» als ein Widerfahrnis (nämlich wider die eigene Freiheit und wider den eigenen freien Willen!) zu erdulden ist.[66]

> «Glaube» heisst – allen seinen biblischen Grundwörtern gemäss – das, wo und wovon der Mensch im Grunde lebt: das Erdreich, wo er seine Wurzeln hat; seine «Grund-Verhaftung» an dem Ort, dem Halt, dem Trost und aller «Zuversicht» für heute und für morgen. Das alles aber wählt er nicht und schafft es nicht. Das wird ihm – ohne eigene Voraussetzung – verschafft. Er findet es vor als eine sachliche Gegebenheit, die ihm zuteil geworden ist und die er darum hat antreten müssen.
>
> Dieser Grund wird seinen Willen und Verstand, sein Gefühl und eignes Urteil förmlich durchdringen – bis alles, was er denkt und tut, dem tiefsten Grunde seines Wesens entspricht. Nie schafft er diesen Grund mit seinem Denken, Reden, Handeln selbst. Entscheidend ist und bleibt, was ihm als solcher Grund verliehen ist: dass er gezeugt, geboren und so gegründet ist.

Jesus verkündigt im vierten Satz seiner Predigt, dass alle Welt durch Gottes Willen und Verfügung in der einen «Guten Meldung» – von der Erfüllung aller Entscheidungszeit und von der Berührung aller Erdenwelt durch ihres guten Königs Hand – gegründet ist und darum gegründet sein soll.

Der Ausdruck «Gute Meldung» in seiner nüchternen Sachlichkeit entspricht – als treue Wiedergabe des Wortes *euangélion* – der Tatsache, dass diese Gründung realistisch, nicht idealistisch – objektiv, nicht subjektiv – organisch, nicht organisiert – gezeugt und geboren, also nicht gemacht ist.

---
[66] Zum ganzen Abschnitt: Duden Bd. 7

Dieser Tatbestand, der für alle Welt die entscheidende Rettung in aller Zeit und Ewigkeit bedeutet, ist bereits in den ewigen Verhältnissen Gottes selbst eingewurzelt. So bezeugt das alte «Glaubens»-Bekenntnis dem «einen Herrn Jesus Christus», dem «eingeborenen Sohn», dass er «aus dem Vater geboren», «gezeugt», nicht geschaffen» ist:

«... *et in unum Dominum Jesum Christum, filium Dei unigenitum et ex patre natum ante omnia saecula, ... genitum, non factum.*»
(Nicäno-Constantinopolitanum, 2. Artikel)

Wie der Meister – so die Jünger

Das ganze Kapitel 16 steht unter der Titelfrage: «Was soll denn gepredigt werden?» Eingangs stand die Feststellung, dass der Kirche in ihrer entscheidenden Geburtsstunde ihr Auftrag zwar mit «predigen» kurz und eindeutig erteilt, aber der Inhalt ihrer Predigt nicht angegeben wird[67]. Nach der gründlichen Auslegung der ersten Jesuspredigt und der ihr vorausgegangenen Johannes-Verkündigung bedarf es für die Predigt der Kirche wahrlich keiner besonderer Inhaltsangabe mehr. Es steht unwandelbar fest:

Die Kirche ist das «Stellvertretende Aufgebot» mit dem Auftrag, den guten Ton der Jesuspredigt nicht mehr verstummen zu lassen. Sie hat die ungetrübte Heiterkeit dieses hellen Tones durch alle Zeiten hindurch an allen Orten öffentlich auszurufen und damit in Kraft zu setzen:
zu predigen, in welch guter Lage sich die Welt befindet:

– die Entscheidung zum Heil dieser Welt ist gefällt;
– die Königsherrschaft Gottes hat die Hand dieser Welt berührt;
– das endgültige Aufatmen der ganzen Schöpfung ist verfügt;
– ihre unaufhebbare Verwurzelung in der Guten Meldung von der guten Lage der Welt ist verbindlich angeordnet!

---
[67] Markus 3, 14; vgl. S. 237

So hat es Jesus gepredigt – anders hat die Kirche nicht zu predigen. Erfüllt sie diesen Auftrag, so geht der Jubel der jesajanischen Prophetie durch die Welt:

«Wie lieblich sind auf den Bergen die Füsse des Freudenboten, der Frieden verkündigt, «Gute Meldung» bringt, der Heil verkündet, zu Zion spricht: ‹Dein Gott ward König!›
Horch, deine Wächter erheben die Stimme, jauchzen zumal: denn sie schauen's vor Augen, wie der Herr heimkehrt nach Zion.
Brecht aus in Jubel, jauchzet zumal, ihr Trümmer Jerusalems! Denn der Herr tröstet sein Volk, erlöst Jerusalem! Der Herr entblösst seinen heiligen Arm vor den Augen aller Völker, und es schauen alle Enden der Erde das Heil unseres Gottes.» (Jesaja 52, 7–10)

Anhang zu Kapitel 16

Der Glaubensmissbrauch der Popanz-Kirche

Die Erforschung der Wörter «glauben» und «Glaube» bringt es an den Tag, wie sehr deren biblische Bedeutung im Popanz-Kirchen-Leichenzug übergangen wird. Dass der Zugriff der «Kirche» gerade ihnen so übel mitspielt, hat seinen Grund:

«Glaube» und «glauben» gehören schon durch ihre Häufigkeit[68] zu den wichtigsten Wörtern des Neuen Testaments, gewinnen aber ihre hervorragende Bedeutung durch ihren engsten Zusammenhang mit der entscheidenden Rettung des Menschen aus dem Untergang[69]. Der «Glaube» erscheint in unmittelbarer Nähe der Entscheidung Gottes, der in seiner ewigen Freiheit «will, dass alle Menschen gerettet werden»[70], und diesen Willen mit letzter Unbedingtheit erfüllt. Die Rettung des Menschen ist und bleibt unter al-

---
[68] Das Substantiv findet sich an 243, das Verb an 241 Stellen.
[69] Der Satz «Dein Glaube hat dich gerettet!» steht siebenmal (!) in den ersten drei Evangelien (Matthäus 9, 22; Markus 5, 34; 10, 52; Lukas 7, 50; 8, 48; 17, 19; 18, 42).
[70] 1. Timotheus 2, 4a

len Umständen Gottes eigene Sache und macht dem Menschen in Zeit und Ewigkeit «keine Umstände» mehr.

Einer bekehrungswahnsinnigen Kirchenideologie, die sich dem Machtkampf gegen den bedingungslosen Liebeserweis Gottes verschrieben hat, muss das Wort «glauben» zum Opfer fallen. Ihrer Kampfstrategie gemäss versichert sie sich zunächst der wichtigsten und schönsten Wörter des biblischen Zeugnisses – aber nur, um sie zu vergewaltigen und für schlimme kirchliche Zwecke zu missbrauchen.

Der Machtkampf des Menschen gegen den bedingungslosen Vorrang seines ewig freien Gottes scheint gewonnen, wenn der «Glaube» überall verstanden wird als die rechte innere Haltung, die der Mensch als Bedingung für seine Rettung erlangen muss. Ohne Rücksicht auf des Wortes Sinn und Ursprung wird der «Glaube» als ein wahres Ungeheuer strengster Forderungen dem Menschen zur Pflicht gemacht – nämlich:

– das «Evangelium» für wahr zu halten,
– es für sich persönlich ernsthaft gelten zu lassen,
– was es verkündet, von Herzen und in Lauterkeit zu begehren;
– zu Jesus bewusst persönlich ja zu sagen und ihn im Herzen aufzunehmen,
– von diesem Ja-Wort nicht mehr abzuweichen,
– und wäre es dennoch geschehen, das Ja-Wort sofort zu erneuern – wenn nötig ungezählte Male –
– und sich in Treue immerzu aufs neue zu bewähren,
– das heisst: der Kraft des eigenen Glaubens «ganz fest» zu vertrauen!

Dieses umfangreiche Werk des «Glaubens» muss geleistet werden – nicht ohne die gütige Mithilfe Gottes (das räumt man ein), die aber ihrerseits unerbittlich erkauft werden muss; erwarten darf sie nur, wer die harten Forderungen des «Glaubens» ernstlich und aufrichtig erfüllen will. Da man – nach freier Erfindung! – jedem Menschen einen «freien Willen» zuschreibt, kann man von ihm den Willen zum «Glauben» mit Fug und Recht zumuten und verlangen.

Damit wird der «Glaube» zu einer menschlichen Willenssache und dem Menschen zugewiesen als sein «Herrschaftsgebiet», wo er «sein eigener Herr und Meister» ist, ja: dem einen Herrn «den Meister zeigen» kann. Der «gläubige Mensch» wird recht eigentlich Herr über Gott – und darauf kommt letztlich alles an[71].

***   ***   ***

Zu erwähnen ist hier das Paradestück des Popanz-Leichenzuges – einerseits, weil hier dem Glauben in offenster Eindeutigkeit böse Gewalt angetan wird, andererseits aber, weil gerade darin auch das befreiende Schnippchen gegen solche Gewalttat laut wird.
«So viele ihn aber aufnahmen, denen gab er Vollmacht, Kinder Gottes zu werden – denen, die an seinen Namen glauben… (Johannes 1, 12)

Alles bietet sich hier an, «was nur des Frommen Herz begehrt»[72]: die Gotteskindschaft und ihr Besitz, die ausdrückliche Vollmacht dazu – und alle diese Herrlichkeiten erst noch wohlversorgt durch zwei fette Bedingungen, die offensichtlich zu erfüllen sind: ihn «aufzunehmen» am Anfang – und «an seinen Namen zu glauben» am Schluss! Triumphierend tönt es aus dem Leichenzug der Popanz-Kirche: «Es steht geschrieben!» Und wie ein Würgegriff geht's aller «Heiterkeit» und allem Aufatmen an den Kragen.

Das Schnippchen nun, das diesen Triumph sofort ersterben lässt, zeigt sich in einem einzigen, winzigen Satzzeichen! Der

---

[71] 1. Mose 3, 5.6; vgl. S. 116 f.: «Der Traum von der Göttlichkeit des Menschen»
[72] Ironisches Zitat aus dem Choral «Wie lieblich ist das Haus des Herrn» (Psalm 84; KGB Nr. 20, 4)

Johannestext ist oben mit drei Punkten abgebrochen worden, weil er von jeher – so oft er herhalten muss – an eben dieser Stelle brüsk abgebrochen zu werden pflegt – so, als stünde dort ein Punkt und geböte ein strenges «Halt!» jedem, der da weiterlesen will! Im biblischen Text aber steht dort kein Punkt, – sondern ein *Komma!* Der Satz geht also weiter – dorthin, wo man sich stets weigert, zu Ende zu lesen! – und führt geradewegs zu der «Heiteren Wendung» für den übel zugerichteten «Glauben»! In dem befreienden 13. (!) Vers werden sie beschrieben, «die an seinen Namen glauben»:

«... *welche nicht aus Blut noch aus Fleisches willen noch aus Mannes willen, sondern aus Gott gezeugt sind!*» (Johannes 1, 13)

Mit Liebes-, Zeugungs-, Lebensmacht bricht der ewig freie Gott ein und zeugt den «Glauben». Gibt es aber zwischen Himmel und Erde etwas, wozu der Mensch weniger beizutragen und zu leisten hätte als seine Zeugung und Geburt: einen Ort, da er ohne eigenes Zutun nur dem Mann entspringt, der ihn zeugt, und der Frau, die ihn gebiert?

Im neutestamentlichen Griechisch werden «zeugen» und «gebären» mit demselben Wort *«gennáo»*, *«gignomei»* bezeichnet. Luther hat Johannes 1, 13 so übersetzt:
«... *welche nicht von dem Geblüt noch von dem Willen des Fleisches noch von dem Willen eines Mannes, sondern von Gott geboren sind.*»

Gibt es aber auf dieser Welt etwas, in dem der Mensch mehr gegründet wäre als in dem, was sein Vater gezeugt und seine Mutter geboren hat? Und wäre der Mensch irgendwo so unentrinnbar und ohne sein Bewusstsein verwurzelt wie in dem, woraus er gezeugt und geboren ist?

Die Untat der Wortverdrehung ist endgültig überwunden.

17
Die Lüge wird hinausgeworfen!
Von der «Vollmacht, die Dämonen auszutreiben»

«Warum nur ein Blick auf diese Sache? Darum, weil es sich um eine wüste Sache handelt, um die man zwar als Christ und Theologe wissen muss, in die man sich aber beileibe nicht vertiefen, über die man sich also in einer Darstellung wie der unsrigen auch nicht verbreitern soll..... Wüste Sachen soll man, so real sie sein mögen, nicht zu lange anschauen, nicht zu genau studieren, nicht zu intensiv in sich aufnehmen. Es hat noch keinem gut getan...., den Dämonen allzu häufig, allzu lange, allzu feierlich, allzu prinzipiell und systematisch in die Augen zu blicken. Den Dämonen imponiert man nämlich damit nicht im Geringsten, wohl aber besteht die Gefahr, dass man darüber selbst ein bisschen – und vielleicht nicht einmal nur ein bisschen – dämonisch werden kann.... Darum nur einen Blick auf diese Sache. Es geht nicht darum, sie leicht zu nehmen, es geht aber darum, sie so zu behandeln, wie es ihr ihrem Wesen nach zukommt. Gerade ein kurzer, scharfer Blick darauf ist für sie nicht nur genügend, sondern auch das einzig Richtige.»[1]

Die Geburtsgeschichte der Kirche in Markus 3, 13–19 nennt ihren einen Auftrag in aller Kürze: «predigen». Dieser Kürze – die in aller Ausführlichkeit und Länge zu begründen und zu würdigen war! – fügt der Text nun aber in Vers 15 einen Zusatz an:

---
[1] Karl Barth, Kirchliche Dogmatik, 1950, Band III/3, S. 608 f.

Von der Vollmacht, Dämonen auszutreiben

Zürcher Übersetzung	Luther-Übersetzung
Vers 14	
«Und er bestimmte zwölf, damit sie um ihn wären und damit er sie aussenden könnte zur Predigt ...	«Und er ordnete die Zwölf, dass sie bei ihm sein sollten und dass er sie aussendete zu predigen ...
Vers 15	
... und mit der Macht, die Dämonen auszutreiben.»	... und dass sie Macht hätten, die Seuchen zu heilen und die Teufel auszutreiben.»

Nach der Zürcher Übersetzung gehört zur Sendung der Zwölf ihre Ausrüstung mit der «Macht, die Dämonen auszutreiben». Die Lutherbibel hingegen nennt zwei Aussendungsaufträge: den ersten: «zu predigen», und den zweiten: «Macht zu haben» (die Seuchen zu heilen und die Teufel auszutreiben).

Wie dieser Unterschied zu beurteilen ist, kann nur der Urtext entscheiden, der in zwei verschiedenen Überlieferungen vorliegt: Ihre wörtliche Übersetzung lautet:

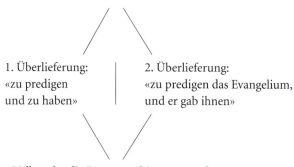

«Und er machte Zwölf,
damit sie mit ihm seien
und damit er sie aussende,...»

1. Überlieferung:
«zu predigen
und zu haben»

2. Überlieferung:
«zu predigen das Evangelium,
und er gab ihnen»

«Vollmacht, die Dämonen hinauszuwerfen.»

Die Verschiedenheit der Überlieferungen zeigt, dass der Text schon früh als schwierig und darum der Abänderung bedürftig empfunden worden ist. In der Regel hat die schwierigere Lesart («lectio difficilior») als die ältere und ursprüngliche Fassung zu gelten, so dass eine Formulierung zugrunde zu legen ist, die weder die Zürcher Bibel noch die Lutherbibel wiedergeben:

«zu predigen
und Vollmacht zu haben, die Dämonen hinauszuwerfen.»

(Luthers Zusatz «die Seuchen zu heilen» kommt in den Handschriften des Markus-Urtextes nicht vor. Vielleicht stammt er aus der Parallelstelle in Matthäus 10, 1–4.)

«Schwierig» am Urtext der Markus-Stelle ist der Ausdruck: «aussenden, um zu haben ...». Die Sendung eines Menschen – so sieht es die allgemeine Vorstellung – besteht doch im Auftrag, etwas zu *tun*. Kann es einen Auftrag geben, etwas zu *haben*?

Diese Frage – mit ihren bedrohlichen Hintergründen! – entspringt der Voraussetzung, dass der Mensch nur mit einem von ihm zu leistenden Tun, nicht aber mit einem ihm widerfahrenden Sein oder ihm zugeteilten Haben beauftragt werden könne. Diese Voraussetzung aber stammt aus dem Machbarkeitswahn des Menschen, der alles Wesentliche selbst zustande bringen will. Mit der Entlarvung und Erledigung dieses Wahnes ist die falsche Frage samt ihrer falschen Voraussetzung gegenstandslos geworden: Bereits die Untersuchung über das Wort «Auftrag» hat offenbar gemacht, dass das Wesen dieses Auftrages keineswegs nur – und schon gar nicht in erster Linie – in der Kommandierung einer Tat liegt. Vielmehr verleiht er mit urtümlicher Kraft eine innere und äussere Ver-Fassung, eine Haltung, ja geradezu eine ganze – neue! – Existenz. Das entspricht der Bedeutung des göttlichen Befehls – «Imperativ» – als «Schöpfung aus dem Nichts»: als Ruf, dass etwas werde.[2]

Die Kirche ist nicht nur gesandt, etwas zu tun – zu predigen! –, sondern auch dazu, etwas zu haben! Sie wird in der Welt nicht nur tun, was ihr geboten ist, sondern darüber hinaus eine ganze Ausstattung haben: *Sie besitzt Vollmacht.*

---
[2] Vgl. S. 99 ff. und S. 273 ff.

Das griechische Grundwort «*exousía*» ist zunächst ein rechtlicher Begriff und bezeichnet *das Recht, etwas zu sagen zu haben.* Es ist abgeleitet vom Verb «*ex-eínai*», das wörtlich bedeutet «aus (etwas heraus) sein», «abstammen». Es bezeichnet ein Sein, das man nicht von sich selbst, sondern durch Verleihung hat.

Markus braucht das Wort «*exousía*» zum ersten Mal dort, wo er den Auftritt Jesu im Sabbatgottesdienst in der Synagoge von Kapernaum erzählt. Dort sagt er von Jesus:

«*Und er lehrte sie wie einer, der Vollmacht hat, und nicht wie die Schriftgelehrten.*» (Markus 1, 22)
«*Und sie erstaunten alle, so dass sie sich besprachen und sagten: Was ist das? Eine neue Lehre mit Vollmacht!*» (Markus 1, 27)

Bemerkenswert ist es, dass die Vollmacht Jesu im Zusammenhang mit seiner gottesdienstlichen «Lehre» erwähnt wird: also dort, wo er sich nach jüdischer Sitte im Gottesdienst an der Schriftauslegung beteiligt. Seine Vollmacht bei dieser (Schriftgelehrten-)Tätigkeit besteht darin, das Wort der Schrift nicht nur zu «behandeln», sondern zum *erfüllten Gotteswort zu erklären.* Er hat das Recht und übt es aus, diese Erklärung rechtens – eben «vollmächtig» – abzugeben. Später hat der Evangelist Lukas eingehend geschildert, wie der Vollzug dieser Vollmacht der Lehre Jesu aussieht[3]: anlässlich des Sabbatgottesdienstes in der Synagoge von Nazareth verliest Jesu den ihm gegebenen «Predigt»text aus dem Propheten Jesaja und beginnt damit, ihnen zu sagen: «Heute ist dieses Schriftwort erfüllt vor euren Ohren.»[3]

Den Zwölfen aber wird nicht die Vollmacht zum Predigen gegeben – wie es Markus für Jesus bezeugt hat! –, sondern für eine andere Tätigkeit:

DIE DÄMONEN HINAUSZUWERFEN.

Was sind Dämonen?
Es empfiehlt sich, diese Sache «nicht zu lange anzuschauen, nicht zu genau zu studieren, nicht zu intensiv in sich aufzunehmen». «Dämonen» sind eine sehr «wüste Sache».

---
[3] Lukas 4, 14–30

Dem griechischen Wort «*daimónion*» liegt das Verbum «*daíein*» zugrunde. Es heisst «teilen» – und zwar im erfreulichen Sinn von «ver-teilen, zu-teilen» wie auch in der schlimmen Bedeutung von «zer-teilen», «zerreissen, zerfleischen».

Ein «*daímon*» ist in der griechischen Umwelt «Gottheit, Gott oder Göttin, göttliches Wesen, insofern er wohltut oder schadet». Im letzteren Fall ist es ein «Unheils-, Plage-Geist, Teufel»[4].

Die Bezeichnung «Teufel» rückt die «wüste Sache» der Dämonen mitten in den Kreis Jesu und seiner Jünger, deren erster – Petrus – an entscheidender Stelle von seinem Meister «Satan» genannt worden ist[5]. Mit der Bezeichnung eines Menschen – und erst noch eines Jüngers – als «Satan» macht Jesus deutlich, dass er diese wüste Figur nicht für einen respektablen Gegengott hält, den man wie Gott selbst ernst zu nehmen, zu fürchten und also auch zu «gewichten» – zu «ver-ehren» – hätte. Sie ist eine Personifizierung des Allzumenschlichen, das sich darin gefällt, die Setzungen Gottes – die es sehr genau kennt! – nachzuahmen, um sie in Frage zu stellen, in Zweifel zu ziehen, sie so zu «zerteilen» – zu «zerfleischen». Der Wille und das Werk des ewig freien Gottes ist die *Zu*-Teilung seines Heils an alle Menschen – das Werk des Dämonischen, Teuflischen ist – in nur scheinbarer Nachahmung Gottes – die *Zer*-Teilung dieses Heils.

Die Popanz-Kirche lehrt – vor allem an ihrem rechten, frömmsten Flügel[6] – die Menschen, an den Teufel so respektvoll wie an Gott zu «glauben»

---
[4] Menge, S. 154
[5] Matthäus 16, 23 – vgl. S. 143 ff.
[6] So spricht der alte Viehhirt und «Konventikler» Melcher Harms:
«Nein, Hilde. So gewiss ein Gott ist – und ich hab' es dir oft gesagt, und du hast es mir nachgesprochen – , so gewiss auch ist ein Teufel. Und sie haben beid' ihre Heerscharen. Und nun höre wohl. An die lichten Heerscharen, da glauben sie, die Klugen und Selbstgerechten, aber an die finstern Heerscharen, da glauben sie nicht. Und sind doch so sicher da wie die lichten. Und tun beide, was über die Natur geht, über die Natur, soweit wir sie verstehen. Und tun es die guten Engel, so heisst es Wunder, und tun es die bösen Engel, so heisst es Spuk.»
(Theodor Fontane: «Ellernklipp», München 1970, S. 148)

– als an eine der beiden Möglichkeiten, für die sich der Mensch zu seinem Heil oder Unheil zu entscheiden habe. Die persönliche Entscheidung wird dadurch um so bedeutender, je gleichgewichtiger beide Möglichkeiten sind. Im übrigen obliegt die Popanz-Kirche ja selbst der dämonischen Verneinung des allgemeinen Gottesheils – verteidigt also mit der Behauptung der realen Teufelsexistenz nur ihre eigene Position. Darum hat sie den Teufelsrespekt in die Seele und Religiosität des Volkes bis ins Innerste hineingepresst.

Das Dämonische lügt in der schlimmsten Form, indem es
– die eindeutige, gute Wahrheit in Zweifel zieht,
– die unbedingte Gültigkeit dessen, was der ewig freie Gott in seiner Entscheidung verfügt und durchgesetzt hat, in Frage stellt,
– die gute Lage der Welt anzweifelt,
– den Menschen darstellt als ein von Gott und von einer unsichern Zukunft bedrohtes Wesen und ihn also verleumdet,
– der Menschen Gemüter anficht
– und sie dauernd mit einem «schlechten Gewissen» belastet.

In klassisch-gültiger Weise bekennt sich das Oberhaupt aller Dämonen:
«Ich bin der Geist, der stets verneint.»[7]

Die biblische Sprache beschreibt es so:

«Ihr stammt vom Teufel und wollt die Gelüste eures Vaters tun. Der war von Anfang an ein Menschenmörder und stand nicht in der Wahrheit; denn Wahrheit ist nicht in ihm. Wenn er die Lüge redet, so redet er aus seinem Eigenen; denn er ist ein Lügner und der Vater derselben.» (Johannes 18, 44)

In der Sendung durch seinen Herrn – «Vollmacht zu haben, die Dämonen hinauszuwerfen» – vernimmt sein «Stellvertretendes Aufgebot» im Blick auf das ganze üble Lügengesindel den vernichtenden Befehl: *«Schmeisst sie hinaus!»*

---
[7] J. W. Goethe: «Faust» (Teil I, Studierzimmer)

Der befreiende Kampfruf ist erschreckend scharf: «Zum Tempel hinausgeworfen» werden soll des Menschen Lieblingswerk, sich mit dem Bösen ernstlich diskutierend einzulassen, als wäre es eine interessante Grösse – womöglich respektabler als das Gute.

Das griechische Grundwort «*ek-bállein*», «hinaus-werfen», erlaubt keinen Hauch von Zuwendung, Geduld und Zimperlichkeit.

Warum diese Härte?

Die Lüge des Zweifels ist ein aufgeplusterter Grosshans, der gleissnerisch der Weisheit tiefste Einsicht und liebevolle Sorge um das Wohl des Menschen vortäuscht – aber durch und durch ein Nichts ist und jeglicher Substanz entbehrt. Behandelte man sie auch nur mit einem Anflug von Anstand oder gar Respekt, so blähte sich ihre falsche Pracht noch auf. Es gibt nur eines: sie kurzerhand – wenn nötig grob und rücksichtslos – hinauszuwerfen! Sie lediglich hinauszu«treiben» oder gar hinauszu«schicken», wäre der Wertschätzung schon zuviel. Nur der «Hinauswurf» macht es klar, dass sie «nichts» ist – und es für sie darum nicht die geringste Schonung gibt.

Die Lüge ist etwas grundsätzlich anderes und darum anders dran als die Wahrheit:

Die *Wahrheit* gilt – ob man sie «glaubt» oder nicht. Sie ist, damit sie gelte, nicht darauf angewiesen, dass man ihre Gültigkeit ernst nimmt und bejaht.

Die *Lüge* aber ist ein Nichts – wird also nur etwas, wenn man ihr «glaubt», und nur so viel, wie man ihr zugesteht. Nimmt man sie auch nur halbwegs ernst, verleiht man ihr schon die Berechtigung des Seins, die sie von sich aus nicht hat. Verweigert man ihr aber jede Rücksicht, erweist man ihr, was ihr gebührt: Man lässt sie sein, was sie stets war: ein blosses Nichts, das ohne Zustimmung bedeutungslose Leere ist.

Es ist darum eine furchtbare Verirrung der Popanz-Kirche, vom Menschen stets die Anerkennung der «göttlichen Wahrheit» zu fordern! Das Volk hat es gemerkt, dass eine Wahrheit, die auf Anerkennung angewiesen ist, im Grund nur eine Lüge sein kann – und verweigert darum der also angepriesenen Wahrheit die Gefolgschaft – so, wie es sich für die Lüge gehört!

Der Hinauswurf erfolgt so einfach wie möglich: Sobald die leiseste Infragestellung der Heilgewissheit für alle Menschen sich bemerkbar macht, gilt es ihr nur ins Gesicht zu sagen:
«*Du lügst!*»
Der Hinauswurf der Dämonen hat entscheidend in den Reihen der Popanz-Kirche zu erfolgen: Sie macht ja in ihrer Verkündigung die Rettung aller Menschen von irgendwelchen menschlichen Voraussetzungen und menschlicher Erfüllung von Bedingungen abhängig! Nicht umsonst wird die erste – mit Ingrimm vorgetragene – Attacke Jesu gegen die Lüge der Dämonen im *Gottesdienst* vorgetragen – als unmittelbare *Folge der Predigt*[8].

Darum wird in der Geburtsstunde der Kirche der Besitz der Vollmacht als «zweiter Sendungszweck» unmittelbar dem ersten Auftrag angeschlossen: Gesandt wird die Zwölferschar zu *predigen* und die Vollmacht zu haben, die Lügendämonen *hinauszuwerfen*. Zwischen beidem besteht der engste Zusammenhang:
Wo gepredigt wird, da bricht die Vollmacht durch, die Lüge hinauszuwerfen! In der Predigt wird ja das durch nichts mehr anzufechtende *Ja* der Entscheidung Gottes verkündigt – und das ist das radikale *Nein* gegen alle Lüge der Bezweiflung und Verneinung. So besitzt die Predigt in sich selbst die Vollmacht, mit ihrem triumphalen *Ja* die Teufelei des *Neins* schnurstracks hinauszuwerfen: «zum Teufel zu jagen» – wohin sie auch gehört!
Diese Feststellung wäre – so zwingend sie scheint – dennoch zu kühn, wenn sich in Markus 3, 15 zwischen dem Wort «predigen» und dem Begriff «Vollmacht haben» nicht eine Winzigkeit befände: das in der Regel kaum je beachtete, geschweige denn ernstgenom-

---
[8] Markus 1, 21–28

mene Partikelchen «und»! Dieses kleinste Wörtchen hat es – wie alle andern Wörter – in sich:

Das griechische «*kai*» – «und» – dient nicht nur «zur einfachen, rein äusserlichen Verbindung von Begriffen und Sätzen». Es kann dies tun und heisst dann einfach «und» («additives ‹kai›»). Es kann aber auch einen Begriff in eine innere Beziehung zum andern setzen: so, dass es den ersten durch den zweiten erklärt («explikatives ‹kai›» – im Sinne von «und zwar», «nämlich»[9]).

Ob an einer Stelle das «*kai*» additiv verwendet ist oder – explikativ – eine erläuternde Funktion hat, ist je nach dem innern Satzsinn und nach dem Zusammenhang zu entscheiden.

Darf man in Markus 3, 15 das «*kai*» im erläuternden Sinn verstehen und den Vers so übersetzen:
«*... dass mit ihm seien diese Zwölf*
und er sie aussende, zu predigen –
nämlich Vollmacht zu haben,
das Lügengesindel hinauszuwerfen»?

Der Evangelist Markus beantwortet die Frage eindeutig, wenn er den «Hinauswurf des Lügengesindels» als unmittelbare Folge der ersten gottesdienstlichen Predigt Jesu in der Synagoge von Kapernaum darstellt:
«*... und alsbald lehrte er am Sabbat in der Synagoge. Und sie erstaunten über seine Lehre; denn er lehrte sie, wie einer, der Vollmacht hat, und nicht wie die Schriftgelehrten. Und alsbald war in ihrer Synagoge ein Mensch mit einem unreinen Geist, der schrie auf und rief:*
‹Was haben wir mit dir zu schaffen, Jesus von Nazareth? Bist du gekommen, uns zu verderben? Wir wissen, wer du bist: der Heilige Gottes!›»
Da bedrohte ihn Jesus und sprach: ‹Verstumme und fahre aus von ihm!› Und der unreine Geist riss ihn hin und her, schrie mit lauter Stimme und fuhr aus von ihm.» (Markus 1, 21–26)

---
[9] Menge, S. 354f.

Die predigende Kirche hat die Klarheit und die Eindeutigkeit des göttlichen *Ja* auszurufen – und in dieser Klarheit und Eindeutigkeit hat sie die Vollmacht, die Dämonen hinauszuwerfen. Es wird ihr nicht gelingen, es nicht zu tun!¹⁰

Der fröhliche Atem, der von Gehalt und Gestalt der Predigt ausgeht, führt zum «Hinauswurf der Dämonen» und verhilft der «Heiteren Wendung» zum strahlenden Durchbruch.

---

[10] Vgl. Martin Luther, «Ein feste Burg ist unser Gott», KGB Nr. 342, 3):
«Der Fürst dieser Welt,
wie saur er sich stellt,
tut er uns doch nicht;
das macht: er ist gericht;
ein Wörtlein kann ihn fällen.»

18
Belebung statt Belehrung

«Der natürliche Mensch will leben, will weder fromm noch keusch noch sittlich sein, lauter Kunstprodukte von einem gewissen, aber immer zweifelhaft bleibenden Wert, weil es an Echtheit und Natürlichkeit fehlt.»[1]

Der Markusbericht über die Entstehung der Kirche nennt ausschliesslich zwei kirchliche Aufträge: «predigen» und «Vollmacht zu haben, die Dämonen hinauszuwerfen». Es *fehlt* jede *Anweisung zur moralischen Verbesserung der Welt.*

Dieser Befund ist der Popanz-Kirche und ihrem Anspruch auf Kompetenz zur moralischen Erziehung der Menschheit entgegenzustellen. Die Knappheit des kirchlichen Auftrages hebt sich in krasser Weise ab von dem Riesenheer von moralischen Verantwortlichkeiten, das die «Kirche» von jeher als ihren Auftrag bezeichnet und ihrem «Volk» als eisernes Gebot auferlegt hat.

Diese Knappheit des kirchlichen Auftrages findet sich wie bei der Ankündigung der Sendung, so auch im Augenblick ihres Vollzugs, der in zwei Etappen erfolgt: einmal bald nach der Berufung, ein zweites Mal nach der Auferstehung Jesu. Ausgeweitet wird der Auftrag beidemal nicht.

---

[1] Theodor Fontane: Brief vom 10. Oktober 1895 an Colma Grünhagen (Erler, Berlin/Weimar, 1980, Bd. 2, S. 373)

Die Erste Sendung: (Markus 6, 7–11)

«Und er rief die Zwölf zu sich und fing an, sie je zwei und zwei auszusenden, und gab ihnen Vollmacht über die unreinen Geister.

Und er trug ihnen auf, nichts auf den Weg zu nehmen als nur einen Stab – nicht Brot, nicht Tasche, nicht Geld im Gürtel – aber mit Sandalen beschuht – ‹und ziehet nicht zwei Röcke an!›

Und er sprach zu ihnen: ‹Wo ihr in ein Haus eintretet, da bleibet, bis ihr von dort weiterzieht, und wenn ein Ort euch nicht aufnimmt und sie euch nicht anhören, so zieht von dort weiter und schüttelt den Staub ab, der euch an den Sohlen hängt, ihnen zum Zeugnis.›»

In bezug auf den Auftrag ist der Text noch wortkarger geworden: Der Auftrag wird – offenbar als bekannt vorausgesetzt – nicht mehr genannt. Die «Vollmacht» – in der Geburtsstunde erst in Aussicht gestellt – wird jetzt erteilt.

Die «Dämonen» werden «unreine Geister» genannt. «Unrein» heisst im Urtext «*akáthartos*», das etwas «Gemischtes», «Unlauteres» bezeichnet. Seine Bedeutung deckt sich mit dem «Diabolischen» («Durcheinanderwerfenden») der Dämonen. «Unreine Geister» und «Dämonen» sind gleichbedeutende Begriffe.

Daraufhin werden zwei Ausführungsbestimmungen erlassen, welche die Lebenshaltung der beauftragten Kirche festlegen:

Erstens: Einfachheit! Kein Geld!

«Und er trug ihnen auf, nichts auf den Weg zu nehmen als nur einen Stab – nicht Brot, nicht Tasche, nicht Geld im Gürtel – aber mit Sandalen beschuht – ‹und ziehet nicht zwei Röcke an!›»

Dieser Befehl betrifft zunächst etwas rein «Äusserliches»: Besitz und äusserer Lebensstil der Kirche werden auf das Nötigste beschränkt. Finanzieller Ballast bleibt ihr erspart.

Aus dieser Anweisung wird schwerlich der in der «Kirche» oft beschworene Grundsatz der Armut herausgelesen werden dürfen. Das Alte Testament hat ein zu ungebrochenes Verhältnis zum irdischen Reichtum, als dass man aus einzelnen Stellen des Neuen Testamentes eine grundsätzliche Verherrlichung der Armut aller Menschen konstruieren dürfte. Lediglich für die Kirche wird diese Beschränkung auf das Nötigste verfügt – und zwar aus naheliegendem Grunde:

Reichtum – mit den damit verbundenen Sorgen, Zeit- und Kraftaufwendungen! – hindert die Kirche an der Erfüllung ihres sehr strengen Auftrages. Deshalb ist ihr nur ein «leichtes Sturmgepäck» gestattet, das sie bei der unbeschwerten Ausübung ihrer Pflicht nicht unnötig belastet.

Der Alltag der Propanz-Kirche zeigt deutlich genug, welch verheerende Folgen die Missachtung dieser Ausführungsbestimmung nach sich zieht: die Beschäftigung mit Finanzen – vor allem mit der finanziellen Privilegierung der Amtsleute – führt unweigerlich zur Verlotterung in der Auftragserfüllung.

Die Anweisung zur Besitzlosigkeit bedeutet aber mehr als nur die Regelung äusserer Lebensverhältnisse. Durch die Zumutung einer «armen» Existenz stellt Jesus die Kirche seiner Fürsorge anheim. Dass sie «um ihn seien» – dazu wurden sie ja berufen; so wird er als ihr Dienstherr sie so versorgen, wie er die ganze Welt versorgt. Die Strenge, die im Interesse einer strikten Auftragserfüllung alle finanzielle Auspolsterung der Kirche verbietet, schliesst nicht aus, sondern ausdrücklich ein, dass die Kirche keinen Mangel haben wird:
«Und er sprach zu ihnen: ‹Als ich euch ohne Beutel und Tasche und Schuhe aussandte, habt ihr da an etwas Mangel gehabt?› Sie aber sagten: ‹An nichts!›»
(Lukas 22, 35)

Zweitens: Gelassenheit im Blick auf den Erfolg

«Und er sprach zu ihnen: Wo ihr in ein Haus eintretet, da bleibet, bis ihr von dort weiterzieht, und wenn ein Ort euch nicht aufnimmt und sie euch nicht anhören, so zieht von dort weiter und schüttelt den Staub ab, der euch an den Sohlen hängt, ihnen zum Zeugnis.»

Der Zwang zur Bearbeitung der Seelen und Erfassung weitester Kreise wird der Kirche erspart. Ihrer Lüsternheit nach den «vielen Leuten» wird Einhalt geboten. Nicht die Vermehrung ihres Einflusses wird ihr geboten; Sorge wird ihr abgenommen.

Der Zwang zur «Erfassung weitester Kreise» kann in der «Kirche» nur entstehen, wenn sie vergisst, wer sie ist. Als «Stellvertretendes Aufgebot» für die «weitesten Kreise» hat sie nicht möglichst viele Menschen in ihren eigenen Kreis hereinzuholen. Das «Bleiben an Ort» ist der Kirche möglich, weil die «weitesten Kreise» schon längst in den «Kreis» ihres Herrn hereingeholt sind, die Kirche sie also an jedem Ort vertreten kann.

Der erste Vollzug des Auftrages: Predigt – und Zeichen für die Durchsetzung des Lebens!

«Da zogen sie aus und predigten, damit [alle] aufatmeten, und trieben viele Dämonen hinaus, salbten Schwache mit Öl und dienten ihnen.»
(Markus 6, 12.13)

Nach ihrer Sendung erfüllt die Kirche sofort ihren Auftrag: Sie predigt und treibt «viele» Dämonen aus.

«Viele» bedeutet in der griechischen Bibelsprache nicht wie im Deutschen einen grossen Teil des Ganzen, umfasst also nicht weniger als alle. Das Feingefühl des antiken Menschen erfasst die Wirklichkeit tiefer: «Alle» bezeichnet die Gesamtheit innerhalb einer bestimmten Grenze, hat also die Beschränkung dieser Gesamtheit im Auge und ist darum ein begrenzender Begriff. «Viele» hingegen bezeichnet die unermessliche Menge, die durch keine Grenze beschränkt ist. «Viele» können mehr sein als «alle» – die grenzlos vielen.

Über die beiden Aufträge der Sendung hinauszugehen scheint nun aber eine seltsame Praxis der paarweise gesandten Zwölf: dass sie «Schwache mit Öl salben» und ihnen dienen.

Mit «schwach» wird das griechische Wort «*árrhostos*» wiedergegeben – anstelle der üblichen Übersetzung «krank». «*árrhostos*» ist abgeleitet vom

Verb «rhónnymi» mit der Bedeutung «stärken» und bezeichnet mit der verneinenden Vorsilbe «a-» wörtlich das, was nicht gestärkt wird und darum schwach ist. Das Wort «krank» im volkssprachlichen Sinn engt den Sinn von «árrhostos» unnötig auf die Vorstellung von einem körperlichen oder seelischen Defekt ein.

Da die Kirche in der Predigt der «Guten Meldung» die Lebensrettung im weitesten Sinn zu öffentlicher Geltung ausruft, geht sie sogleich auf die «Geschwächten» zu.

Was die kirchlichen Gesandten mit diesen «Schwachen» tun, wirkt befremdlich: Statt für sie ein sozial-politisches Programm durchzuziehen, «beschmieren» sie sie mit Öl! Erstaunlich ist das darum, weil es – im Unterschied zu den sozial-politischen Programmen! – so einfach und so «praktisch» ist.

Wenn man den Sinn, die Kraft und die Schönheit dieser Ölsalbung verstehen will, hält man sich am besten an den Volksmund, der da sagt: «Schmieren und salben hilft allenthalben.»

Hinter diesem Sprüchlein einfältiger Volksnaivität steckt die beachtliche – vor allem in der antiken Welt tief empfundene – Vorstellung, dass Fett und Öl gesund, nämlich zur Förderung der Lebendigkeit entscheidend und in ihrer äusserlichen Anwendung schmerzlindernd oder doch wenigstens tröstlich sind (vgl. den mütterlichen Zuspruch an das Kind: «Chomm, mer tönd echli Salbi häre; dänn besserets!»). Man rechnet – naiv? – damit, dass bei Gefährdung der Lebendigkeit mit Ölen und Fetten eine Wendung zum Bessern angezeigt werden kann. Dabei ist weder eine medizinische Massnahme noch ein magisch wirkendes «Sakrament» ins Auge gefasst, das auf Grund einer geheimnisvollen Weihung mit übernatürlichen Kräften «aufgeladen» wäre. Es erscheint darin vielmehr der zeichenhaft dargestellte Zuspruch von Lebensverheissung, welcher der «Guten Meldung» der Predigt in augenfälliger Einfachheit entspricht.[2]

---

[2] So kam die Taube nach der Sintflut zum «Aufatmen» Noah in die Arche zurück und trug als Zeichen der neu aufatmenden Schöpfung ein Ölblatt im Schnabel (1. Mose 8, 11)!
Mit Öl als Zeichen der Kraft- und Würdeverleihung wurden im Alten Testament die Künder und Verwalter des Heils – Priester, Propheten, Könige – gesalbt, was dem endgültigen Heilbringer den Titel seines Erlöseramtes gab: Christus – der Gesalbte!

Das «Öl» bekräftigt in fröhlicher Naivität, was die «Gute Meldung» der Predigt bezeugt: dass Gott dieser Welt zum Leben dient. In Entsprechung zu dem einen Dienst Gottes an der Welt dienen die, welche zum «Stellvertretenden Aufgebot» für die ganze Welt bestellt sind, nun ihrerseits allen Schwachen dieser Welt.

Die Übersetzungen setzen statt des Wortes «dienen» einengend das Wort «heilen» ein. Im Griechischen steht *«therapeúein»* (vgl. das Fremdwort «Therapie»). Sein grosser Bedeutungsreichtum sei durch eine Auswahl von Übersetzungsmöglichkeiten angedeutet[3]:
«Diener sein, dienen, bedienen, aufwarten, freundlich behandeln, zuvorkommend sein, ehren, den Hof machen, huldigen, für etwas gut sorgen, fördern, behandeln, pflegen, heilen, beachten.»

Es steht in seinem ursprünglichen Sinn von «bedienend aufwarten» in nächster Nähe des wichtigen biblischen Wortes *«diakoneín»*, das eigentlich «zu Tische dienen» («servieren»!)[4] heisst und das Markus in dem Ausspruch Jesu nennt:

«Der Sohn des Menschen ist nicht gekommen, damit ihm gedient werde, sondern dass er diene und sein Leben gebe als Lösegeld für viele.»
(Markus 10, 45)

Die erweiterten Bedeutungen berühren den alt- und neutestamentlichen Ausdruck «segnen», der ursprünglich «dienend und verehrend niederknien» heisst[5].

Die Kirche als «Stellvertretendes Aufgebot» für die Welt hat an dieser – ihrer Schwäche preisgegebenen – Welt den entscheidenden Dienst der Lebensstärkung zu erweisen: die Ehrung und die Segnung zu bezeugen, welche ihr um der «Guten Meldung» willen von ihrem barmherzigen Gott «gratis» – gnadenhalber – zugesprochen sind.

Die Kirche ist dienende, «niederkniende», die Welt verehrende Kirche.

---
[3] nach Menge, S. 328 f.
[4] Menge, S. 170
[5] Vgl. S. 167 f.

Nur «kurz, aber scharf» sei auf die Propanz-Kirche jeder Prägung «hinauf»geschaut, die sich über die Welt stellt: indem sie – als der selbstgefällige «Pädagoge vom Dienst» – lauter moralische Belehrung verabreicht und damit der Welt in brutaler Überheblichkeit auf die Seele kniet. Von solch moralischer Belehrung ist weder in der Ankündigung noch beim Vollzug der Sendung auch nur ein Wort zu hören.

Auch die weitverbreitete «kirchlich»-karitative «Dienst- und Hilfsbereitschaft gegenüber den Schwächern», mit der persönlichkeitsschwache Menschen die Randexistenzen als willkommene Hilfsobjekte für sich einfangen, um sich noch Schwächere zu unterstellen und sich selbst ein – sei es auch ein noch so dürftiges – Überlegenheitsgefühl zu sichern, liegt gänzlich ausserhalb des kirchlichen Auftrags.

Die Zweite Sendung[6]

Nach der Auferstehung von den Toten sendet Jesus seine um den Verräter Judas kleiner gewordene Apostelschar zum zweiten Mal aus – und zwar in einem sehr beachtlichen «Verhältnis» zu ihnen: *«Später offenbarte er sich den Elfen selbst, als sie bei Tische sassen, und schalt ihre «Bodenlosigkeit» und die Härte ihres Herzens, weil sie denen, die ihn nach seiner Auferstehung gesehen, nicht geglaubt hatten. Und er sprach zu ihnen: ‹Gehet hin in alle Welt und prediget das Evangelium der ganzen Schöpfung!›»* (Markus 16, 14.15)

Die Zweite Sendung ergeht an die Gesandten, nachdem ihnen in aller Deutlichkeit ihre eigene Würde abgesprochen und ihre Zugehörigkeit zu den «Ungläubigen aller Länder» festgehalten ist. Es liegt alles am Auftrag, der darum noch knapper formuliert wird als je: Die «Vollmacht, die Dämonen hinauszuwerfen», wird nicht mehr erwähnt. Es bleibt nur noch der Hauptauftrag: «prediget!», der zusätzlich hervorgehoben wird durch die gewaltige Ausweitung des «Predigtraumes»: zur Predigt an die «ganze Schöpfung» sollen die Gesandten in «alle Welt» «einmarschieren».

---
[6] Vgl. S. 156 f.

Neu an dieser Ausweitung ist nur ihre ausdrückliche Erwähnung. Der Sache nach stand es von Anfang an durch die Zwölfzahl fest, dass die Gesandten für die ganze Welt und Schöpfung bestimmt sind – so wahr schon die Zwölfzahl der Stämme Israels dessen Bedeutung für den ganzen Kosmos dargestellt hatte[7].

Keine Erweiterung des Auftrages, aber eine Fülle von Verheissungen

Der strengen Knappheit des Auftrages folgt eine Reihe von Verheissungen an die, welche sich mit eben dieser Knappheit des Auftrages zu begnügen und sich in all ihrem Tun daran zu halten haben:

«Der Gegründete[8] und Untergetauchte wird gerettet werden: der Nichtgegründete wird verurteilt werden.

Zeichen aber werden diejenigen begleiten, die Grund gefasst haben:

- in meinem Namen werden sie Dämonen hinauswerfen,
- in neuen Sprachen werden sie reden,
- [mit den Händen] werden sie Schlangen aufheben,
- und wenn sie etwas Tödliches getrunken haben, wird es ihnen nicht schaden,
- auf die Schwachen werden sie die Hände legen, und sie werden es schön haben.»[9]

---

[7] Vgl. S. 163 ff.
[8] Zum Wortgebrauch vgl. S. 280 ff.
[9] «Sie werden es schön haben» – ist die wörtliche Übersetzung von «kalós échein». Die Zürcher Bibel übersetzt «genesen», die Luther-Bibel «so wird's besser mit ihnen werden». Beides lässt an eine Heilung von Krankheit denken, die der griechische Urtext wohl nicht ausschliesst, aber nicht nennt. Er spricht von einem «schönen» Befinden der «Geschwächten» – was weiter und tiefer greift als nur eine mehr oder weniger vorübergehende «Gesundung aus Krankheit».

Zunächst wird den «Bodenlosen» die «Verurteilung» zugesprochen,
- aber nur, um sie an die Untertauchung zu erinnern, in der ihre Wendung zur Rettung beschlossen ist. Ihre eigene Predigt wird über ihre und alle sonstige Bodenlosigkeit und Verurteilung die Rettung des Lebens ausrufen – und eine muntere Schar von Zeichen wird urtümliche, kräftige, «lustige» Lebendigkeit und die Überwindung aller finsteren Lebensbedrohung bezeugen.
- Es hebt in allen Bereichen des organischen, seelisch-körperlichen Lebens ein neues Atmen, Fühlen und Reden an.
- Neue Sprachen werden laut, die nicht mehr der Infragestellung, Befürchtung und Bejammerung der schlechten Welt und Zukunft dienen. Ein «neues Lied» wird angestimmt – und wie das tönt, sei aus der Tiefe des Alten Testamentes zu Gehör gebracht:

«Singet dem Herrn ein neues Lied!
Denn er hat Wunder getan;
seine Rechte hat ihm geholfen,
sein heiliger Arm.
Der Herr hat kundgetan seine Hilfe,
seine Gerechtigkeit offenbart vor den Augen der Völker.
Er hat seiner Gnade gegenüber Jakob gedacht,
seiner Treue gegen das Haus Israel;
alle Enden der Erde haben geschaut unseres Gottes Hilfe.
Jauchzet dem Herrn, alle Lande!
Brecht in Jubel aus und spielt!
Spielt dem Herrn auf der Harfe,
auf der Harfe mit lautem Gesang!
Bei Trompeten- und Hörnerschall
jauchzt vor dem König, dem Herrn!
Es donnere das Meer und was es erfüllt,
der Erdkreis und die darauf wohnen!
Die Ströme sollen in die Hände klatschen
und die Berge allzumal jubeln
vor dem Antlitz des Herrn; denn er kommt,
die Erde zu richten.
Er richtet den Erdkreis gerecht
und die Völker getreu.» (Psalm 98)

- «Schlangen» – Sinnbild der in dunkler Niedrigkeit unheimlich umherschleichenden Menschenfeindlichkeit – werden mit blossen Händen gepackt, in die Höhe gehoben und damit in entwaffnender Heiterkeit ihrer Gefährlichkeit beraubt.
- Die Todesgefahr, die unentrinnbar mit jedem lebensfördernden Tun des Menschen – im «Trinken» versinnbildlicht – verbunden ist, verliert ihre Bedrohlichkeit und allen Schrecken.
- Alles, was schwach und leblos ist, erlebt beglückend die «Handauflegung» und damit die zärtliche und ach so kräftige Berührung und Erweckung zu Lebenskraft, Aufmunterung und Behütung: Das «Schwache» wird dazu erregt, es «schön zu haben».

Alle diese Zeichen deuten auf das Eigentliche hin: auf das endgültige Aufatmen aller Kreatur aus dem Tode ins ewige Leben – wie es die Predigt ausruft.

Ein Lebensgefühl kindlichen Glückes wird sich ausbreiten, wie es den seltsam hintergründigen Kinderspielen eigen ist und beispielhaft in Theodor Fontanes Kindheitserinnerungen ausgedrückt wird:
«Schöner aber als alles das, war, für mich wenigstens, eine zwischen zwei Holzpfeilern angebrachte, ziemlich baufällige Schaukel. Der quer überliegende Balken fing schon an morsch zu werden und die Haken, an denen das Gestell hing, sassen nicht allzu fest mehr. Und doch konnt' ich gerade von dieser Stelle nicht los und setzte meine Ehre darin, durch abwechselnd tiefes Kniebeugen und elastisches Wiederemporschnellen, die Schaukel derart in Gang zu bringen, dass sie mit ihren senkrechten Seitenbalken zuletzt in eine fast horizontale Lage kam. Dabei quietschten die rostigen Haken und alles drohte zusammen zu brechen. Aber das gerade war die Lust, denn es erfüllte mich mit dem wonnigen und allein das Leben bedeutenden Gefühle: *Dich trägt dein Glück.*»[10]

---

[10] Theodor Fontane: «Meine Kinderjahre», München 1973, S. 41 f. (vgl. den entsprechenden musikalischen Ausdruck in W. A. Mozarts Hornkonzert in D-Dur, KV 412, Rondo Allegro!)

Alle diese Zeichen für ein neues Lebensgefühl werden nicht befohlen, sind also von keiner menschlichen Machenschaft abhängig, kein Gegenstand – womöglich gar «kirchlicher»! – Organisation! Sie werden vielmehr verheissen und darum auch bedingungslos eintreffen. Sie stehen alle unter der Bestimmung, dass sie «in meinem Namen» geschehen werden.

Der im Neuen Testament häufig gebrauchte Ausdruck «im Namen» bedeutet nicht oder jedenfalls mehr als nur «im Auftrag» oder «in Stellvertretung» (so, wie etwa einem Referenten «im Namen aller Anwesenden» gedankt wird). Der «Name» bezeichnet in der biblischen Sprache das eigentliche Wesen und die Bedeutung einer Person – und wer etwas «im Namen» einer Person tut, ist mit diesem seinem Tun eingeschlossen in das Wesen und in die Bedeutung dieser Person. Er bekommt innern und äussern Anteil an ihr.

«Mein Name» bezieht sich auf den Gekreuzigten und Auferstandenen – den Herrn, «*kýrios*», *Jahwe* –, den Gott, der «mit der Urkraft einer Schwangeren» wirkt[11]. Die Gesandten des *Herrn,* wenn sie «in alle Welt einmarschieren», sind wie ein ungeborenes Kind auf dem Weg zur Geburt und gehen in Urkraft der Natur der Erfüllung und Offenbarung des Lebens entgegen.

Bis zum Schluss bezeugt das Markusevangelium nur den einen Auftrag der Kirche, dass sie predige – und die kraftvolle, lebenerfüllende Wirkung dieser Predigt. Beharrlich schweigt es von andern Kompetenzen der Kirche. Damit entthront es das bevorzugte Lieblingskind der Propanz-Kirche, die mit der ärgerlichen Lieblosigkeit einer bösen Stiefmutter die fröhliche Schönheit des bezeugten Kirchenauftrages unterschlagen und erdrückt hat:

Von einem Auftrag zu moralischer Belehrung und Erziehung, zur Verbesserung der Sittlichkeit und zur Veränderung der bösen Welt fehlt jede Spur!

---

[11] Vgl. S. 88 ff.

Das gilt mindestens für das älteste und grundlegende der vier Evangelien mit seiner systematischen und programmatischen Darstellung des *Herrn* und seiner Kirche. Die gründliche Überprüfung des ganzen übrigen Neuen Testamentes ergibt den Befund, dass das «Lieblingskind der Kirche» auch dort nicht zu finden ist: Das Neue Testament gibt über das hinaus, was der Evangelist Markus beschrieben hat, für die Kirche keine weiteren Aufträge bekannt.

19
Das Fest der Ernte
Vom rechten Tun des Menschen

«Das Volk, das in der Finsternis wandelt, sieht ein grosses Licht; die im Lande des Dunkels wohnen, über ihnen strahlt ein Licht auf. Du machst des Jubels viel, machst gross die Freude; sie freuen sich vor dir, wie man sich freut in der Ernte, wie man jubelt, wenn man die Beute teilt.» (Jesaja 9, 1–3)

> «Unser Kerker, da wir sassen,
> da die Sorgen ohne Massen
> uns das Herze selbst zerfrassen,
> ist entzwei, und wir sind frei!»[1]

Die moralistische Belehrung der Menschheit liegt jenseits des kirchlichen Auftrags – und das hat seinen tiefen, befreienden Grund: Die Bekehrung des ewig freien Gottes offenbart ein neues Verständnis vom «rechten Tun» des Menschen und lässt dem Griesgram moralistischer Be- und Verurteilungen keinen Raum:

«Frucht» statt «Werk»: die «Fülle aller Fülle»!

Die *Aufhellung* der moralistisch-trüben Lebenslandschaft tritt dort ein, wo das «rechte Tun» des Menschen nicht moralisch gefordert, sondern als eine gezeugte, geborene *Frucht* «getrieben»[2] wird. Das

---
[1] Paul Gerhardt: «Kommt und lasst uns Christum ehren» (KGB Nr. 121, 5)
[2] Vgl. S. 99 f.

«rechte Tun» ist nicht – wie ein «Werk»! – anzustreben, sondern wie das Erntefest zu erwarten:

Galater 5, 19–23[3]

«Offensichtlich aber sind die Werke des Fleisches, die da sind: Käuflichkeit (in der Liebe), Unreinheit, Zügellosigkeit, (Trug-)Bilderdienst, Heilzauberei, Gehässigkeiten, Streiterei, Wetteiferung, Leidenschaften, Rechthabereien, Entzweiungen, Vereinnahmungen, Missgünstigkeiten, Räusche, Gelage – und derlei ähnliche Dinge, von denen ich euch zum voraus gesagt habe, dass die, welche solches tun, das Reich Gottes nicht ererben werden;

die Frucht aber des Geistes ist:
Liebe Freude Friede,
Grossmut Brauchbarkeit Güte,
Zuverlässigkeit Milde Beherrschung.»

Ein Schnippchentext ist es! Er führt nicht in gradliniger Fortsetzung von seinem Anfang zur logischen Vollendung. Vielmehr schlägt er einen Haken: Die Beschreibung von «Werken des Fleisches» lässt die Gegenüberstellung von «Werken des Geistes» erwarten. So will es die moralistische Systematik: dass das «Fleisch» als das Äusserliche – «Materielle» – des Menschen wie auch der «Geist» – sein «Innerlicheres» und selbstverständlich Höheres – beide gleichermassen ihre Werke haben – dass der Mensch nach freier Entscheidung dem letzteren den Vorzug gebe und es *tue*.

Der Apostel zerbricht die moralistische Systematik und zerreisst, was wie ein Zwillingsbrüderpaar «von guten und von bösen Werken» – als ein Nebeneinander zu freier Wahl – sich präsentiert. Die vielen «Werke des Fleisches» lässt er stehen – für sich allein, abseits und damit ohne jede weitere Fortsetzung – wie eben der Mensch als «Fleisch», das heisst als «verderbliches», dem Tod geweihtes Wesen nur für sich allein seine Werke tut, die ins Nichts verlaufen.

---

[3] Bereits im Zusammenhang mit dem «Elend des moralisch-religiösen Idealismus» ist diese Schriftstelle gestreift worden (vgl. S. 266).

Als ein anderes Wesen, in anderer Gestalt und an anderem Ort – so, dass nicht einmal die Verbindung eines Gegenübers besteht! – tritt der Geist auf den Plan. Und an die Stelle der «Werke» tritt *die eine Frucht des Geistes!*

Auch ihre Darstellung geschieht in paradoxer – schnippchenhafter – Weise: so, dass ihre Einzahl als eine Vielzahl (neun!) genannt wird. Die sprachliche Gestalt lässt innerhalb der Vielzahl eine besondere Ordnung erkennen: die Neunfältigkeit der einen Frucht des Geistes erscheint in drei Gruppen zu je drei Gliedern, die ihrerseits ohne Satzzeichen zu einer engen Einheit verbunden sind: *eine «dreifache Dreieinigkeit» der Frucht des Geistes –*

KENNZEICHEN FÜR DIE «FÜLLE ALLER FÜLLE»!

Angesichts dieser einen Frucht des Geistes in ihrer strotzenden, fülligen Gewichtigkeit müssen die «Werkeleien» des verderblichen «Fleisches» – fünfzehn an der Zahl und dazu noch «derlei ähnliche Dinge» (!) – als bedeutungsloses Vielerlei gänzlich verblassen. Sie haben nicht einmal das Format, als «Untugenden» mit «Tugenden» auch nur verglichen zu werden. Die machbaren «Werke» – von Anfang an morbid – zerfallen sogleich, da die Frucht aufbricht, die nicht «gemacht» werden kann und darum auch nicht getan werden muss, sondern «wächset mit Gewalt»[4] aus «geistlichem», unverderblichem Urgrund.

Zur Beantwortung der Frage: «Was sollen wir tun?», werden vor unseren Augen alle elenden «Werkplätze» weggewischt – und es erscheint ein *Fruchtfeld* – ein *Erntefeld!*

Was aber heisst «Frucht»?

Es besteht Anlass zur Vermutung, dass der sprachliche Gehalt des Wortes «Frucht» auf die Geschehnisse von Zeugung und Geburt, Hervorbringung neuen Lebens und Fortpflanzung hinweist – um

---

[4] Paul Gerhardt: «Geh aus, mein Herz und suche Freud» (KGB Nr. 97, 7)

so mehr, als es im Neuen Testament mit dessen entscheidender Beziehung zu allen Zeugungs-, Geburts-, Saat- und Wachstumsvorgängen sehr häufig – 66mal – vorkommt! Aber die Vermutung geht fehl. Im Deutschen wie im Griechischen weist das Wort in eine andere Richtung:

Das Wort «Frucht» ist ursprünglich nicht deutsch, sondern entlehnt aus dem lateinischen *frúctus*, dessen Grundverb *frui*, «geniessen», heisst.
«Frucht» ist das, was zu geniessen ist!
Das griechische Wort *«karpós»* entstammt der Wurzel «(s)querp»/ «schneiden», «abrupfen», der auch das lateinische Wort *«cárpere»*/ «pflücken, nehmen» entspringt.
«karpós» ist das, was zu pflücken, zu ernten ist!

Wo von *«karpós»*/«Frucht» die Rede ist, erscheint am Horizont ein Erntefest! Es sei gewagt, als einen Aufruf zu «rechtem Tun» als «Frucht des Geistes» ein unbekümmert kurzes Wort zu nennen, das zwar nicht in der Bibel, sondern bei einem römischen – «heidnischen»! – Dichter zu finden ist, aber der grundlegenden Wurzel des biblischen Wortes *«karpós»* entstammt:
«Carpe diem!»
«Pflücke den Tag» – und das, was er bietet![5]

Und dieser Spruch ist mit den Worten einer «lustigen Person»[6] zu ergänzen:
«Greift nur hinein ins volle Menschenleben!
Ein jeder lebt's, nicht vielen ist's bekannt.
Und wo ihr's packt, da ist's interessant.
Wer fertig ist, dem ist nichts recht zu machen;
ein Werdender wird immer dankbar sein.»

---

[5] Quintus Horatius Flaccus («Horaz»; 65–8 v. Chr.), «Oden» I, 11,8
[6] J. W. Goethe, Faust I: «Lustige Person» im Vorspiel auf dem Theater

Der Schöpfer Geist – «Der Geist aber ist der Herr»[7]

Die Furcht, solche Lebenslustigkeit könnte zu Leichtsinn führen, ist unbegründet: Die «Frucht» – das «rechte Tun des Menschen» – ist das Kind des Geistes Gottes:

«Der Geist aber ist der Herr; wo aber der Geist des Herrn ist, da ist Freiheit.»
(2. Korinther 3, 17)

Der erwählende Herr, welcher der Geist ist, lässt das von ihm frei bestimmte Gebot ergehen. In der «treibenden» Kraft des Gebotes zeugt und gebiert er den Gehorsam, die Frucht des Geistes wachsen und reifen zu lassen – nicht überall und nicht immer, sondern allein, «wo und wann es von Gott ersehen ist»[8]:

«Der Wind[9] weht, wo er will, und du hörst seine Stimme, aber du weisst nicht, woher er kommt und wohin er fährt. So ist jeder, der aus dem Geist geboren ist.» (Johannes 3, 8)

Der Zutritt zum «Fest» ist offen – aber nur um der freien Erwählung Gottes willen!

... und alles kommt aus gutem Grund!

Natürliches Streben des Menschen nach dem «rechten Tun» ist aufs schwerste belastet durch die ständige Angst, es zu verfehlen – und dann den übelsten Folgen bis hin zur ewigen Verlorenheit ausgeliefert zu sein. So aber ist der Umgang mit dem «rechten Tun» eine zielgerichtete, zweckbestimmte – eine «finale» Nützlichkeitsrechnung – und, da stets mit Drohungen verbunden, ohne jede Spur von Heiterkeit.

---

[7] Vgl. S. 250 ff.
[8] Confessio Augustana (Augsburger Konfession) 1530, V. 2
[9] Anmerkung der Zürcher Bibel zur Übersetzung des Wortes *«pneúma»* in Johannes 3, 8: «Im Griechischen bedeutet ein und dasselbe Wort zugleich ‹Wind› und ‹Geist›. Dadurch wurde man schon bei ‹Wind› an ‹Geist› erinnert.»

Rechtes Leben als die «Frucht des Geistes» ist frei von jeglicher Ausrichtung auf ein lohnendes Ziel. Sein Motiv ist nicht eine Absicht, sondern der Grund, von dem es herkommt: sein Gehorsam ist heiter zwecklos – grundsätzlich – «kausal». Es wird *nicht gemacht, damit* etwas erreicht werde, sondern *ereignet* sich, *weil* es – wie jede rechte «Frucht» – geworden ist. So fehlt ihm jeder grimmige Ernst. Seine Grundstimmung ist vergnügt – wie es sich für ein Erntefest gehört.

Vor allem fehlt der Zwang, mit «rechtem Tun» die schlimme Lage der Menschheit und der ganzen Welt verbessern zu müssen. Es lebt sich jetzt «im Glauben» – gegründet in der «Guten Meldung», die jeder Lage ihren Stachel nimmt. Die Lage ist grundsätzlich gut – und wo man's ihr nicht ansieht, da scheint sie einmal «hoffnungslos, ohne deswegen ernst zu sein» – und einmal «ernst, ohne deswegen hoffnungslos zu sein». So wird «rechtes Tun» gelebt – ohne Bedrohung durch die Möglichkeit eines Fehlschlags mit katastrophalen Folgen – in ungespielter, unverwüstlicher Heiterkeit.

Das Fest des guten Gewissens

Die «Frucht des Geistes» vertreibt schliesslich mit hellem Jauchzer – wie am Tage, da «man sich freut in der Ernte»! – die *Last des «schlechten Gewissens»*. Dieses Marterinstrument menschlicher Seelen – erfunden zur psychischen Unterjochung des Menschen durch dauernde Überwachung seiner moralischen Sorgfaltspflicht – wird augenblicklich stumpf und der Kirche aus der Hand geschlagen.

«Gewissen» ist zwar ein biblisches Wort. Nur hat auch es einen völlig andern Sinn, als man ihm unterschoben hat. Es bezeichnet in keiner Weise eine moralische Instanz, sondern vielmehr des Menschen natürliches *Selbstbewusstsein:* das Wissen um sich selbst – die Erkenntnis, wie es in Wahrheit um einen steht.

Das griechische Wort «*syneídesis*» kommt im Neuen Testament an 30 Stellen, im Alten nur einmal vor[10] und heisst wörtlich das «Mit-Wissen»: das Bewusstsein seiner selbst. Es beschreibt die Fähigkeit des Menschen, sich der organischen Lebensvorgänge bewusst zu werden. Das Neue Testament unterscheidet zwischen einem «guten» oder «reinen», das heisst «unvermischten» und einem «schwachen» Selbstbewusstsein. Den Ausdruck «schlechtes Gewissen» gibt es in der Bibel nicht. Der biblische Sprachgebrauch entspricht der bekannten Erscheinung, dass ein Mensch entweder eindeutig, stark und lebenstüchtig seiner selbst bewusst ist, also ein gesundes Selbstbewusstsein besitzt – oder aber über sich selbst im Ungewissen lebt und darum in seinem Selbstbewusstsein «krank», das heisst «schwach» ist[11].

Was aber könnte das Selbstbewusstsein des Menschen mehr stärken, als dass er sich beschenkt, versorgt und ausgestattet sieht – so wie es ihm durch die «Frucht des Geistes» zuteil wird! Die moralischen Forderungen von allen Seiten und von innen schwächen das Selbstbewusstsein. Am Fest der Ernte wird das Gewissen stark, das Selbstbewusstsein kerngesund. Sein Jubel nimmt jedermann hinein in die glückliche Gewissheit, dass ihm gewährt wird, was er braucht – auch so viel «rechtes Tun», wie für ihn richtig ist.

Und wenig ist das nie! Die «Frucht des Geistes» – dargestellt in der «dreifachen Dreieinigkeit», die auf die «Fülle aller Fülle» hinweist! – kann nicht kärglich sein. Da muss ein jeder ernten, pflücken, geniessen können. Kein einziger Mensch, der nicht an solcher «Frucht» den ihm gemässen Anteil hätte! So herrscht die ungetrübte Heiterkeit des «rechten Tuns».

---

[10] Prediger 10, 20 (mit umstrittener hebräischer Grundlage)
[11] Vgl. insbesondere die Ausführungen des Apostels Paulus über die Bedeutung des Selbstbewusstseins in der Frage des Genusses von Götzenopferfleisch in 1. Korinther 8 und 10

Rechtes Tun als Fest der Kindlichkeit

Der Kreis schliesst sich. Einmal musste vom eigentlichen Wesen des Auftrages geredet werden[12]. Jetzt erscheint der tiefe Grund dafür, dass jede moralistische Belehrung der Menschheit im Auftrag der Kirche völlig fehlt. Dort und hier purzeln geradezu die «Kindlein» herein. Sie sind das Vorbild der wahren Auftragsempfänger – und sie sind an jedem Erntefest am echtesten und unbekümmertsten dabei. Das Kind «be-greift» – ohne Wissen und Verstand! – in aller Dreistheit das «volle Menschenleben» mit Händen (und mit Füssen und vor allem mit dem Mund!) – und kennt sich sicher aus in dem «… und wo ihr's packt, da ist's interessant». Es spielt! Es ergreift alles, was da ist, und braucht es unüberlegt, wozu es im Augenblicke für das kindliche Leben da ist. Dabei hat es «alle Hände voll» zu tun (und wahrlich auch die Füsse und den Mund!). So «pflückt» es immerzu die «Frucht», die ihm der Geist gezeugt, geboren und herangezogen hat. Und dauernd lernt es, bei allen Dingen wahrzunehmen, wozu sie von sich aus da und alsbald in der weiteren Umgebung zu gebrauchen sind.

«Rechtes Tun» als Fest der Ernte ist ein Fest der Kindlichkeit.

---

[12] Vgl. S. 99 ff.

20
Das Amt der Kirche: die Behütung kindlicher Fröhlichkeit!

Für das Zarteste, was es gibt – ein Kind! –, ist die Kirche berufen. Der «Kindlichkeit» im tiefsten und umfassendsten Sinn gilt ihr Auftrag: dass der gute Grund erscheine, die Gewissenslast abfalle, das Fest der Ernte vonstatten gehe, die Kindlichkeit sich ohne Scheu auslebe. Nicht zu ihrer eigenen Befreiung und Erbauung ist sie da – zur Förderung und Behütung unbeschwerter Kindlichkeit im Reiche Gottes ist sie bestellt.

«Und wer einen dieser gegründeten Kleinen mit dem Stellholz einer Falle fängt – dem wäre es besser, wenn ein Mühlstein um seinen Hals gelegt und er ins Meer geworfen würde.» (Markus 9, 42)

Dass keiner «dieser Kleinen» in einer Falle gefangen werde[1], dazu ist die Kunde vom Wesen und Auftrag der Kirche in die Wüste einer religiös verdorbenen Welt hineingerufen worden. Um «dieser Kleinen» willen muss diese Kunde amtlich sichergestellt werden. Das bezeugt eine beiläufige Bemerkung in der Geburtsgeschichte der Kirche. Zweimal und beide Male im gleichen Wortlaut steht sie dort, was ihre hohe Bedeutung – trotz ihrer Beiläufigkeit – hervorhebt.

---

[1] Was mit «diesen Kleinen» nicht geschehen darf, nennt der griechische Urtext *«skandalízein»*, was wörtlich heisst: «mit dem Stellholz einer Falle fangen». Luther gibt das Wort mit «ärgern» wieder, während die Zürcher Übersetzung mit dem Ausdruck «zur Sünde verführen» ganz unpassend einen moralistischen Sinn einträgt.

Die Namensänderung von Berufenen

Nach dem Bericht von der Berufung, Herstellung und Beauftragung der Zwölferschar werden die Namen dieser Zwölf genannt. Dabei wird berichtet, dass Jesus unmittelbar nach der Apostelberufung und -beauftragung an dreien der Zwölf eine *Namensänderung* vornimmt:

«*Und er machte die Zwölf – auferlegte dem Simon einen Namen: Petrus – und Jakobus, den [Sohn] des Zebedäus, und Johannes, den Bruder des Jakobus – und auferlegte ihnen Namen: Boanergés – das heisst ‹Donnerssöhne›.*»
(Markus 3, 16. 17)

Namen sind in der biblischen Sprache – wie in der Antike überhaupt – grundsätzlich mehr als blosse Personenbezeichnungen. Sie machen Aussagen über die persönlichen Familien- oder Geburtsverhältnisse eines Neugeborenen, drücken Wünsche oder Visionen der Eltern für das Leben ihres Kindes aus, treffen Feststellungen über allgemeine – erfreuliche oder unerfreuliche – Lebensbedingungen der Menschen – und bezeichnen darüber hinaus das Wesen, den Auftrag und die Bedeutung eines Menschen.

Namensänderungen erfolgen besonders im Zusammenhang mit der Verleihung eines *Auftrages,* der die ganze zukünftige Existenz eines Menschen erfüllt und bestimmt. Der neue Name hat dann die Bedeutung eines *Titels,* der die Erfüllung des Auftrages über die persönlichen Lebensanliegen des Beauftragten stellt. Jesus, der eine Namensänderung an dreien seiner zwölf Berufenen vollzieht, ist aber selbst ein Träger von Titeln – «Jesus», «Christus», «Herr» – und damit als ein berufener Amtsträger ausgezeichnet[2]. So holt er die drei förmlich in seine eigene Titeltradition hinein.

---

[2] Zu den Titeln Jesu vgl. S. 190 ff.

Die Behaftung der ersten Zeugen

Die Einschliessung der drei Berufenen in die Titeltradition Jesu behaftet die Zwölf[3] – und damit die ganze Kirche aufs strengste. Die neuen Namen sind als dekorative Ehrenauszeichnungen völlig ausgeschlossen; vielmehr auferlegen sie der Kirche die *Verpflichtung*, mit all ihrem Reden und Tun, mit ihrem ganzen Leben bis hin zu ihrem Sterben nur das eine Amt zu versehen: stellvertretend für alle die Rettung aller zu bezeugen und zu vertreten.

Es ist zu beachten, dass diese persönliche Namensveränderung nicht allen Zwölfen zuteil wird. Jesus hat offenbar nicht im Sinn, die Berufenen allgemein und pauschal in einen andern Stand zu versetzen – sie gleichsam zu einem Orden zu machen. Nur Petrus und die Zebedäussöhne Jakobus und Johannes bekommen einen neuen Namen, wobei die beiden Brüder deutlich im zweiten Rang stehen und den ihnen zugeteilten Namen miteinander teilen müssen.

Die Sonderbehandlung der drei Neubenannten scheint sich darauf zu beziehen, dass sie im Verlauf ihrer Jüngerschaft zu dreien Malen unter ihren Mitjüngern eine Sonderstellung zugewiesen bekommen: nach dem Bericht des Markus nimmt sie Jesus dreimal wie eine Delegation der Zwölf in seinen innersten Kreis hinein. Dort werden sie Zeugen von Vorgängen, bei denen der Amtsauftrag dieses Menschen als «Jesus», «Christus» und «*kýrios*» (Herr) geoffenbart, ebenso aber auch das Zeugenamt aller Zwölf verbindlich festgelegt wird.

---

[3] Die drei mögen hier bereits als eine Stellvertretung der ganzen Schar gelten!

Das erste Zeugenamt:
Bezeugung der Totenauferweckung
(Markus 5, 21–43)

Zur soeben verstorbenen zwölfjährigen Tochter des Jairus lässt Jesus ausdrücklich «niemanden mit sich gehen ausser Petrus, Jakobus und Johannes» – was durch den harten Zusatz verstärkt wird «... indem er alle hinauswirft». Die drei allein werden zu Zeugen der ersten Totenauferweckung durch Jesus Christus, den Herrn. Diese Auferweckung aber hat ihre besondere Bedeutung als – vorerst noch geheimzuhaltende[4] – Offenbarung des Auferweckungsamtes Jesu.

Das zweite Zeugenamt:
Bezeugung der ewigen Verherrlichung Jesu
(Markus 9, 2–10)

«Nach sechs Tagen» – am bedeutungsvollen siebten Tag! – werden Petrus, Jakobus und Johannes auf einen «hohen Berg» mitgenommen: an den Ort, da seit den Tagen der Wüstenwanderung Israels der *Jahwe*/«*kýrios*»-Gott aus dem «Dunkel des Gewölks» heraus seine freie Gottesentscheidung kundgetan hat[5]. Dort werden die drei Zeugen einer Vorwegnahme der Offenbarung Jesu als Erbe der himmlischen Herrlichkeit, die er zugunsten der ganzen Schöpfung antreten wird. Diese «Verklärung Jesu» hat ebenso wie die Auferweckung der Tochter des Jairus endzeitlichen – «eschatologischen» – Charakter und wird ausdrücklich mit Jesu eigener Auferstehung von den Toten in Zusammenhang gebracht und dem Schweigegebot unterstellt[6].

---

[4] Markus 5, 43
[5] Zu dem «Berg» vgl. S. 180 f.
[6] Markus 9, 9

Das dritte Zeugenamt:
Bezeugung der Verwerfung Jesu – und des kirchlichen Versagens
(Markus 14, 26–42)

In der Nacht, da er verraten und gefangengenommen wird, nimmt Jesus zwar alle seine Jünger – mit Ausnahme des Judas Ischarioth, der mit der Vorbereitung seines Verrates beschäftigt ist – «hinaus an den Ölberg». Dort aber lässt er im Garten Gethsemane acht von ihnen zurück –

«*… und nimmt den Petrus und den Jakobus und den Johannes mit sich und beginnt zu erschrecken und heftig zu zagen. Und er sagt zu ihnen: ‹Meine Seele ist zutiefst bekümmert; bleibet hier und wachet!› Und er ging ein Kleines vor, warf sich auf die Erde und betete, wenn es möglich wäre, möchte die Stunde an ihm vorübergehen…*» (V. 33–35)

Zugegen müssen sie sein, wenn sich die tiefste Verwerfung ankündigt; Zeugen haben sie zu sein, wenn Jesus die Erfüllung seines Erlöseramtes zugemutet wird – damit alle Verworfenen dieser Welt zur ewigen Erwählung gelangen.

Der dunklen Tiefe der Verwerfung halten die drei freilich nicht stand. Dreimal werden sie zum Wachen aufgefordert – dreimal schlafen sie ein[7]. So werden sie zu Zeugen des kirchlichen Versagens in entscheidender Stunde.

*** *** ***

Was Petrus, Jakobus und Johannes bei den Offenbarungen des Amtes Jesu zu sehen und zu hören bekommen, ist der entscheidende Inhalt ihrer späteren Predigt und schafft die Voraussetzung für ihre Vollmacht, die Dämonen hinauszuwerfen:

---
[7] Markus 14, 37–42

- die Gewissheit, dass die Toten auferweckt werden,
- die Öffnung der Zukunft hin auf die endgültige Verherrlichung des «Menschensohnes» und damit aller Menschenkinder,
- die stellvertretende Verwerfung des Gottessohnes und die Verwandlung aller Verwerfung in die ewige Erwählung der ganzen Schöpfung,
- das menschliche Versagen in der Stunde der Bewährung – also die reine Gnadenhaftigkeit des Heils.

Als «Vorhut» ihrer Mitjünger und der Kirche aller Zeiten sind die drei – stellvertretend! – aufgeboten, den gewichtigen Gehalt des apostolischen Amtes zu erfahren. Dazu werden sie im voraus durch die Verleihung besonderer Titel bezeichnet – nicht als «Auszeichnung» im Sinne einer Höherstellung, sondern als *strenge Verpflichtung zu ihrem Amt.*

Damit ist ein Zeichen gesetzt – dafür, dass die Kirche niemals ihre eigenen, persönlich-menschlichen Anliegen pflegen kann. Die Verleihung eines Titels behaftet sie bei ihrer *Pflicht zur amtlichen Erfüllung ihres Auftrages als «Stellvertretendes Aufgebot» des Herrn für die von ihm erlöste Welt.*

Angesichts der Gewichtigkeit von biblischen Personennamen und erst recht von Titeln ist ihre sprachliche Deutung in Angriff zu nehmen:

Petrus: der «Fels», der zu tragen hat

Im Markusevangelium wird der Name «Petrus» ohne Erklärung eingeführt. Der griechisch sprechende Leser wird das Wort *«pétra»* mit der Bedeutung «Fels» leicht heraushören und den Übergang vom hebräischen *«Schimón»* zum griechischen *«Pétros»* sehr wohl bemerkt haben.

Im Matthäusevangelium geht erst die Geschichte vom Petrusbekenntnis[8] auf Simons neuen Namen und dessen sprachliche Bedeutung ein, leitet daraus aber ausdrücklich die Amtsverhaftung des Erstberufenen ab:

«Du bist Petrus, und auf diesen Felsen will ich meine Kirche bauen.»
(Matthäus 16, 18)

Vermutlich hat aber bereits Markus durch die Umbenennung des «Simon» zum Ausdruck bringen wollen, dass der neue Name dem «Petrus» die sehr harte Verpflichtung auferlegt, wie ein Fels zu tragen.

Das griechische Wort *«pétra»*, das der Namensform *«Pétros»* zugrunde liegt, ist in seiner Bedeutung «Fels», «Stein» zum Sinnbild der «Festigkeit und des Mutes oder der Hartnäckigkeit und Hartherzigkeit»[9] geworden. Es bezeichnet die Eigenart, fest zu bleiben, also weder nachzugeben noch zu weichen. Dieser Eigenart verdankt der Fels seine Fähigkeit, zu tragen: sicheren Boden unter den Füssen zu bieten und einen verlässlichen Stand-Ort zu gewähren. Wer «Fels» genannt wird, steht nicht über, sondern *unter* allen andern. Er bildet nicht die erhabene Spitze einer Hierarchie, sondern die unterste Stufe, die alle andern über sich hat!

Dass der *hebräisch* so genannte «Simon» einen *griechischen* Namen bekommt, bekundet den göttlichen Heilsplan, die Erwählung des hebräischen Volkes Israel auch auf die verworfenen griechischen Heiden übergehen zu lassen[10].

Der Übergang des bedingungslosen Heils an die ganze Schöpfung widerspricht aber jeder natürlich-religiösen – jüdischen oder nichtjüdischen – Einstellung des Menschen und bedeutet also die härteste persönliche Zumutung[11] – auch und gerade für den kirch-

---

[8] Matthäus 16, 13–20, vgl. S. 143 ff.
[9] Menge, S. 552
[10] Vgl. die auf S. 199 erwähnte Bevorzugung des lateinischen Namens Paulus!
[11] Was dieses griechische Petrus-«Felsen»-Amt für den Juden Simon bedeutet, kommt in ergreifender Weise in der Geschichte von der Hereinholung des heidnischen Hauptmannes Cornelius in Apostelgeschichte 10 zum Ausdruck.

lichen Menschen. Im Ertragen dieser Zumutung wird sich die Kirche als der «Fels» erweisen, indem sie keiner persönlichen Einstellung nachgibt, sondern fest bleibt.

Nicht mehr «Simon»
oder:
Der Abschied von der «fetten Pfründe»

Auch der alte, persönliche Name, der vom neuen Titel «Petrus» abgelöst wird, will beachtet sein: dass «Petrus» nicht mehr «Simon» heisst, verrät – wenn auch nur andeutungsweise – einen tiefen Sinn. Es drängt sich die Annahme auf, dass der hebräische Name «*Schimón*» vom Verb «*schamán*» abgeleitet ist, welches «fett sein» heisst.

Einem Kind den Namen der «Fette» zu geben, ist zu Zeiten des harten Existenzkampfes und ständiger Bedrohung durch «magere» Ernten sehr wohl angebracht – als Wunsch, dem Kind möchten Entbehrung, Hunger und Auszehrung erspart bleiben.

Die Aufhebung des Namens «Simon» – der «Fette» – kann sehr wohl darauf hindeuten, dass es vom Augenblick der Berufung an mit dem Vorrang der persönlichen Wohlfahrt vorbei ist. Das «Stellvertretende Aufgebot», die Kirche, hat grundsätzlich keine «fetten Pfründe» zu eigenen Gunsten zu erwarten. «Fett anlegen» kann Sache des «Felsens», der zu tragen hat, nicht mehr sein.

Die «Donnerssöhne»

Auch für den neuen Namen der Zebedäussöhne sei eine Deutung gewagt. Von ihnen wird die Geschichte erzählt, die bereits im Zusammenhang mit dem «Ende des Bekehrungszwanges»[12] Beach-

---

[12] Markus 10, 35–45 (vgl. S. 155)

tung gefunden hat: Nachdem die beiden – ausgerechnet nach der (dritten) Leidensankündigung Jesu! – sich um einen bevorzugten Ehrenplatz in der Herrlichkeit Jesu beworben haben, weist Jesus jedes Recht auf Privilegien wie mit einem Donnerschlag ab; die ehrsüchtigen Kirchenersten müssen zu harter Kenntnis nehmen:

«Wer unter euch gross sein will, sei euer Diener, und wer unter euch der Erste sein will, sei der Knecht aller; denn auch der Sohn des Menschen ist nicht gekommen, damit ihm gedient werde, sondern damit er diene und sein Leben gebe als Lösegeld für viele.» (Markus 10, 43–45)

Die Zwölf als Minister

Die Verleihung eines Titels und damit die amtliche Verpflichtung sind Simon, Jakobus und Johannes stellvertretend für die andern neun Berufenen zugemutet worden. So ist es folgerichtig, dass auch alle Zwölf einen gemeinsamen Titel bekommen.

Schon in der handschriftlichen Überlieferung des Markustextes wollten offenbar verschiedene Abschreiber dieser Folgerichtigkeit nachgeben: einige Textausgaben, die freilich keinen Anspruch auf Ursprünglichkeit erheben können, lassen in der Geburtsgeschichte der Kirche[13] die besondere Erwähnung des Jakobus und Johannes weg und schreiben dafür:
«Und er auferlegte Simon einen Namen: Petrus – und gemeinsam nannte er sie ‹Boanergés›, was ‹Donnerssöhne› heisst.»

Diese Korrektur des Markustextes war aber insofern etwas unbedacht, weil er ursprünglich eine gemeinsame Titelzulegung an alle sofort nach der «Herstellung der Zwölf» tatsächlich enthalten hat – was freilich spätere Textabschreiber wieder gestrichen haben.

Alte, sehr zuverlässige Handschriften des Markusevangeliums lassen den Worten «und er machte die Zwölf» den Nachsatz folgen:
«… die er auch ‹Gesandte› nannte».

---

[13] Markus 3, 13–19

Die Zwölf als Minister

Es empfiehlt sich nicht, das von Markus hier gebrauchte griechische Wort «*apóstolos*» in der Form «Apostel» unübersetzt ins Deutsche zu übernehmen, weil es damit leicht der Bedeutungslosigkeit religiöser Phrasen verfällt. «Apostel» sind «Gesandte», deren hohe Bedeutung im weltlich-politischen Bereich auch für die Zwölf ernst genommen werden muss:

«Gesandter» ist ein Titel für den, der sein eigenes Wollen und Wirken hat aufgeben müssen, weil er in den Dienst einer Sendung genommen worden ist. Mit diesem Titel wird er auch hinfort genannt, damit er nicht auf seine private Persönlichkeit, sondern stets allein auf seine Sendung und auf seinen Auftrag angesprochen werde. So «nennt» auch Jesus die Zwölf «Gesandte».

Hier steht das Wort «*onomázein*», das in Ableitung vom Hauptwort «*ónoma*», «Name», die bedeutungsvolle Handlung der Namengebung bezeichnet. Mit der Verleihung des Amtstitels «Gesandter» wird der persönliche Name sozusagen ausser Kraft gesetzt: an die Stelle der Person tritt der Auftrag – «namentlich»!

Der Verlust ihres persönlichen Namens zeigt an, dass die Gesandten und damit ihr persönliches Wesen hinter ihrem Auftraggeber völlig zurückzutreten haben. An ihnen ist nichts «Privates». Alles an ihnen ist Amt, Dienst.

Es hat seinen guten Grund und tiefen Sinn, dass manche Staaten ihre Gesandten in den Stand eines Ministers versetzen: das lateinische Wort «*miníster*» heisst «Diener»! Mit der Bezeichnung als «Minister» wird den Gesandten nicht besondere Hoheit verliehen, sondern im Gegenteil der Titel grösster Niedrigkeit auferlegt – und zugemutet.

Mit stärkster sprachlicher Dichte und Folgerichtigkeit schliesst das Markusevangelium den Kreis der Behaftung um die drei «Erstlinge» in der Zwölferschar, um diese Zwölf selbst und damit um die Kirche. Dies zu bekräftigen, seien die entscheidenden Worte Jesu wiederholt, die Markus im Anschluss an den «Donnerschlag» gegen die «Donnerssöhne» bezeugt:

«Wer unter euch gross sein will, sei euer Diener, und wer unter euch der Erste sein will, sei der Knecht aller; denn auch der Sohn des Menschen ist nicht gekommen, damit ihm gedient werde, sondern damit er diene und sein Leben gebe als Lösegeld für viele.» (Markus 10, 43–45)

Es ist von hoher Bedeutung, dass protestantische Pfarrer bei ihrer Ordination den Titel «Verbi divini minister» bekommen: «Diener des göttlichen Wortes». Damit ist ihnen zugemutet, Amtspersonen und Dienstleute zu sein, die für ihre eigene Person weder Ansprüche noch Privilegien geltend zu machen haben.

Angesichts dieser harten Zumutung versteht es sich leicht, dass Pfarrer im Leichenzug der Popanz-Kirche ihren Dienstbarkeitstitel entweder als eine Ehrenbezeugung für ihre Person und als ein Zeichen ihres Anrechtes auf Privilegien jeder Art verstehen wollen – und darum jeden Amtstitel weit von sich weisen: mit der Begründung, nichts «Besseres» sein zu wollen. Solange diese Begründung sich nicht im radikalen Verzicht auf – zum Beispiel finanzielle – Privilegien bewährt, bleibt zu vermuten, dass die Gegner der Amtstitel lediglich die strenge Beauftragung untergeordneter Amtspersonen scheuen und ein Leben als unverpflichtete Privatperson mit Privatnamen beanspruchen.

Der Strenge ihres Dienstes ist die Kirche amtlich unterworfen, damit sie die kindliche Fröhlichkeit in dieser Welt behüte. Das Mass ihrer Strenge gegen sich selbst ergibt das Mass ihrer Liebe zur Welt.

Die Liebe des Amtes

Darin, dass die Gesandten Diener sind, weil sie «um ihn» sind, besteht die Liebe der Kirche zu ihrem Herrn. Diese Liebe ist kein frommes Zärtlichkeitsgefühl; sie ist vielmehr die starke Bindung der Kirche an ihren Herrn und an seinen Dienst zugunsten der Heiterkeit der Welt.

So ist – nach dem Zeugnis des letzten der vier Evangelien – Simon, der «Petrus», genötigt worden, seine eigenartige Liebe zu Jesus zu erkennen:

Die Liebe des Amtes

«Als sie nun das Mahl gehalten hatten, sagt Jesus zu Simon Petrus: ‹Simon, Sohn des Johannes, liebst du mich mehr als diese?› Er sagt zu ihm: ‹Ja, Herr, du weisst, dass ich dich liebhabe.› Er sagt zu ihm:
‹Weide meine Lämmer!›
Und er sagt zu ihm wiederum, zum zweitenmal: ‹Simon, Sohn des Johannes, liebst du mich?› Er sagt zu ihm: ‹Ja, Herr, du weisst, dass ich dich liebhabe.› Er sagt zu ihm:
‹Hüte meine Schafe!›
Er sagt zu ihm zum drittenmal: ‹Simon, Sohn des Johannes, hast du mich lieb?› Petrus wurde betrübt, dass er zum drittenmal zu ihm sagte: ‹Hast du mich lieb?› und sprach zu ihm: ‹Herr, du weisst alles; du siehst, dass ich dich liebhabe.› Jesus sagt zu ihm:
‹Weide meine Schafe!›» (Johannes 21, 15–17)

Der engste Zusammenhang zwischen der Liebe zu Jesus und dem kirchlichen Amt, zwischen der harten Verpflichtung der Kirche und der Heiterkeit der Welt ist handgreiflich sichtbar.

So kann jetzt der damals[14] übergangene Vers aus dem Hymnus von der alles umfassenden Christus-«Herr»lichkeit aufgenommen werden:
«Und er – Christus – ist das Haupt des Leibes: der Kirche – er, der der Anfang ist, der Erstgeborene von den Toten, damit in allem er selbst den Vorrang hat.» (Kolosser 1, 18)

Wie ein menschlicher Leib ist die Kirche: lebendig und brauchbar nur durch das Haupt. Dieses Haupt aber ist Christus. Würde die Kirche ihr Haupt verlieren, so wäre sie sofort tot.

Sie kann ihr Haupt nicht verlieren – selbst dann nicht, wenn sie «den Kopf verlöre». Denn dieses Haupt ist der «Erstgeborene von den Toten», der selbst die tote Kirche vom Tode erweckt – allerdings nicht um «seiner lieben Kirche» willen, sondern um der ganzen Schöpfung willen, in der er selbst «den Vorrang hat».

***   ***   ***

---

[14] Vgl. S. 95, Anm. 10

So sitzt die wahre Kirche von Herzen vergnügt in dem weiten, allumfassenden Gotteshaus der Welt und lässt die endlose Leichenzeremonie des toten, nie lebendig gewesenen Popanzen zu Ende gehen. Denn ihr Haupt lebt – um des Schnippchens willen, das Gott in unendlicher Liebe aller selbstsüchtigen Religion geschlagen hat.

21
«... wohin du nicht willst!»
Das tägliche Sterben und die allmorgendliche Auferweckung der wahren Kirche

Die wahre Kirche sitzt von Herzen vergnügt im hintersten Winkel des weiten, allumfassenden Gotteshauses: der Welt! Warum «von Herzen vergnügt»? *Weil ihr Haupt lebt!*

Gerade dies aber gibt ihrer Vergnügtheit einen tiefernsten Grund: ihr Haupt ist ein «Haupt voll Blut und Wunden»[1] – und wenn es lebt, so nicht anders als durch den Tod hindurch. Anders kann die Kirche ihr Haupt nicht haben; anders kann die Kirche nicht der Leib ihres Hauptes sein. Die Bibelstelle, in der die Frage nach der Liebe des Jüngers Petrus zu seinem Herrn in eine so seltsam dunkle Tiefe blicken liess[2], hat ihre bezeichnende Fortsetzung:

«Wahrlich, wahrlich, ich sage dir: Als du jünger warest, gürtetest du dich selbst und wandeltest, wohin du wolltest; wenn du aber alt geworden bist, wirst du deine Hände ausstrecken,
und ein anderer wird dich gürten
und dahin führen, wohin du nicht willst.» (Johannes 21, 18)

Und der Evangelist offenbart das Geheimnis dieser Worte:

«Dies aber sagte er, um anzudeuten, durch welchen Tod er Gott verherrlichen werde. Und nachdem er dies gesprochen hatte, sagt er zu ihm: ‹Folge mir nach!›» (Johannes 21, 19)

---
[1] Paul Gerhardt: «O Haupt voll Blut und Wunden», KGB 148, 1
[2] Johannes 21, 15–17; vgl. S. 329

Die Nachfolge Jesu – und die Liebe zu ihm – bedeutet für Petrus, «seine Hände ausstrecken», das heisst: einen Tod erleiden zu müssen, der dem Kreuzestod seines Herrn entspricht. Das gilt für die Kirche, die «auf diesem Felsen» gebaut ist. Ihre Vergnügtheit gründet also keinesfalls in ihrem persönlichen Wohlstand und Wohlergehen.

Es liegt von Grund auf nichts Gutes in der kitschigen Freude der «Christen» an persönlichen Vorteilen, die sie durch ihre «Nachfolge Christi» glauben «eingehandelt» zu haben…

Die Kirche hat die «Heitere Wendung» nicht für sich, sondern zur Heiterkeit und Beglückung der ganzen Welt erfahren, zu der sie gehört. So muss aber die Frage gestellt und beantwortet werden: Warum muss denn die «Nachfolge Jesu» der zur Kirche Berufenen in ihrem Zeugnis von der «Heiteren Wendung» «bis zum bitteren Ende» führen?

Diese Frage verschärft sich angesichts eines Satzes aus dem Munde des «*kýrios*» an seine «*ekklesía*»:
«Ihr werdet um meines Namens willen
von allen gehasst sein.» (Markus 13, 13)

Gerade die durchdringende Heiterkeit ihrer Existenz und ihres Auftrages bedeutet für die Kirche, dem Hass der Welt zu begegnen – und zwar bei «allen» auf dieser Welt. Damit hat es eine zweifache, tief bedeutsame Bewandtnis.

Zunächst ist der Hass auf die Kirche lediglich der Schatten, ohne den alles Licht, je heller es scheint, um so weniger auskommt[3]. «Viel Licht» ist es wahrhaftig, was die «Gute Meldung» bringt und darum von der «*ekklesía*» auszubreiten ist. Und viel Heiterkeit – und sonst nichts! – ergiesst sich darin auf die ganze Welt. Nur – dass jeder Mensch auf dieser ganzen Welt gerade dieses «viele Licht» unend-

---

[3] Vgl. J. W. Goethe: «Götz von Berlichingen», I. Akt: «Wo viel Licht ist, ist auch viel Schatten.»

lich schwer erträgt und sich deshalb dagegen sträubt. «Der» Mensch hat sein tief eingefleischtes Interesse, dass dieses Licht nicht schon da ist, sondern durch ihn, den Menschen, errungen werden muss. Das hat dem, der selbst «das Licht der Welt» ist[4], den Hass der Welt eingetragen und schliesslich das Leben gekostet. Es kann keine Rede davon sein, dass die «Gute Meldung» als die sehnlichst erwartete Neuigkeit allgemein begrüsst würde und sich die Kirche in Ausrufung dieser Meldung allgemeiner Beliebtheit erfreute!

Popularität oder gar begeisterte Zustimmung von seiten der Leute ist darum das Letzte, was der Kirche in Ausübung ihres Auftrages beschieden sein könnte. Verschreibt sie sich dem lüsternen Bestreben nach möglichst allgemeiner Beliebtheit, so kann sie ihren Auftrag nicht mehr erfüllen, muss vielmehr jeden Respekt, bald einmal auch die angestrebte Beliebtheit und schliesslich ihre Existenz verlieren.

Die «Gute Meldung» ist zwar für die Welt grenzenlos gut, geht ihr aber gerade um der Grenzenlosigkeit ihrer Güte willen durch und durch «gegen den Strich». Sie ruft das bedingungslose Heil der ganzen Schöpfung aus; also kann auch die Übereinstimmung mit den Begriffen dieser Welt keine Bedingung des Heils sein. Die «Gute Meldung» ist gut – und sie ist es allein und gültig von ihrem Herrn her, der sie ergehen lässt. Dass er sie trotz aller Ablehnung in der Welt zugunsten der Welt gut und gültig sein lässt, das besiegelt er mit seinem eigenen Tod. Darin weist er mit letzter Bestimmtheit jede Bedingung für die Erwerbung des Heils ab.

Diese Abweisung aller Bedingungen bedeutet die ewig uneingeschränkte Fülle des Lichtes für die Welt. Auch dieses Licht hat seinen Schatten: den Tod des *Herrn*. Das Licht fällt auf die erlöste Welt – der Schatten aber ausschliesslich auf die Seite des erlösenden Herrn. Er leidet und stirbt «schattenhalb».

---

[4] Johannes 8, 12

Auf diese seine Seite aber ist die «*ekklesía*» vom Augenblick ihrer Geburt an gestellt worden – nicht auf die Sonnenseite, sondern «schattenhalb». Er hat die Zwölfe ja gerufen, «damit sie um ihn seien»... Er aber ist bereits Jahrhunderte vor seiner Erscheinung auf dieser Welt von der «*Jeschajahu*»-Prophetie vorausgesagt worden:

«*Der Knecht des Herrn wuchs auf vor uns wie ein Schoss,*
wie eine Wurzel aus dürrem Erdreich;
er hatte keine Gestalt noch Schönheit, dass wir nach ihm geschaut,
kein Ansehen, dass er uns gefallen hätte.
Verachtet war er und verlassen von Menschen, ein Mann der Schmerzen
und vertraut mit Krankheit
– wie einer, vor dem man das Antlitz verhüllt:
so verachtet, dass er uns nichts galt.» (Jesaja 53, 2.3)

Das ist der tiefe Schatten, der auf ihm liegt. Die Kirche ist an die Seite dieses «Knechtes», des Herrn «ohne Gestalt noch Schönheit» herangeholt worden. So liegt der tiefe Schatten ihres Herrn nun auch auf ihr:
«*Ein Jünger ist nicht über dem Meister*
noch ein Knecht über seinem Herrn.
Es ist genug für den Jünger,
dass er ist wie sein Meister
und der Knecht wie sein Herr.» (Matthäus 10, 24.25)

Dass die Kirche *freiwillig* – auf Grund eigener Entscheidung und Selbstüberwindung – auf diese Seite getreten wäre, fällt ausser Betracht. Nur krankhafter Wahn zu Selbstquälerei tut solche freiwillige Schritte. Jesus selbst hat den Schritt in die ihm verordnete Schattenseite nicht mit Willen getan. Seinen Eigenwillen hat er nicht nur ausdrücklich dem Willen seines Vaters untergeordnet, sondern ihn auch von des Vaters Willen abgesetzt[5].

---
5 Markus 14, 36.39

«…damit sie um ihn seien» – das heisst für die Kirche auch, in seinem Umkreis ihres eigenen guten, freien Willens enthoben und seinem Ruf verfallen zu sein. Er hat von jeher gerufen, «welche er *selbst* wollte»! So ist sie – die «*ekklesía*» – nicht freiwillig und schon gar nicht «autonom». Ihr gilt vielmehr: «Ein anderer wird dich gürten und dahin führen, wohin du nicht willst!» – und das buchstäblich auf «Gedeih und *Verderb*»!

***   ***   ***

Auf «Gedeih und Verderb»? Der Ausdruck stammt aus unserer Umgangssprache. Und da ist er hineingekommen in der höchst bezeichnenden Reihenfolge: des Menschen Wunschträume sind auf das Gedeihen ausgerichtet, und darum ist «Gedeih» sein erstes Wort; seine Befürchtungen aber sind stets stärker als seine Wunschträume – und darum gibt er dem endgültigen Verderben das letzte Wort.

Diesem letzten Wort schlägt indessen der bekehrte Gott in unbezwingbarer Heiterkeit sein Schnippchen: Er wendet alles – und kehrt die landläufige Reihenfolge der Wörter kurzerhand um – und es entsteht der *letzte* Titel:

Der Kirche Verderb und *Gedeih!*

Die Wendung – gleichsam vom schweren, düsteren Moll des Verderbs zum heiteren Dur des Gedeihs[6] – zeigt sich in manchen kunstvoll aufgebauten Abschnitten des biblischen Textes; einer davon sei angeführt: Der Apostel Paulus, dessen Sprachgewalt nur

---

[6] Zu diesem Wechsel vgl. Wolfgang Amadeus Mozart: z. B. Klavierkonzert Nr. 23 in A-Dur, KV 488, Adagio/Allegro assai

noch durch sein tiefes Verständnis der Gottesbekehrung und aller Gotteswendungen übertroffen wird, beschreibt den aufregenden Wechsel vom Schatten zum Licht im Blick auf sich selbst und damit auf die Kirche:

«In allem erweisen wir uns als Diener Gottes –
unter Ehren und Schmach,
unter böser Nachrede und guter Nachrede;
als Irrlehrer und doch wahrhaftig,
als Unbekannte und doch erkannt,
als Sterbende, und siehe wir leben,
als Gezüchtigte und doch nicht getötet,
als Betrübte, aber allezeit fröhlich,
als Arme, die viele reich machen,
als solche, die nichts haben und doch alles besitzen.»
(2. Korinther 6, 4.8–10)

Woher kommt der Wechsel des Schattens zum Licht? Er kommt von dort, wo auch der Schatten hergekommen ist: von ihm, um den die Kirche sich am Tage ihrer Geburt zu scharen hatte. «Um ihn sein» – das bedeutet zum einen, auf der Seite dessen stehen müssen, der – um die Welt aus Verachtung und Hölle herauszuholen – in die Tiefe der Verachtung und der Hölle hinabgestiegen ist. *So bedeutet das «um ihn sein» der Kirche Verderb.*

Aber das Letzte und Endgültige ist das nicht. Denn der Tod ihres Herrn ist sein Letztes nicht. Seinem Tod folgt die Auferweckung vom Tode – und das ist die entscheidende, endgültige Wendung zum Guten, die ebenso wie die Schattenseite des Todes in der uralten «Jeschajahu»-Prophetie vorhergesagt ist; die daraus bereits angeführte Stelle[7] hat ihre entsprechende Fortsetzung:

«Wenn er sein Leben zum Schuldopfer einsetzte,
sollte er Nachkommen sehen und lange leben
und die Sache des Herrn durch ihn glücken.

---
[7] Siehe S. 334

*Um der Mühsal seiner Seele willen wird er sich satt sehen;
durch seine Erkenntnis wird er, der Gerechte,
mein Knecht, vielen Gerechtigkeit schaffen,
und ihre Verschuldung wird er tragen.
Darum soll er erben unter Grossen,
und mit Starken soll er Beute teilen,
dafür, dass er sein Leben in den Tod dahingab
und unter die Übeltäter gezählt ward,
da er doch die Sünde der Vielen trug
und für die Schuldigen eintrat.*» (Jesaja 53, 10–12)

«Um ihn sein» – das bedeutet für die Kirche, auf die Seite dessen gestellt sein, der aus der Tiefe der Verachtung und der Hölle ruft:

«*Vater, in deine Hände befehle ich meinen Geist!*» (Lukas 23, 46)

Wie die Kirche ganz auf die Seite der tiefen Verachtung ihres Herrn gehört, so gehört sie ebenso ganz auf die Seite der tiefen Geborgenheit des Verachteten und des aus dem Tode ins ewige Leben Geretteten. Und auf dieser Seite ist sie in die letzte, ewige Geborgenheit hineingenommen: Ihr Geist ist in die Hände des Vaters befohlen.

In reichlicher Sonderbarkeit der Sprache – die aber nur der Sonderbarkeit des Wechsels des Schattens zum Licht entspricht – fasst wiederum der Apostel Paulus dieses Ergehen der Kirche als Vorbild des Ergehens aller Kreatur zusammen:

«*Allezeit tragen wir das Sterben Jesu am Leibe herum,
damit auch das Leben Jesu an unserm Leibe offenbar werde.*»
(2. Korinther 4, 10)

Nicht anders als die Welt, deren «Stellvertretendes Aufgebot» sie ist – aber ihr voran und ihr zum guten Zeichen –, erleidet die Kirche das alltägliche Sterben und erlebt die allmorgendliche Auferweckung: *Das ist der Kirche «Gedeih».*

***   ***   ***

Dieses Gedeihen hat das *letzte* Wort: für die Kirche und für die Welt, weil Gott selbst es zu seinem letzten Wort gemacht hat. Dieses letzte Wort aber ist nichts anderes als die Erfüllung seines *ersten* Wortes, das dem Licht befahl, zu «werden» – und der erste Tag begann nicht am Morgen, um in den Abend und in die Dunkelheit der Nacht zu versinken. Es heisst auf der ersten Seite der Bibel vielmehr:

«Und es ward Abend und ward Morgen – ein erster Tag.» (1. Mose 1, 5)

Der Abend und die Nacht – der Tod – behalten ihre Gültigkeit, aber sie bekommen einen neuen Ort. Sie haben nicht mehr das letzte Wort. Sie treten es ab an den Morgen, das Licht, das Leben.

In dieser Umkehr zeigt sich die Bekehrung Gottes. Und dass er davon nie mehr abweicht, darin erweist sich die Bewährung des bekehrten Gottes. Darin erfüllt sich der Satz, der den Bericht von der Schöpfung dieser Welt auf den ersten Seiten der Bibel als letztes Wort abschliesst und die ewige Errettung dieser Schöpfung einleitet:

«Und Gott sah alles an, was er gemacht hatte;
und siehe, es war sehr gut!» (1. Mose 1, 31)

Das ist endgültig die «Heitere Wendung» der Kirche.

Textausgaben der Bibel, Hilfsmittel zu ihrer Benützung, Kirchengesangbuch

Hebräischer Text des Alten Testamentes:
– Biblia Hebraica Stuttgartensia
(ed. Kittel/Elliger, Rudolph 1967/77)

dazu: Ludwig Köhler/Wilhelm Baumgartner:
Lexicon in veteris testamentis libros

Griechische Texte:
– Übersetzung des hebräischen Alten Testamentes:
Septuaginta
(Deutsche Bibelgesellschaft Stuttgart 1939/77)

– Griechischer Text des Neuen Testamentes:
Novum Testamentum Graece
(Nestle-Aland, Deutsche Bibelstiftung Stuttgart,
26. Aufl. 1898/79)

dazu: Hermann Menge: Langenscheidts
Grosswörterbuch Griechisch–Deutsch

Deutsche Bibelübersetzungen:
– Lutherübersetzung
(«Stuttgarter Jubiläumsbibel» 1949)

– Zürcher Übersetzung
(Verlag der Zürcher Bibel Zürich 1955/71)

dazu: Duden Bd. 7, Herkunftswörterbuch
(Dudenverlag Mannheim/Wien/Zürich 1989)

**Kirchgesangbuch
der Evangelisch-reformierten Kirchen
der deutschsprachigen Schweiz**
(1952/85)

Verzeichnis der Bibelstellen

1. Mose

1–11	164	4	32; 36; 177
1	177	4, 10.11.	36
1, 1–2, 4a	26; 40	5	32; 37 ff.; 49; 165
1, 1–4	247	5, 29	49
1, 1	41; 183	6 – 9	165
1, 2	31; 250	6 – 8	33; 39 ff.; 59; 177
1, 3	116; 273	6, 5–7	40
1, 5	56; 338	6, 8	42; 52
1, 22	168	6, 9	52; 55 ff.
1, 28	168	6, 13	40
1, 31	338	6, 17	40
2; 3	32	6, 18	52
2, 4b–25	32	6, 18b–21	42
2, 7	126	7	43
2, 15	129	7, 1	52; 56
2, 16.17	33; 145	7, 13–16	44
2, 17	33; 125	7, 17–19.22f.	44
3,	165	8, 1–19	45
3, 1–24	33 f.; 110 ff.; 140	8, 21f.	46
3, 1–7	34; 114 ff.	8, 11	302
3, 5.6.	286	9, 8–13	46; 58; 60
3, 5	149	9, 11	58
3, 8–24	119 ff.	9, 26	168
3, 8	133	11/12	164; 166
3, 14.15	121	11, 27–32	166
3, 16	34; 122 ff.	12 ff.	177
3, 17–24	125 ff.	12, 1 f.	167
3, 17	34	12, 2 f.	169 f.
3, 19	34 f.; 126	12, 10 ff.	160
3, 22–24	35	15, 2 ff.	160
3, 24	129	15, 6	159
		16	177 f.

17, 5	166	**2. Samuel**	
17, 17	160	7, 16	190
18, 1–16	23	13, 5 ff.	59
18, 12 ff.	160		
18, 18	170	**2. Könige**	
20, 1 ff.	160	5, 14	241
21, 1–7	23		
21, 6	23; 171;	**Hiob**	
25	177		
28, 14	170	1; 2	147
37, 3	128	1, 4	148
41, 41–44	230		
41, 43	232	**Psalmen**	
48, 20	170	6, 5	140
2. Mose		23, 4	257
3 (6–8)	91	25, 6 f.	140
3, 8	187	33, 6–9	126
3, 14.15	91	74, 2	140
15, (8)	27	90, 13	306
19–34	180	90, 23	140
20, 1	274	98	306
34, 7	180	106, 4	140
3. Mose		**Prediger**	
19, 2	205	10, 20	316
19, 19	206		
Richter		**Hohes Lied**	
20, 7	262	7, 11	124
		8, 6.7	103
1. Samuel		**Jesaja**	
10 ff.	177 f.	1, 24	92
29, 4	147	6, 3	204; 268
		7, 3	18
		9, 1–3	310

11, 1	188	4, 18–22	161
11, 1.10	190	4, 19	150
35, 10	136	5, 17	142
42	189	7, 21	88
45, 1	191	8, 14.15	161
45, 6.7	27	9, 22	284
49, 6	198	10, 1–4	161; 290
52, 7–10	284	10, 5.6	195
53, 2 f.	334	10, 8	211
53, 10–12	337	10, 24.25	334
61, 1.2	233	14, 22–33	152; 161
62, 4.5	264	15, 10–20	152; 161
63, 17	140	15, 24	195
66, 1	184	15, 27.28	196
		16, 13–23	143 ff.; 161
Ezechiel		16, 13–20	342
18, 23	138	16, 18.19	207
37, 1–14	253	16, 18	324
37, 7.8.10	51	16, 23	292
		17, 1–13	161
Daniel		17, 1–9	152
		17, 24–27	161
5, 23	231	18, 3	106
5, 29	230	18, 21–35	161
		19, 27–30	161
Jona		26, 30–75	153
3, 10	243	26, 30–46	162
3, 11	229	26, 57–75	162
4, 1 f.	243	**Markus**	
Sacharja		1, 1–4	238
3	147	1, 3	87 f.
		1, 4	247 f.
Matthäus		1, 7.8	249 f.
		1, 7.14	238
2, 23	87; 190	1, 9–11	255
3, 1	214	1, 12.13	256
4, 9	150	1, 14.15	258

1, 14	237	16, 9–20	156
1, 16–20	83; 87; 99; 150	16, 14.15	156; 304
1, 17	83		
1, 22	215	**Lukas**	
1, 21–28	218; 220	2, 11	190
1, 27	291	2, 14	256
1, 38 f. 45	295 f.	4, 14–30	291
3, 13–19	288; 326	4 14–22	234
3, 13–15	188 ff.; 216	4 17	150
3, 13.14	163	6, 28	168
3, 14	237; 283; 289	7, 50	284
3, 15	188 f.; 296	8, 48	284
3, 16.17	319	10, 18.19	208
5, 21–43	321	10, 18	149
5, 34	284	11, 46	79
5, 43	321	12, 5	176; 245;
6, 7–11	299	12, 33	264
6, 12	301	17, 19	284
9, 2–10	321	17, 21	271
9, 9	321	18, 11	99
9, 30–34	155	18, 42	284
9, 42	318	22, 31–33	139; 154
10, 35–45	325	22, 35	300
10, 35–40	155	23, 46	337
10, 38 f.	241		
10, 43–45	326; 328	**Johannes**	
10, 45	303	1, 1–3	274
10, 52	284	1, 3	183
13, 13	332	1, 12.13	101
14, 26–42	322	1, 12	146; 286
14, 33–35	322	1, 13	287
14, 36.39	334	1, 14	94; 184; 254
14, 37–42	322	3, 8	314
14, 43–72	155	4, 34	213
15, 16–19	232	5, 30	213
15, 34	185	6, 38	213
15, 39	233	6, 39	214
16, 7	156		

6, 44	213		9–11	174
7, 16	213		9	197
8, 12	333		9, 11–13	160; 171
8, 44	208		9, 11.12	92; 171
10, 17.18	98 f.		9, 11	261
11, 25	254		9, 15	176
13, 16	213		9, 16	159; 176
13, 34	179		11, 15	176
14, 24	124		11, 25f.	171; 178
15, 16	293		11, 32	179
16, 21	124		11, 33–36	95
18, 44	293		11, 33	261
20, 21	213		13, 10	102
21, 15–17	329; 331		13, 34	102
21, 18 f.	331		14, 17	266
			15, 7	146

Apostelgeschichte

1. Korinther

9	197		1, 22–24	235
9, 15	198		1, 30	206
10	324		2, 9	267
11, 26	96		8	316
13, 46.47	198		15, 44	254
19	70			
19, 23–40	64			
22, 12	141			
26, 28	96			

2. Korinther

			3, 17	314
			4, 7	151

Römer

4, 17	24		4, 10	337
4, 19	24		6, 4.8–10	336
6, 23	248			
7, 7–12	142			

Galater

7, 15b	158		1	197
7, 18–23.24.25	158 f.		2, 11–14	157
8, 1	159		2, 20	158
8, 22	234		3, 8	170
8, 26	31		4, 4	186
8, 28	261		5, 19–23	311

5, 22.23	266	**Hebräer**	
6, 16	201	11, 1	281
Epheser		**1. Petrus**	
1, 4.5.	28	1, 12	208
1, 5 f.	136	4, 16	96
1, 6	151		
1, 11	136; 245; 261	**1. Johannes**	
1, 22	74		
2, 13–22	173	2, 29	101
3, 10	208	4, 7	101
5, 22–33	25	5, 1	101
		5, 4	101
		5, 18	101
Philipper		5, 19	265
2, 5–11	186	**Offenbarung**	
2, 9–11	232		
2, 10.11	97	12, 10	148 f.
2, 13	159	15, 3.4.	205
3	197		
3, 12	271		
4, 7	159; 184		

Kolosser

1, 15–20	192
1, 15–17	95
1, 18	329
3, 11	199

1. Timotheus

2, 4a	284
2, 14	111

2. Timotheus

1, 9	261
1, 10	93

Biblische Begriffe

Einige biblische Begriffe (und Namen), die von **grundlegender** Bedeutung sind, werden hier alphabetisch aufgeführt – insbesondere, wenn das vorliegende Buch ihre Grundbedeutung wortgetreu, in einer von der üblichen Kirchensprache abweichenden Übersetzung wiedergibt.

herkömmliche Form	neue Form	ursprachliche Form	Bibelstelle(n)	Seite(n)
Namen:				
Adam	Erden-Kerl			32, 120
Isaak	Gelächter-Bub		1. Mose 21, 7	24
Noah	Aufatmer		1. Mose 6–9	48 ff.
Begriffe:				
annehmen (Jesus)		pros-lambanesthai		146
bekehren, sich	– heimkommen – zurückgehen – umkehren	schub		136 ff.
Bund	Mahl-Gemeinschaft	beríth	1. Mose 9, 13	58 f.
Busse tun	aufatmen	nichám metanoeín		241 ff.
Entscheidung (siehe «Zeit»)				
erwählen		bachár/eklégein		175
fromm			1. Mose 6, 9	56, 140 f.
gerecht		zaddík	1. Mose 6, 8	56 f.
Gesetz, Gebot		thorá		142
Gewissen («schlechtes»)		syneídesis		315

herkömmliche Form	neue Form	ursprachliche Form	Bibelstelle(n)	Seite(n)
glauben	gegründet sein	pisteuein	Markus 1, 15	280 ff.; 284 ff.
Gnade		chen/cháris	1. Mose 6, 8	52 f.
Herr		jahwe/kyrios		88 ff.; 120
Kirche	Stellvertretendes Aufgebot	qahál/ekklesía		62 ff.; 171
predigen		kerýssein		226
Reich Gottes	Königsherrschaft Gottes	basileía tu theú	Markus 1, 15	263 ff.
reuen (be-)	aufatmen	nichám	1. Mose 6, 6 Jona 4, 1.2	40; 243 f.
schaffen (er-)		bará	1. Mose 1, 1 Jesaia 47, 6.7	27
schweben	zittern	racháph	1. Mose 1, 2	250
segnen	niederknien	barák	1. Mose 12, 1.2	167 ff.
unsträflich	beständig	thamím	1. Mose 6, 9	57
Urflut		thehóm	1. Mose 1, 2 2. Mose 15, 8	27
verwerfen		apobállein		174
Zeit	Entscheidungszeit	kairós	Markus 1, 15	260